U0526402

本书受中南财经政法大学出版基金资助

中南财经政法大学
青年学术文库

中国地方财政支出效率研究

——理论与实证

王宝顺　著

中国社会科学出版社

图书在版编目（CIP）数据

中国地方财政支出效率研究：理论与实证 / 王宝顺著 . —北京：中国社会科学出版社，2018.10

（中南财经政法大学青年学术文库）

ISBN 978-7-5203-3630-7

Ⅰ.①中… Ⅱ.①王… Ⅲ.①地方财政-财政支出-研究-中国 Ⅳ.①F812.7

中国版本图书馆 CIP 数据核字（2018）第 272062 号

出 版 人	赵剑英
责任编辑	田 文
特约编辑	吴连生
责任校对	张爱华
责任印制	王 超

出　　版	中国社会科学出版社
社　　址	北京鼓楼西大街甲 158 号
邮　　编	100720
网　　址	http://www.csspw.cn
发 行 部	010-84083685
门 市 部	010-84029450
经　　销	新华书店及其他书店
印　　刷	北京明恒达印务有限公司
装　　订	廊坊市广阳区广增装订厂
版　　次	2018 年 10 月第 1 版
印　　次	2018 年 10 月第 1 次印刷
开　　本	710×1000　1/16
印　　张	19.75
插　　页	2
字　　数	334 千字
定　　价	85.00 元

凡购买中国社会科学出版社图书，如有质量问题请与本社营销中心联系调换
电话：010-84083683
版权所有　侵权必究

《中南财经政法大学青年学术文库》
编辑委员会

主　任：吴汉东
副主任：郭道扬　　杨灿明　　姚　莉
委　员：王金秀　　刘后振　　刘胜湘　　向书坚
　　　　朱新蓉　　许家林　　张新国　　李剑波
　　　　李道荣　　苏少之　　陈景良　　胡贤鑫
　　　　徐双敏　　曹新明　　黄志伟　　葛翔宇
　　　　董邦俊
主　编：杨灿明

总　　序

　　一个没有思想活动和缺乏学术氛围的大学校园，哪怕它在物质上再美丽、再现代，在精神上也是荒凉和贫瘠的。欧洲历史上最早的大学就是源于学术。大学与学术的关联不仅体现在字面上，更重要的是，思想与学术，可谓大学的生命力与活力之源。

　　中南财经政法大学是一所学术气氛浓郁的财经政法高等学府。范文澜、嵇文甫、潘梓年、马哲民等一代学术宗师播撒的学术火种，50多年来一代代薪火相传。在世纪之交，在合并组建新校而揭开学校发展新的历史篇章的时候，学校确立了"学术兴校，科研强校"的发展战略。这不仅是对学校50多年学术文化与学术传统的历史性传承，而且是谱写21世纪学校发展新篇章的战略性手笔。

　　"学术兴校，科研强校"的"兴"与"强"，是奋斗目标，更是奋斗过程。我们是目的论与过程论的统一论者。我们将对宏伟目标的追求过程寓于脚踏实地的奋斗过程之中。由学校斥资资助出版《中南财经政法大学青年学术文库》，就是学校采取的具体举措之一。

　　本文库的指导思想或学术旨趣，首先，在于推出学术精品。通过资助出版学术精品，形成精品学术成果的园地，培育精品意识和精品氛围，提高学术成果的质量和水平，为繁荣国家财经、政法、管理以及人文科学研究，解决党和国家面临的重大经济、社会问题，做出我校应有的贡献。其次，培养学术队伍，特别是通过对一批处在"成长期"的中青年学术骨干的成果予以资助推出，促进学术梯队的建设，提高学术队伍的实力与水平。再次，培育学术特色。通过资助在学术思想、学术方法以及学术见解等方面有独到和创新之处的成果，培育科研特色，力争通过努力，形成有我校特色的学术流派与学术思想体系。因此，本文库重点面向中青年，重点面向精品，重点面向原创性学术专著。

春华秋实。让我们共同来精心耕种文库这块学术园地，让学术果实挂满枝头，让思想之花满园飘香。

2009 年 10 月

Preface

A university campus, if it holds no intellectual activities or possesses no academic atmosphere, no matter how physically beautiful or modern it is, it would be spiritually desolate and barren. In fact, the earliest historical European universities started from academic learning. The relationship between a university and the academic learning cannot just be interpreted literally, but more importantly, it should be set on the ideas and academic learning which are the so-called sources of the energy and vitality of all universities.

Zhongnan University of Economics and Law is a high education institution which enjoys rich academic atmosphere. Having the academic germs seeded by such great masters as Fanwenlan, Jiwenfu, Panzinian and Mazhemin, generations of scholars and students in this university have been sharing the favorable academic atmosphere and making their own contributions to it, especially during the past fifty years. As a result, at the beginning of the new century when a new historical new page is turned over with the combination of Zhongnan University of Finance and Economics and Zhongnan University of Politics and Law, the newly established university has sets its developing strategy as "Making the University Prosperous with Academic Learning; Strengthening the University with Scientific Research", which is not only a historical inheritance of more than fifty years of academic culture and tradition, but also a strategic decision which is to lift our university onto a higher developing stage in the 21st century.

Our ultimate goal is to make the university prosperous and strong, even through our struggling process, in a greater sense. We tend to unify the destination and the process as to combine the pursuing process of our magnificent goal with the practical struggling process. The youth's Academic Library of Zhongnan University of Economics and Law, funded by the university, is one of our specific measures.

The guideline or academic theme of this library lies first at promoting the publishing of selected academic works. By funding them, an academic garden with high-quality fruits can come into being. We should also make great efforts to form the awareness and atmosphere of selected works and improve the quality and standard of our academic productions, so as to make our own contributions in developing such fields as finance, economics, politics, law and literate humanity, as well as in working out solutions for major economic and social problems facing our country and the Communist Party. Secondly, our aim is to form some academic teams, especially through funding the publishing of works of the middle-aged and young academic cadreman, to boost the construction of academic teams and enhance the strength and standard of our academic groups. Thirdly, we aim at making a specific academic field of our university. By funding those academic fruits which have some original or innovative points in their ideas, methods and views, we expect to engender our own characteristic in scientific research. Our final goal is to form an academic school and establish an academic idea system of our university through our efforts. Thus, this Library makes great emphases particularly on the middle-aged and young people, selected works, and original academic monographs.

Sowing seeds in the spring will lead to a prospective harvest in the autumn. Thus, let us get together to cultivate this academic garden and make it be opulent with academic fruits and intellectual flowers.

Wu Handong

摘 要

分税制改革以后，我国地方财政支出运行中的一个突出问题是财政收入权利和支出义务的不匹配，地方财力困难。为尽可能保证有限的公共资源在各个支出项目间合理配置，地方政府就必须考虑财政支出效率问题。本研究以我国省级地方财政支出效率为研究对象，主要探讨了财政支出效率的内涵、财政支出配置效率、财政支出技术效率以及地方财政支出效率的空间互动性等问题，研究方法和结论为财政支出效率的进一步研究提供了一个参考。

经济学讨论的主题是资源的帕累托效率配置，财政支出效率也是基于帕累托效率进行定义的。财政支出效率是指财政支出以最"经济"的方式来满足社会成员的各种公共需求，即财政支出对公共偏好的"有效回应"或"匹配"。财政支出效率至少包括两个方面：财政支出配置效率和财政支出技术效率。财政支出配置效率是财政支出与居民的公共需求偏好的满足，是从财政支出的最终结果上考察支出效率的。财政支出技术效率是指以最少的财政投入生产出最多的公共商品，可以理解为在一定的公共商品或服务产出量下所投入的财政支出最小，或在一定的财政支出情形下所生产出最多的公共商品或服务，它们被称为投入导向型和产出导向型。另外，现行财政体制安排的一个重要结果就是地方政府间的横向竞争和互动，财政上的横向互动表现为支出和税收，因此若把财政收入考虑到财政支出的竞争中，那么地方间财政支出效率互动和影响就必须加以研究。

本研究以中国31个省（自治区、直辖市）的教育、医疗卫生、社会保障和交通运输四类公共商品为对象进行了财政支出实证研究。

在民主社会，财政支出是通过公共选择而作出安排的，公共选择的结果往往取决于"中间投票人"的需求偏好，因此，财政支出配置效率评估的基本思路是，估计出地方"中间投票人"对公共财政支出的需求，进而比较财政支出实际数与中间投票人的公共支出需求数，如果在一个给定的范围内，则认为财政支出的配置有效；反之，若超出该范围，则认为财政支出的配置无（低）效。这里需要研究的是如何确定合理的"范围"，本研究认为有两个思路：一种是利用离散选择模型中的 Ordered Logit 模型基本原理，估计出区间值；另一种是利用离散选择模型中的 Multinomial Logit 模型的原理，事先确定范围值。本研究中认为，地方政府选择是否配置效率不是一个排序模型，因此采用了 Multinomial Logit 模型，确定的范围是以均方根误（RMSE）作为判断配置是否有效率的标准。利用 Multinomial Logit 模型的估计结果发现，我国地方公共商品支出的配置效率在2007—2012年经历了先扬后抑的变化状态，2009年实现配置效率的省（自治区、直辖市）最低，约仅有一半的省（自治区、直辖市）达到配置效率。主要的外生变量中地方财政集中的公共资源的多寡程度，是决定公共商品财政支出配置效率的关键。

公共资源具有稀缺性，因此在使用过程中，必须遵循以最少的投入生产出最多的产出（Do more with less）的原则。财政支出技术效率的评价存在困难，主要在于难以确定与财政投入相对应的公共商品或服务产出。因为本书的研究对象基本上都是准公共商品的支出，其成本弥补途径既有公共部门资金也有私人部门资金，从而把公共支出的产出进行分离难度较大。对此，本研究的解决手段是采用了数据包络分析法，该方法是通过构建效率前沿面来评估决策单位的相对效率，这就较大程度上避开了必须准确确定财政支出对应的产出指标的困境。在运用数据包络分析方法评估地方财政支出效率时，遇到的问题是，效率值受到来自内生因素和外生因素的影响，内生因素如财政内部管理制度、外生环境变量如运气和随机因素的冲击，为过滤外生环境因素的影响，本研究采用了三阶段 Bootstrapped DEA 方法进行了实证评价。另外，为考察地方财政支出效率的动态变化，以及引起变化的原因，本研究采用了 Malmquist 指数方法。采用投入导向型且控制了环境变量和随机冲击后，DEA 计算财政支出效率得分表明，我国地方不同的财政支出在2007年至2012年间，存在11%至40%不等投入浪费。整体而言，效率呈现上升态势，东部地区的技术效率比中西部的技术效率高。另外，大部分地方公共商品支出的规模报酬处于递增状态，这也反映出了我国地方公共商品，如教育、公共卫生等的投入量有待进一步提高。

我国现行分税制财政体制是一个促进地区间横向竞争的体制，追求科学和谐全面发展的目标，在现行地方官员政绩考核机制和财政体制安排下，退化为追求本地 GDP 最大化的目标。地方政府为实现本地区经济增长，运用财政支出和税收手段进行跨区竞争，在平衡预算约束下，财政支出效率（主要是技术效率）间的竞争将不可避免，因此研究地方财政支出效率就必须研究地方财政支出效率的跨地区互动。本研究首先用 Moran's I 考察地区财政支出效率地域集聚性，结果表明各个类别的公共支出效率具有空间相关性。为进一步考察地方间财政支出效率空间特征，本研究借助空间计量模型——空间滞后模型、空间误差模型和空间 Durbin 模型来刻画。研究结果表明，教育、医疗卫生、社会保障、交通运输财政支出效率在空间上存在集聚现象，财政支出效率高的地区集中在一起，财政支出效率低的地区也较为集中。继而利用空间面板 Durbin 模型实证研究影响地方政府财政支出效率的因素，研究结果表明：不仅相邻地方的财政支出效率具有空间外溢效应，同时一些外生解释变量除了对本地区的财政支出效率有影响外，还对其他地区的财政支出效率有空间溢出效应。

本研究还存在一些尚未解决的问题。第一，以部门为效率评价对象需要更多讨论。本研究对我国地方财政支出效率的定量分析进行了尝试，评价的对象是特定的公共部门，如教育、医疗卫生等部门。实际上，以部门为评价对象存在一个重要的问题是，未能将部门间效率的流动性考虑进来，以交通运输支出效率为例，除了本研究考虑的一些外生影响因素，还有一个部门间效率互动的问题，交通运输支出效率不高或许不是因为本部门的原因，而是由于其他部门的效率低下造成的。更有可能的是，某个部门财政支出效率排名靠后或许是财政支出整体效率的帕累托效率改进。第二，本研究对效率评价的结果应用只给出了较为直接的政策启示，未能做出深入研究。财政支出效率评价对于了解公共职能部门公共资金配置和落实状况，有着重要的实践意义，财政以及具体职能部门对支出效率评价结果如何解读，以及如何制定政策需要深入探讨。以交通运输支出效率为例，在以投入导向型效率评价方法下知道地方交通运输财政支出效率低下，存在大量的投入浪费，对于该结果，是否应该对交通运输部门的财政支持减少？如果以产出导向型评价方法下知道效率低下，是否应该将产出目标降低？甚至不设具体目标更好。第三，本研究证实了省际间存在财政支出效率的集群特征，但这种空间外溢效应的作用机制尚不非常明确，本研究也没能更深入地给予解释。这些都是值得深入研究的。

总之，财政支出效率是财政支出理论中一个重要方面，完整准确科学地界定和评价财政支出效率并非易事，本研究在众多的相关研究中狗尾续貂，仅在定量研究上给出了一个研究视角和相应的研究结果，以期为我国地方财政支出效率的理论和实践提供部分参考。

关键词： 财政支出　配置效率　技术效率　空间互动

Abstract

Since reform of tax assignment (*fenshuizhi*), the critical issue in sub-national public finance has been mismatch between fiscal income and spending and fiscal pressure facing subnational governments. To allocate the public resource among items, governments have to pursue public spending efficiency. The dissertation focuses on such public spending efficiency as allocation efficiency, technique efficiency and spatial interaction among local governments. The research methods and conclusions are hoped to provide a reference for further research in the field.

The theme of economics is Pareto efficiency, so is public spending. Public spending efficiency refers to public spending meet the various public demands of social members in a most "economic" way, or in other words, best respond to (match) public preference. Actually, public spending efficiency at least comprises two different parts: allocation efficiency and technique efficiency. The form refers to public spending meet public demand. It examines the efficiency from outcome perspective. The latter refers to supply the most public goods by the least public resource. It examines efficiency from process. Besides, current fiscal system results in horizontal interaction among governments, so the paper analyzes the interaction of public efficiency.

The paper empirically studies such four 31 provincial public spending categories as education, healthcare, social security, and transportation and their efficiency respectively.

In democratic societies, public spending decisions are made by public choice and are determined by preference of "median voters". Therefore, the best way to evaluate public spending allocation efficiency is estimate demand of "median voters" for public spending and compares actual public spending and preferred spending by median voters. If the residuals fall on between certain ranges, it can be deemed efficiency. Otherwise, inefficiency. So the reasonable range is critical.

The paper proposes two clues: one is estimates the critical values by using discrete ordered Logit Model. The other is to predetermine the critical values by using discrete multinomial Logit Model. Actually, provincial governments' choosing to allocate efficiently does not apply an ordered model, so the latter model is applied and RMSE is used as a measurement to judge whether efficiency. The results show Chinese provincial governments spending allocation efficiency experienced bell-shaped routes from 2007 to 2012. In 2009, especially, only half provinces achieved allocation efficiency. Owned public resources, among others, is decisive in spending allocation efficiency.

Due to scarcity, public resources are supposed to do more with less. The main difficulty with appraisal of technique efficiency of public spending is to determine exact input and output. In the paper, the public spending categories examined are semi public goods, so theoretically the supply costs are compensated by public as well as private sector fund. Therefore, it is hard to isolate output resulted from public fund. To deal with this, the paper uses Data Envelopment Analysis. DEA evaluates DMU′S efficiency by constructing efficiency frontier. It calculates the "relative" efficiency so that it is unnecessary to determine exact public input and output. DEA efficiency score, however, is influenced by endogenous like management efficiency and exogenous factors like lucky and random disturbances. To filter exogenous factors, three stages Bootstrapped DEA technique is used. Besides, the paper examines the dynamic changes of the public spending technique efficiency and reasons by using Malmquist index. The empirical results show there are 11% to 40% input waste in provincial governments spending categories from 2007 to 2012 when using input oriented DEA. The technique efficiency experienced upward trend at large and efficiency scores in east provinces are higher than that in west ones. Meanwhile, public spending return of scale economy is increasing in most provinces and public goods categories, which reflects that more inputs are needed to invest in such public services as education and healthcare.

Current fiscal system is a system to promote horizontal competition across governments. The faults of performance evaluation Chinese officials deteriorate the scientific and harmonious development goal to a goal of maximising GDP of local jurisdictions. In order to trigger economic growth, subject to a certain degree of balance budget, governments spending efficiency compete by using fiscal and tax instruments. So public spending efficiency interaction among jurisdictions needs analysing. To analyse interaction of public spending across provinces, the paper firstly examines clustering of the spending efficiencies using Moran's I technique, the results show all the spending categories efficiencies spatially interact. Secondly, the paper analyses in-depth efficiency interaction with spatial econometrics model, like spatial lag model, spatial error model and spatial Durbin model. The empirical results show the spending efficiency of public services examined spatially clustered and more efficient jurisdictions tended to cluster, and less efficient jurisdictions tended to cluster. Furthermore, spatial panel Durbin model are used to study the influencing factors to the efficiencies. The results show not only public spending efficiency spatially spill over, and some exogenous independent variables have spill over effect.

Some problems stillremain unsolved. First of all, efficiency appraisal by public sectors may be further discussed. Actually, there could be a big problem with efficiency appraisal by sectors, which it is does not take into account of "liquidity" issue. Take transportation spending efficiency for example, except for exogenous factors examined in the paper, efficiency interaction across public sectors should be considered. That is because low transportation spending efficiency may result from other public sectors rather than transportation sectors itself. Even more, lower spending efficiency in certain sectors can be good to public sector overall. Secondly, the paper proposes direct policy implications from the empirical appraisal instead of further research. Appraisal of public spending efficiency means much to understand public resource allocation and implementation. Therefore, how to interpret appraisal results and make policies for fiscal and certain function sectors needs to further research. Take transportation for example, we may know provincial government spending efficiency for transportation is lower than we expect by using input oriented DEA technique. Does it mean fiscal resource allocated to public transportation sectors should be cut? Then what if by using output oriented technique? Does it mean output goal should be lowered or even cancel goal? Thirdly, this study confirmed there were cluster characteritics of public spending efficiency among provinces. The machanism of spacial spillover effect, however, still remain unanswered. These questions worth more researching.

To sum up, public spending efficiency is one of the important parts in public spending theory. It's not easy to complete and define scientifically and appraise efficiency. The paper proposes an insight and some results using econometric instruments and hopes to be a supplement for the excellent related literature, and hope to provide a reference for related research in China as well.

Key words: Public Spending; Allocation Efficiency; Technique Efficiency; Spatial Interaction

目　录

导　论 ……………………………………………………………… (1)
　一　问题的提出 ………………………………………………… (1)
　二　选题意义和研究内容 ……………………………………… (7)
　三　文献综述 …………………………………………………… (11)
　四　创新点及不足 ……………………………………………… (19)

第一章　地方财政支出及其效率理论 ………………………… (21)
　第一节　公共需求与公共商品理论 …………………………… (21)
　　一　公共需求理论 …………………………………………… (21)
　　二　公共商品 ………………………………………………… (22)
　　三　地方公共商品的供给 …………………………………… (24)
　　四　地方财政支出 …………………………………………… (27)
　第二节　地方财政支出效率 …………………………………… (27)
　　一　地方财政支出配置效率 ………………………………… (27)
　　二　地方财政支出技术效率 ………………………………… (34)
　第三节　我国地方财政支出的现状 …………………………… (36)
　　一　财政支出分类 …………………………………………… (36)
　　二　财政支出的规模 ………………………………………… (39)
　本章小结 ………………………………………………………… (43)

第二章　地方财政支出配置效率研究 ………………………… (44)
　第一节　配置效率评估的理论模型 …………………………… (44)
　　一　理论模型的建立——中间投票人模型 ………………… (45)
　　二　公共需求偏好匹配理论的提出 ………………………… (46)
　第二节　财政支出配置效率评价实证研究 …………………… (51)

一　公共支出偏好估计 ………………………………………… (51)
　　　二　估计方法、数据来源及估计结果 …………………………… (53)
　第三节　地方财政支出配置效率影响因素 ………………………… (68)
　　　一　变量选择和数据来源 ………………………………………… (68)
　　　二　实证模型设定及估计 ………………………………………… (69)
　本章小结 ……………………………………………………………… (79)

第三章　地方财政支出技术效率的评估研究 ……………………… (80)
　第一节　地方财政支出技术效率评估方法 ………………………… (80)
　　　一　投入导向型 CCR-DEA 模型 ………………………………… (80)
　　　二　投入导向型 BCC-DEA 模型 ………………………………… (81)
　　　三　三阶段 Bootstrapped DEA 方法 …………………………… (83)
　　　四　Malmquist 生产率指数分析 ………………………………… (85)
　第二节　地方财政投入产出的指标选择 …………………………… (88)
　　　一　教育财政投入与产出 ………………………………………… (89)
　　　二　医疗卫生财政投入与产出 …………………………………… (89)
　　　三　社会保障 ……………………………………………………… (90)
　　　四　交通运输 ……………………………………………………… (91)
　第三节　实证研究及结果解释 ……………………………………… (92)
　　　一　教育财政支出技术效率评估 ………………………………… (92)
　　　二　医疗卫生财政支出效率评估 ………………………………… (109)
　　　三　社会保障财政支出效率评估 ………………………………… (127)
　　　四　交通运输财政支出效率评估 ………………………………… (144)
　本章小结 ……………………………………………………………… (162)

第四章　地方财政支出效率的空间外溢 …………………………… (163)
　第一节　地方财政支出和收入的空间关系性质 …………………… (163)
　　　一　空间计量模型介绍 …………………………………………… (165)
　　　二　空间面板 Durbin 模型 ……………………………………… (168)
　第二节　地方财政支出效率空间格局与集群特征 ………………… (171)
　第三节　地方财政支出效率空间计量分析 ………………………… (186)
　　　一　实证模型设定 ………………………………………………… (186)

二　数据来源及描述 …………………………………………（186）
　　三　实证估计及结果解释 ……………………………………（187）
　本章小结 …………………………………………………………（202）

第五章　研究结论及政策建议 ……………………………………（203）
　第一节　本研究主要内容和结论 ………………………………（203）
　　一　我国地方财政支出配置效率 ……………………………（203）
　　二　我国地方财政支出技术效率 ……………………………（205）
　　三　地方财政支出效率的空间外溢问题 ……………………（207）
　第二节　进一步的讨论 …………………………………………（208）
　第三节　政策建议 ………………………………………………（210）
　　一　推进民主进程，改进公共商品的供给决策机制 ………（210）
　　二　进一步改革现行财政体制，优化地方财政支出结构 ……（210）
　　三　完善财政内部管理制度，减少环境因素的干扰和冲击 …（211）
　　四　构建以绩效预算为核心的财政管理制度 ………………（211）

参考文献 ……………………………………………………………（213）

附　表 ………………………………………………………………（231）

致　谢 ………………………………………………………………（296）

导 论

一 问题的提出

著名经济学家保罗·萨缪尔森曾指出,效率是经济学研究的中心问题,也许是唯一的中心问题。财政学作为经济学的重要分支,财政支出的效率也必将是财政学研究的一个重要内容。

主流经济学所坚持的标准是"帕累托效率"标准,该效率描绘了一幅完美的图画,社会只要达到帕累托效率,也就实现了完美"和谐",因此,帕累托效率成为市场经济学研究的核心参考标准。帕累托效率理念也适用于公共经济学(财政学)中效率评价问题,只是其表现形式与市场经济学有所差异而已。

在财政分权体制下,地方政府获得财政支出的自主权和机动权,为满足当地居民的需求,利用公共资源提供公共商品或服务①。公共需求是多种多样的,决定了财政支出有多种类型,比如教育支出、文化支出、卫生支出、公共安全支出等,这些支出是否满足了居民(选民)的需求,这个问题是任何财政支出行为都无法回避的,这就涉及如何对财政支出进行效率评价。

我国的经济市场化改革以及财政分权体制改革至今,关于财政支出的讨论最多的是公共商品供给不足,未能满足公众的需求。实际上公共商品是财政支出形成的最终产出,公共商品供给未能满足公共需求,其可能的原因要么是财政投入不足,要么是财政支出效率不高。因此有必要对我国地方财政支出效率进行研究,对地方财政支出效率进行实证评估,了解我国目前财政支出效率的影响因素,以及如何进一步提高地方财政支出效率的政策设计和制度安排。

---

① 在我国财政理论界,"公共商品"有多种叫法,如"公共品""公共物品""公共产品"等,本书统称"公共商品"。

一般来说，财政支出效率包括了两个主要组成部分：财政支出配置效率和财政支出技术效率[①]。前者主要包括两个方面：财政支出应该如何在各门类间进行配置，才能符合帕累托效率标准，以及如何评价或衡量现实中财政支出的配置效率。后者同样也包括两个方面的内容：财政支出技术效率含义以及如何评价或衡量现实中财政支出技术效率。

本研究主要围绕财政支出的配置效率和技术效率展开，并对我国地方财政支出效率作出实证评估。文中数据如无特别说明，均来自于历年《中国统计年鉴》《新中国六十年统计资料汇编》《中国财政年鉴》《中国税务年鉴》《中国教育统计年鉴》《中国卫生统计年鉴》《中国社会统计年鉴》、各省统计年鉴以及前人研究成果。

（一）我国地方财政支出效率的现状

如前所述，财政支出效率包含了公共资源的配置效率和使用过程中的技术效率，这两个效率紧密相连，下面首先对当前我国地方财政支出效率作一个总体概览。

众所周知，我国是一个正处于转型中的发展中国家，经济发展水平不高，与公共需求相比，可用的公共资源是很稀缺的，因此，提高公共资源的配置效率势在必行。比如，满足公众对教育的需求就应该将公共资源向教育领域多倾斜，这不仅会提高配置效率，同时也为社会成员的发展提供了均等的机会，有助于实现效率和公平的统一。目前，我国在公共支出的配置效率方面存在许多突出的问题，这些问题不仅涉及预算编制环节，更涉及预算的执行环节。

从预算的编制环节看，《中华人民共和国预算法》规定各级人民代表大会的代表由选举产生，"人民代表，代表人民"的宣传为人们所熟识，但是在实际操作上，人民代表的偏好表达是否真正与人民的意愿诉求一致，这还需要打个问号。这种信息传递过程的损失有时是非常大的，这就意味着按照代议制民主的决策制度本身就存在着效率的损失。其次，目前，编制方法上提出采用零基预算编制方法，但鉴于工作量、人员素质要求高等原因，不少地方依然采用增量预算编制方法，无法全面科学准确反映公共需求。再次，地方预算编制遵循"两上两下"的原则，这实际上存在讨价还价的情形，这种情形带来的结果往往是预算编制的数字和最终的

[①] 技术效率是从英文"Technical Efficiency"直译得到，其含义和中文中的"生产效率"基本相同。

数字差距较大，无法完成预期的目标。

《中华人民共和国预算法》上明确规定，政府预算草案经人民代表大会表决通过以后即成为有法律约束力的法律性文件，具有其权威性和严肃性，必须严格按照预算文件执行，任何部门和个人都不得擅自改动。然则政府部门在预算执行过程中偏离预算，甚至利用权力擅自改变预算的事情常常发生，最终只得预算"权威"之空名。

在预算的执行过程中表现出来的问题主要有：首先，公共资源的滥用。社会舆论诟病最多的当属政府部门的"三公"经费的支出，即"公务接待，公车消费，公款出国"。2013年中央各部门公布"三公"经费的使用情况，但没有得到社会公众的普遍认可，一是因为数额受到质疑，二是信息粗略，意义不大。地方政府的"三公"经费开支情况现在仍未见"阳光"，但可以肯定的是，政府目前公布出来的这三项经费数额是偏低的，因为，这三项经费是按照中央和地方决算报表统计出来的，不包括转嫁到企业事业单位的相关支出。因此可以说，目前，我国公共资源的大量流失是不争的事实。其次，政府官员贪污腐败、渎职侵权造成公共资源的大量流失，除了对国家造成直接经济损失，该行为的间接损失可能更为庞大，这对于公共资源也是巨大的浪费。再次，公共资源的使用失当，投入浪费现象严重。政府部门在编制预算时都尽量往大了编制，实际上并非需要如此大的开支。上海社会科学院陈宪教授在一次演讲过程中曾举了这样一个例子：某省直机关申报的行政资产经费最终只得到1/4的批复，被砍掉的依据是财政厅的数据库记录了该省直单位的资产存量数据库，对该单位的资产使用情况摸查得非常清楚。这说明了一个问题，3/4的申报数额对该单位来说可能就是对公共资源投入的巨大浪费。

从理论的角度看，公共资源与私人资源不同之处在于它的使用不仅关系到效率问题，也关系到社会的公平问题，公共资源的配置效率失当直接的后果是不能有效满足公共需求。从全社会的角度去考虑机会成本，如果配置失当，则机会成本将大大增加，那么公共支出的社会总效益必定下降；从公平的角度看，公共资源来源于社会成员或纳税人，它的使用必然与社会公众的价值取向紧密相关，配置失当必然有损社会公平正义，即部分人或某些利益集团获得的公共资源过度，另一部分个人或利益集团获得的公共资源将不足，因此，就要求公共资源的配置必须遵循一定的规则和标准。

近些年内，中国财政学界曾对"公共财政"的说法进行过激烈的争论，争论的焦点是"公共"二字是否为画蛇添足之举，但从财政本身的理论意义上讲，确实，财政本身就有"公共"的含义，但在社会主义市场经济的背景下将这二字加在"财政"之前，就赋予了"公共财政"更多现实意义。讲"公共财政"是欲与以往计划经济体制下的"国家分配论"的思想体系相区别，是与市场经济体制相适应的财政思想。在看待公共资源上，它明确了公共资源和私人资源的区别，明确了"公"和"私"[①]。利用"公共财政"的理念，有助于我们理解哪些是公共资源，哪些是私人资源，以及它们各自的产生，有助于在实际操作中对公共资源的配置有更深的认识，有助于我们改进工作方式和制度安排，从而提高公共资源的使用效率。本研究的理论基础就是"公共财政"思想理论体系。

地方财政支出的低效率是中国长期面临的一个重要难题。自市场化取向改革始，公共财政的理念开始形成并逐渐成为学界主流，使得财政支出效率问题突出地体现出来并被学界和公众所关注，这是因为按公共财政的基本理念，财政是政府按照社会公众（纳税人）的偏好，以最低成本提供公共商品来满足公共需求的经济行为，该行为过程从根本上是财政支出决策效率（预算效率、配置效率）和生产（技术）效率的内在需求。通常人们所讲的"财政支出缺位和越位""行政经费膨胀""政绩工程""形象工程"等，从理论上讲，这都是地方财政支出效率低下的具体表现。

我国地方政府长期以来普遍存在重收入、轻支出的问题，这是有悖于公共财政基本理念的，地方政府应该更多关注财政支出效率问题。因为财政收入根本上说是纳税人的钱，管好、用好财政收入是对纳税人负责。

提高地方财政支出效率，首先要从预算程序入手，硬化预算约束。理顺预算程序的前提是政府职能定位明确，各级政府事权划分清晰。财政职能分为配置职能、再分配职能和稳定职能，分别涉及公共资源的配置、收入的再分配和社会安全与经济稳定。实际上，在中国现行的财政体制安排下，各级政府的事权并没有明确规范，1994年的"分税制"改革的推动者是中央政府，地方各级政府没有多大的发言权，结果造成中央政府首先掌握良好的税源、稳定可靠的税种的征收权，而中央政府常常将支出的责任以行政命令的方式安排给地方政府。在现有转移支付制度不完善的背景

---

① 从经济发展史的角度看，"公"和"私"的分离对建立市场经济体制有着极为重要的意义，公共财政有助于厘清"公"和"私"的关系。

下，地方政府尤其是较低层次的地方政府财政困难的问题非常突出。另外，由于种种原因，地方政府有追求更高GDP增长的冲动，在利用财政税收手段掀起招商引资的浪潮中，地方政府的财政压力也必将增大。19世纪80年代，德国经济学家瓦格纳提出"公共支出增长"理论，他认为，政府的财政支出与经济增长之间存在着正相关的函数，即伴随着经济增长①，财政支出也会不断增加。要行使国家职能，为社会提供公共商品，有两条实现途径，要么增收，要么增效。增收的主要形式是增加税收或发行国债，增加税收涉及宏观经济的各个方面，要受到宏观经济环境和社会、政治环境制约，且对财政本身乃至全社会有潜在的风险威胁。增效即提高财政支出效率，在既定的财政投入下，实现公共商品和服务产出的最大化，或在既定的产出目标下，实现财政投入的最小化。相对于增收的途径，增效对地方政府来讲更现实。因此提高财政支出效率能够满足日益增长的财政资金需求，能够改善财政运行状况，并能够保障政府职能实现。地方政府财政在提供资源配置、收入再分配、发展地方经济等方面发挥着越来越重要的作用。随着地方经济的发展、人口的增长和城市化进程不断加速，由地方政府所提供的公共商品，如教育、社会保障、医疗卫生、道路交通运输及其他公共设施，对于经济效率的提高、人民生活质量的改善、乃至整个社会的进步都发挥着越来越重要的作用。因此，地方财政在现阶段我国经济中的作用变得越来越重要。

（二）我国地方财政支出效率存在的问题

我国财政支出依然存在着"越位""缺位"的情况，那么从经济学的帕累托效率观点看，这肯定是非效率。具体来看，这种低效率主要表现在财政的配置效率和技术效率两个方面。

1. 从财政的配置效率上讲，我国财政支出结构不尽合理

财政支出结构是指，在一定经济体制和财政体制下，在财政资金分配过程中，所形成的各项支出在全部支出中所占的比重以及相互之间的内在联系。财政支出结构优化的制定标准，应该是财政资源在政府各项职能之间进行的配置，能够满足一定时期政府实现有效管理社会共同事务的目的。结果合理地满足了这个目的，财政支出结构就是优化的，否则，财政支出结构就是不尽合理的，没有达到财政资金分配使用的最优配置效率。

---

① 至于增长的人均量还是总量，瓦格纳并没有明确指出，学者也从不同的角度对该"法则"进行了各种实证研究。

现代经济学理论认为，市场经济中政府应承担以下职能。第一，实施宏观经济调控，不直接介入或基本不介入微观经济活动领域，以利于市场对资源配置发挥基础性作用，政府通过经济政策和法规影响市场发生作用的条件。第二，规范、调节、服务市场经济职能。具体包括：建立法律基础，维护正常的市场运行和竞争秩序，平衡社会总供给与总需求，保持宏观经济稳定。提供经济发展所必需的基础设施等公共商品，进行收入再分配，实现社会公平。财政支出正是围绕着保证政府实现上述职能进行的。财政支出结构优化的基本标准，也是考察财政资源分配中，对各项政府职能资金需求的满足程度及各项支出之间的比例关系。

根据马斯格雷夫和罗斯托财政支出结构随经济发展阶段不同而改变的理论来分析，目前，我国财政支出结构不尽合理，其具体表现在以下几个方面：一是公共投资财政支出占 GDP 的比重不断下降，政府宏观调控经济的能力受到影响。二是社会保障支出明显不足，在一定程度上延缓了我国市场化改革进程。三是行政管理费支出不断增长，大量挤占急需的公共支出项目。行政管理费支出增长较快的一个重要因素是公用经费增长。而公用经费支出范围不明确，浪费较严重。在事业费使用结构中，用于养人的多，用于发展事业的少。由于我国财政支出结构不合理，财政支出的越位和缺位在所难免，我国财政支出结构优化的潜力还很大。

2. 从财政支出生产效率上讲，我国财政资源绩效不高

通俗地讲，财政支出技术效率是指财政资源使用过程中，为提供特定的社会共同事务而使用的财政资源量与其产生的效果的比较。一般地说，在为达到一定财政目的的前提下，财政支出数额越小，财政效率越高；在财政支出为一定的条件下，由财政提供的公共产品数量越多，财政效率越高。财政支出使用效率具有两个基本特点：一是不能单独用量化的方法全面衡量财政使用效率水平；二是财政使用效率不具备统一的衡量标准。财政使用效率的内容与特点表明，对财政资源使用多视角的考察，以全面理解财政使用效率。从经济角度考察，它要求不仅要计算各项财政活动所耗用的财政资源和直接财政产出，而且还必须估算或评价财政活动对决定经济增长诸因素的各种影响。从环境角度考察，就是考察一项财政活动是否增进或有利于保持生态平衡，制止环境污染及其在这些方面的作用程度等。从社会视角考察，就是从财政活动对社会文化、道德、人文、人口与生育以及社会安全保障等方面影响的角度，考察财政使用效率问题。笔者

认为，无论从经济角度，还是从环境、社会角度考察，目前我国财政使用效率不尽如人意，其表现在大量的行政成本和财务成本，以及浪费。

3. 地方财政支出存在的问题

第一，地方经济建设和行政开支比例高，而民生支出的比例低。从某地2013年财政支出结构看，行政安全和社会的行政开支达到1.5054万亿元左右，占地方财政支出的30%。教育、卫生和社会公共安全，就业、文化和民生支出1.86436万亿元，占37.8%。而在发达国家，70%的地方财政支出主要用于民生。完全由地方政府支出的消防、城市排水的比例达到93.1%，如地方教育支出的比例为67.9%。因此，地方政府支出的重点应该是与居民生活的公共商品密切相关，地方政府也承担一定的公共工程支出责任。第二，地方财政支出结构总体趋好，但一些特殊的资本结构不完全合理。在农业、教育等领域，一些市县依靠中央及省级财政投资，在近年内的农业投资，虽然增加了对农田水利基础设施建设，但重点是大型泵站、大型灌区更新、大型水库工程、小规模的灌溉等，但与农民生产的直接相关的大型水利设施却受到限制。近年内，教育公共资金投入不足，迫切需要改善农村中小学的生活设施和教学设备，教育技术装备落后，教育资源（尤其是教室、宿舍等教育支出）供不应求。当地财政支持，为地方经济和保护地方配套资金的大幅增加的支出投资显著增加，在地方，要保持稳定，民生保障，安全运行的压力，一些地方的财政收入和支出的差距和赤字增加。

二 选题意义和研究内容

（一）选题意义

财政支出作为政府参与经济发展的工具，其作用于经济发展的机制主要通过为市场提供公共商品或服务，使市场能对资源配置起到基础性调节作用。由此就涉及财政支出（投入）效率以及生产率问题，即从静态来看，财政支出效率体现为财政支出和产出的对比；从动态来讲，财政支出生产率的变动对经济增长是有贡献的。近几年内，我国财政收入连年大幅度增长，成绩令人瞩目，但原有的财政支出膨胀、结构不合理、效率不高的矛盾仍没有得到缓解，有些方面甚至表现得更为突出，各级财政仍处于非常紧张的状况。深化财政支出管理改革、提高财政支出质量与效率已成为当前财政工作的紧迫任务。

我国经济改革 30 年来，中央政府不断采取不同的财政政策平抑和稳定中国的经济波动。财政体制改革经历了一个从集权到分权、从收权到放权的演变过程。我国的宏观调控在取得一定成效的同时，也不断引发经济深层结构性矛盾，地区间财政能力差距扩大，地方公共商品的供给不均衡。可见，地方政府的公共财政支出对于经济的影响是巨大的。这不仅在于各地财政支出水平的差距，还在于即使不同地方政府的财政支出水平接近，由于各地资源禀赋悬殊，不同地区也会产生不同的经济增长和社会发展水平。因此对财政支出效率的研究意义就更加凸显。

我国分税制改革以后的地方财政运行过程中，存在突出的问题就是财权和事权的不匹配，表现为地方政府要承担的职责较多，但其掌握的财政收入来源往往无法满足支出的需要。如果短期内财政管理体制无法得以改革的话，对于地方政府来说，加强财政管理，提高财政支出效率不失为问题的解决之道。而从 2008 年开始席卷全球的金融危机，更加要求地方政府运用财政手段刺激本地区经济和社会发展，以使经济发展速度不会下降太快，以促进就业和其他方面稳定有序发展。在资源有限的前提下，研究我国地方财政支出效率，对改善我国地方政府财政现状以及提高政府运作效率有着十分重要的意义。在这个时机对我国财政效率问题进行研究，探索适合自己道路的现实需求是必要而及时的。

(二) 研究对象

财政支出可划分为中央财政支出和地方财政支出，地方财政支出又分为省（自治区、直辖市）、市、县和乡四级政府的财政支出，本研究的研究对象确定为省级地方政府的财政支出，这主要基于三个方面的考虑：一是数据的可得性，本研究涉及的数据非常多且繁杂，有的地方必须要保证数据的平衡性，而目前的统计数据较为全面的是对省政府财政收支的统计；二是分税制改革在规范各级政府的财权事权时，也主要规范了省级政府的权责，省级以下的财政职责往往比较模糊；三是研究省级财政支出，可以较为直观地反映出我国区域间的财政支出效率的差异性。因此本研究的研究对象是全国省级政府的财政支出。

(三) 研究内容

本研究内容是我国省（自治区、直辖市）级地方政府财政支出[①]效率。

[①] 本书所研究的财政支出为一般预算内支出，但不包括转移支付部分，因此本书的具体支出属于购买性支出。

根据数据可得性和可比性,选择的时间跨度为2007—2012年①。本研究的财政支出效率评估是按照部门进行的评估,主要是教育支出、卫生支出、社会保障支出、交通运输支出四类②。

研究的主要内容有三个:我国地方财政支出效率评估框架;财政支出配置效率实证评估及影响财政支出配置效率的因素分析;财政支出的技术效率评估及其地区间空间依赖。具体来讲:

第一,地方财政支出配置效率。本研究主要介绍地方财政支出配置效率的含义,财政支出配置效率的评估原理和方法,利用联立方程组模型来评估财政支出配置效率,最后,利用多项选择模型来确定影响财政支出配置效率的因素。

第二,地方财政支出技术效率。本研究内容包括地方财政支出效率的含义,财政支出技术效率的评估原理和方法。利用了数据包络分析方法(三阶段Bootstrapped DEA)对31个省级财政支出技术效率进行了评估,并利用Tobit模型对影响财政支出技术效率的因素进行了确定。另外,考虑到地方政府的招商引资发展本地经济的冲动,还对地方政府财政支出技术效率的空间依赖进行了实证研究。

第三,地方财政支出效率空间外溢。现行分税制财政体制是激励地方政府加速投资的体制,只有投资增长速度超过其他地区,该地的经济增长速度和财政收入增长速度才可能超过其他地区。因此,我国地方政府间竞争是制度安排的必然结果,而将财政收入和支出联系在一起的财政效率也必然呈现特定的空间互动效应。本书不仅实证研究了财政支出效率的空间集群特征,同时就影响财政支出效率的因素进行了实证研究。

(四)技术路线

图0-1是研究的技术路线图,从该图可以看出重点研究的内容大致上为三块:一是地方财政支出配置效率的实证研究;二是地方财政支出技术效率;三是地方财政支出效率在省际间的空间外溢问题。

(五)研究方法

1. 规范分析与实证分析

规范分析是对经济事物运行状态作出是非曲直的主观价值判断,回答

---

① 选择从2007年开始的原因是我国预算编制科目调整是从2007年的预算开始的,从而能够保证预算支出科目统计口径的一致性。

② 本书中的支出数字中不包括基金和国有企业的支出。

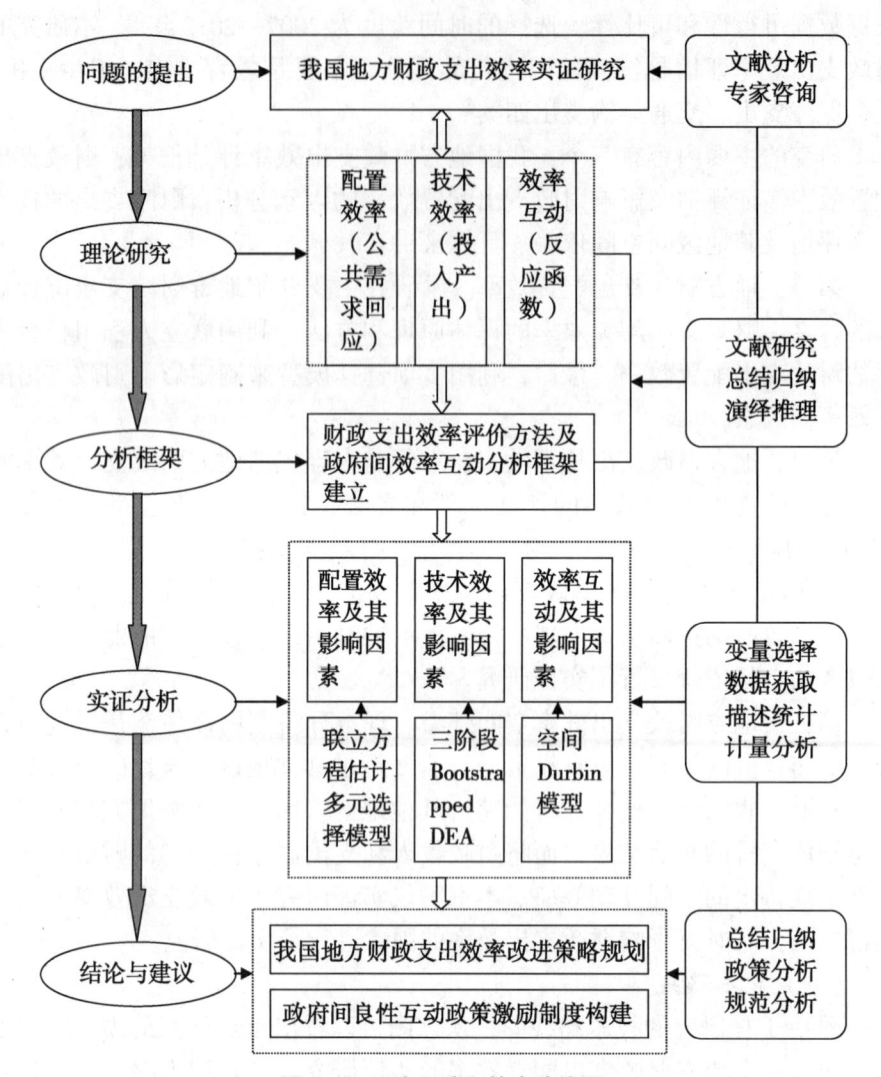

图 0-1 研究思路和技术路线图

的问题是"事物的本质应该是什么"。在地方财政支出效率的研究中，需要回答的是财政支出配置效率和财政支出技术效率的含义，什么样的财政支出状态是有效率的，影响财政支出效率的因素有哪些等等。诸如此类的问题都涉及规范分析。对这些问题的回答实际上是进行研究的理论框架或者是理论假设，这里含有主观价值判断的成分。

实证分析是与规范分析相对应的一种研究方法，它是对经济事物运行的一种客观分析，回答的问题是"事物的本质是什么"，它是不带有个人主观价值判断的客观描述。在研究财政支出效率时，必须要做的是对我国当前财政支出效率状态作出客观描述，并确定影响财政支出效率的因素。在实证分析中，本研究采用了计量经济学中的联立方程模型、多元Logit模型以及空间面板模型，来实证分析我国地方财政支出效率的状态。

2. 比较分析法

比较分析法是确定事物之间同异关系的一种思维过程和方法，也是矛盾的同一性和对立性的直观运用。比较分析法就是在同一中求差异，在差异中求同一，通过分析比较，揭示财政发展的规律。通过比较我国和较为发达市场经济国家的财政支出规模和结构，技术效率以及财政支出制度安排的差异，来审视我国财政支出的改革和努力的方向，更重要的是，在评估地方财政支出技术效率时采用数据包络分析方法，该方法本身的理论基础之一就是比较分析的思想。

三 文献综述

（一）国内相关研究回顾

在我国传统"国家分配论"财政思想的支配下，无论什么财政支出，都笼罩着"满足国家职能实现的需要"的神圣光环，地方财政支出效率问题一直少有人问津。直到20世纪90年代，地方公共支出效率问题才进入学者的视野。对地方公共支出效率问题的讨论最早可见于李俊生所著的《财政效率论》一书，但是该书只是讨论了财政效率的构成等表层问题，并没有对深层财政效率决定机制进行研究，没有区分财政效率与地方财政效率。国内较早明确地对公共支出效率及其决定机制进行研究的是吴俊培教授[①]。

国内学者主要集中研究以下几个方面：

1. 我国整体财政支出效率的现状

邹贤启（2000）指出，我国财政支出效率的现状表现在四个方面：（1）我国财政支出的结构效率低；（2）行政成本上升；（3）部分财政性支出游离于财政统一分配管理之外；（4）转嫁性财政支出效率无法控制。

黄衍电（2001）认为，我国财政支出效率的现状有：（1）从财政分配效率上讲，我国财政支出结构不尽合理；（2）从财政使用效率上讲，我国

---

① 吴俊培：《财政支出效益评价问题研究》，《财政研究》2003年第1期。

财政资源绩效下降。

傅道忠（2003）指出：（1）我国各级政府财政支出的安排还没有真正做到如实反映人民的共同意愿，而往往只是体现领导层的个人偏好，以领导的偏好代替普通老百姓的共同偏好；（2）从公共商品的供给方面来看，我国的政府职能部门及其他公共部门，并没有完全按最低成本原则生产和提供公共商品；（3）财政支出范围过宽，支出结构不合理，财政支出安排上的"越位"和"缺位"并存；（4）相当部分财政支出并没有纳入政府年度预算，由于缺乏必要的管理与监督，这部分支出的安排难以体现财政的公共性、民主性和法制性，导致公共部门及其领导者个人，将公共资源用于办本部门的事情或领导者个人的事情，公共部门不是为社会提供公共商品，而是为本部门服务、为领导服务。

郑纪达（2006）指出：（1）我国财政支出效率不高；（2）现行的财政支出结构对财政支出效率的负面影响。

2. 财政支出效率的内涵

刘蕾（2008）认为，财政支出效率是一个特殊的效率范畴，是效率在财政支出中的体现，具体而言，它是指政府通过合理地运用财政支出手段，调节经济运行，使得经济活动中各生产要素能够通过合理配置达到最佳的经济效果。财政支出效率包括三个层次：（1）财政支出的规模效率；（2）财政支出的结构效率；（3）财政支出的制度效率。

朱文奇（2009）认为，财政支出效率主要指财政资源配置效率，而提高资源配置效率，是指财政资源按照人民群众需求偏好和预算约束进行配置。

傅道忠（2003）指出，效率一般包括两方面的内容：一是资源配置效率；二是 X 效率（生产效率）。财政支出效率也同样如此，即财政支出效率包括财政支出配置效率和财政支出 X 效率。

郑纪达（2006）认为，财政支出效率是指在预算约束下，以最低财务成本和社会成本实现政府目标的最优化状况。财政支出效率包括两方面的内容：财政支出资源配置效率和财政支出 X 效率或财政支出生产效率。

李森（2005）指出，财政支出效率包括宏观、中观和微观三个层次。宏观层次的财政支出效率要保证公共商品的供给总量合理；中观层次的财政支出效率要保证公共商品的供给结构合理；微观层次的财政支出效率要保证公共商品生产和提供过程资金使用效率要高。

陈东红（2010）认为，对于财政支出效率应该从财政职能的角度进行理解。根据马斯格雷夫的论述，财政具有资源配置、收入分配、经济稳定和增长三大职能，而财政安排支出主要是为了实现财政的这样三大职能。因此，财政支出是否有效率就取决于它是否真正地实现了资源的有效配置、收入的合理分配、经济的稳定和增长的三维判断。正因为如此，可将财政支出效率界定为"财政支出在用于市场失灵的公共领域过程中所实现的财政职能的程度，它分为微观财政支出效率和宏观财政支出效率"。这个定义：一方面将财政支出和财政职能联系起来，使得评价财政支出效率有了一个可靠的依据和标准；另一方面也有利于对财政支出效率进行测算。微观财政支出效率，就是财政支出在市场失灵领域发生之后，对资源配置改善状况。宏观财政支出效率，就是当财政支出发生之后，收入分配的状况是否得到改善，经济是否在稳步的增长，经济的波动是不是减少了。

以往众多学者的观点都有可取之处，而在笔者看来，理解财政支出效率必须从经济学的基本概念——帕累托效率出发，首先必须考虑财政支出配置效率，即财政支出方向和规模是否配置有效；其次必须再考虑财政支出配置的过程中投入与产出的问题，即技术效率。基于此，本书赞同从配置效率和技术效率两个角度对财政支出效率进行研究。

3. 财政支出效率的影响因素

黄衍电认为，我国财政支出效率不高的原因是：（1）理财思想难以适应经济转轨的新形势；（2）财政法制不健全；（3）理财方式创新滞后；（4）财政支出失控现象严重。钟水映和李魁（2009）利用 DEA 方法，研究了我国地方财政支出效率，并利用 Tobit 模型分析了人口对财政支出效率的影响。王宝顺和刘京焕（2011）认为，财政分权程度对我国地方城市环境治理财政支出效率有显著影响。

4. 提高我国财政支出效率的对策

傅道忠提出，应从以下几个方面提高我国财政支出效率：（1）转变政府职能，规范财政供给范围，净化财政支出内容；（2）按照公共财政的基本思路，建立政府财政的民主决策制度与民主监督制度，加快财政决策与财政监督的民主化进程；（3）加强财政立法工作的力度，推进我国财政管理与财政监督的法治化进程；（4）要树立财政支出效率观念。人的任何行为都是由其思想所支配的。规范分税制财政体制，为财政支出效率的提高奠定体制基础。田晓等（2000）提出，应该通过政府采购制度来提高财政支出效率。冯兴元（2006）提出，通过强化预算规则约束来提高财政支出效率。史晓龙（2007）指出，绩效预算有助提高财政支出效率。牟放（2008）指出，以公共商品购买提高财政支出效率。

5. 对特定公共部门的技术效率研究

从特定公共部门提供公共商品或服务效率研究来看，学者们一般都将财政支出效率等同于财政支出技术效率，即考察政府用财政支出转化为相应公共商品或服务的能力。龚锋（2008）基于四阶段 DEA 和 Bootstrapped DEA 方法，对我国地方政府公共安全服务的提供效率进行了评估研究。赵志耘等（2009）运用超效率 DEA 法，对我国 30 个省（自治区、直辖市）2003—2005 年的研发效率进行了测度，并通过建立随机效应面板 Tobit 模型对影响研发效率的环境因素进行了回归分析。韩华为等（2010）用 1997—2007 年中国 31 个省（自治区、直辖市）的面板数据，在 DEA - Tobit 两阶段分析框架下，研究了中国地方政府的卫生支出效率。张霄等（2013）对我国省级研发部门的财政支出效率，采用三阶段 Bootstrapped DEA 进行了分析研究。

6. 效率评价方法的研究

效率评估的常用方法有：比率分析法、随机前沿法、平衡计分卡、数据包络分析法等等。这 4 种绩效评估方法的异同点见表 0-1。作为非常传统的评价研究方法，比率分析法的研究汗牛充栋，这里不再赘述。笔者仅就平衡计分卡、随机前沿法和数据包络分析法的相关研究文献作简要回顾。

平衡计分卡技术（简称 BSC 技术）是一套面向未来的、全方位的组织效率评估技术，其视角注重寻求短期与长期之间、财务与非财务之间、组织内部与外部绩效之间的平衡。其创始人 Kaplan 和 Norton（1992）通过财务、顾客、内部流程、学习与成长四个方面构建了一套组织效率的评估技术，该技术被称为平衡计分卡，其宗旨是评估过去绩效、管理当前绩效、驱动未来绩效。Kaplan 和 Norton 后来的学者们将 BSC 技术广泛地运用到了各个领域的效率评价实践当中。例如，Denton 和 White（2000）利用 BSC 技术，设计了关于宾馆管理经营效率评估的方法。Corrigan（1996）以澳洲空军基地的绩效评估为研究对象，运用 BSC 技术进行了实证分析。表 0-1 为 4 种常用效率评价方法比较。

表 0-1

方法	优点	缺点	适用性
比率分析法	简单易懂、财务比率意义明确	单指标单含义,不便于对被评估单位进行整体效率评估	单投入单产出
平衡计分卡	全方位评估,不但能够评价过去绩效,能够管理当前绩效,且能够驱动未来绩效	平衡计分卡设计过程中一半由专家打分,绩效评估结果可能受到人为因素的影响	多投入单产出
随机前沿法	将投入与产出关系用确定的函数关系来表达,运用统计分析方法,计算结果科学	预先假设自变量与因变量具有确定的函数关系;被评估决策单位样本较少时,无法找出效率前沿单位	多投入单产出
数据包络分析法	属非参数方法,无须事先假设函数关系;多投入与多产出效率评估,不受人为因素影响;通过敏感分析与投影分析,提供资源使用状况与改进建议	对决策单元资料数据的精确性要求较高;当投入与产出数值为负数时,无法处理	多投入多产出

随机前沿法（SFA）是一种基于生产前沿面理论的参数方法。该方法由 Aigner、Lovell 和 Schmidt（1977）以及 Meeusen 和 Broeck（1977）各自独立提出。SFA 模型在确定性生产前沿的基础上，通过将误差项分解来估计 DMU 的技术效率。误差项被分解为两部分：一部分表示随机误差；另一部分表示技术无效性（Technical Inefficiency）。韩清等（2011）利用随机前沿法对企业的技术效率进行了实证研究。吴延兵和米增渝（2011）基于随机前沿法对我国制造业非国有企业的效率进行了研究。李建军（2011）基于随机前沿法对我国地方税收征管效率进行了实证研究。

数据包络分析法（简称 DEA 方法）运用运筹学的线性规划技术，对不同决策单位的输入数据与输出数据的包络面的分析，通过判断不同决策单位的观察值与效率前沿的位置关系来研究效率问题。国内外利用数据包络分析法进行效率评估的研究也非常多。颜鹏飞和王兵（2004）基于数据包络分析法对技术效率、技术进步与生产率增长进行了实证研究，郑录军和曹廷求（2005）基于数据包络分析法对我国商业银行效率及其影响因素进行了实证分析。陈诗一和张军（2008）基于数据包络分析法对 1978—

2005年中国地方政府财政支出效率进行了实证研究。王宝顺和刘京焕（2011）利用数据包络分析法，对中国地方城市环境治理财政支出的效率进行了研究。

（二）国外相关研究回顾

西方国家财政支出绩效评价始于19世纪初①。随着西方民主意识的不断增强，西方国家先后建立了政府审计机构，用于监督支出的合法性和合规性，并没有涉及财政支出的合理性和效率性。1906年纽约市政研究局首次建立，开始对政府绩效评价进行研究，探索提高政府效率的途径。1907年，纽约市财政局首次应用以效率为核心的绩效评价技术，运用社会调查、市政统计和成本核算等方法和技术，建立了评价政府活动的成本或投入（input）、评价政府活动的产出（output）、评价政府活动的结果（outcome）三种类型的绩效评价。

国外研究财政支出效率的文献大致可分为两类：一类是集中研究特定国家或特定公共商品的财政支出效率；另一类是研究跨国财政支出效率。从效率评估侧重点看，国外主要研究的是财政支出技术效率。

Charnes等（1978）利用DEA方法，研究了中国28座主要城市在1983年与1984年两年的经济表现。研究指出，从静态技术效率看，相对有效率的城市有6座；从动态效率看，发现28座城市中除了上海两年皆有效率，广州及鞍山为效率退步外，其余城市皆为效率进步。Van den Eeckaut等（1993）利用DEA方法研究了比利时城市的市政支出效率，进而利用Tobit模型分析了诸如地方税、教育和政治环境等因素对市政支出效率的影响。De Borger Kerstens（1996）也分别以传统计量方法，包含确定性前沿（Deterministic Parametric Frontier，DF）及随机前沿（Stochastic Parametric Frontier，SF）、FDH方法及DEA方法衡量比利时1985年589个地方政府的成本效率。Worthington（2000）则以1993年澳大利亚新南威尔士177个地方政府为观察对象，分别采用传统回归方式及DEA来评估其成本效率。此外，Afonso和Fernandes（2006）亦采用DEA模型，衡量2001年葡萄牙地方政府支出效率。Prieto和Zofio（2001）利用DEA方法，对西班牙209个城市的截面数据进行了效率估算。Balaguer - Coll、Prior - Jiménez和Vela - Bargues（2002）利用DEA方法，对西班牙258个城市的面板数据进行了效率研

---

① 王克强、刘红梅、陈玲娣：《财政支出绩效评价研究综述》，《开发研究》2006年第5期。

究。Afonso 和 Fernandes（2005）利用 DEA 方法，对葡萄牙 51 个城市的界面数据进行了效率研究。Loikkanen 和 Susiluoto（2005）利用 DEA 方法，对芬兰 353 个城市的面板数据进行了效率评估。还有一些研究运用 DEA 方法，分析公共教育投入的技术效率（Chakraborty et al.，2001）、教育部门的投入产出效率（Jesson et al.，1987；Fukuyama et al.，2002）以及医疗卫生机构提供健康服务的效率（Sherman，1984）。

从跨国财政支出效率的研究来看，Gupta 和 Verhoeven（2001）运用 FDH 方法投入导向方法，对非洲 37 个国家 1984—1995 年间，政府用于教育和卫生方面支出效率进行了评估。他们为每一期的每一个指标都构建了效率前沿，他们的研究结果有二：一是这些非洲国家的公共商品提供效率低于亚洲和西半球的国家；二是财政支出规模和支出效率间存在负相关关系。Evans 和 Tandon（2000）采用参数方法核算了世界上 191 个国家 1993—1997 年间的国家卫生体系的支出效率，结果表明支出规模与卫生效率得分间存在正相关关系。Sanjeev Gupta 等（2001）利用非参数估计法——自由处置包（Free Disposal Hull，FDH）对非洲 37 个国家政府卫生支出效率进行了研究，该研究选取的产出指标是预期寿命、婴儿死亡率、儿童免疫接种率。Jarasuriya 和 Woodon（2002）同样采用了参数方法对 76 个发展中国家的卫生和教育支出效率进行了核算。其研究结果表明，财政支出与卫生和教育的产出变量间不存在任何关系，即增加支出不能保证带来更好的教育和卫生产出结果。Green（2003a）利用随机前沿估计方法对跨国数据进行了效率评估，他采用支出（公共支出与私人支出之和）和教育作为投入变量估计了卫生生产函数。Afonso、Schuknecht 和 Tanzi（2003）运用非参数方法考察了 23 个 OECD 国家的财政支出效率。他们构建了公共部门绩效指数，并将之作为产出变量，财政支出作为投入变量，利用单投入和单产出的 FDH 方法对每一个样本进行效率排序，结果发现那些公共部门规模较小的国家往往具有较高的整体绩效。Afonso 和 St. Aubyn（2004）运用 DEA 方法和 FDH 方法，对 OECD 国家的教育和卫生支出效率进行了研究，并对产出导向测算的效率结果和投入导向测算的结果进行了比较。

（三）以往研究的不足

通过对以往国内外学者对我国财政支出效率的研究回顾，可以看出学者对财政支出效率基本上有了较为全面的理解，并采用了一些先进的技术

对特定年份的财政支出效率做了实证研究。在笔者看来,以往的研究还存在以下几个方面的不足:

1. 财政支出效率的内涵理解莫衷一是

目前,学者们的观点主要可分为四大类:配置效率和生产效率(X效率);规模效率、结构效率和技术效率;配置效率、技术效率和制度效率;宏观效率、中观效率和微观效率。尽管学者们从各自不同的角度进行了理解,其中似乎被更多人接受的是从财政职能的角度理解财政支出效率。不置可否,财政活动就是实践其职能——资源配置职能、收入分配职能和经济稳定增长职能。但是其中的收入分配职能,通俗地讲即公平职能,在实践中是很难度量的,其复杂程度岂能单就一个基尼系数能解决?进一步讲,实际上,将履责的程度作为衡量财政支出效率,容易将财政支出绩效和财政支出效率相混,在实证研究中将会增加更多统计噪声。

2. 研究财政支出效率缺乏参照物

从经济学的角度看,效率一般是指帕累托效率,即是一种资源配置或交换的理想均衡状态。帕累托效率是微观经济学的基础,因为微观经济学的研究一开始就假定存在特定形式生产函数或(社会)效用可能性边界。而实际上我们意识到这只是理论上的效率前沿面,现实中的效率前沿往往不是经济学家或数学家的主观想象。以往学者在研究我国财政支出效率时会说我国的财政支出效率低,比如说,行政成本高,官僚作风作祟等等。这样论证问题很难让人信服。而以投入(成本)为导向,或以产出(目标)为导向的效率分析会让人们更能接受。

3. 实证研究方法和指标设计方面存在的问题

财政支出配置效率极少有学者研究,财政支出技术效率的实证研究在以往文献中主要以非参数数据包络分析(Data Envelopment Analysis,DEA)为主,该分析技术具有实施起来不用知道投入与产出之间的关系的代数形式之优点。但使用 DEA 实证分析时,外生环境因素对效率的影响造成的效率差异却没有考虑,同时,指标设计方面存在的问题主要是:在核算财政支出效率时,必然要对投入指标和产出指标进行设定,许多学者的研究将财政支出的目标设定为产出指标,比如,将基尼系数、失业率、通胀率等作为产出指标而对财政支出进行效率核算,这样做,实际上是将财政支出效率和财政支出效益两者的概念混淆了。

4. 我国地方政府间财政支出的空间互动鲜有学者研究

现行分税制财政管理体制是一个鼓励地方投资、加速经济增长的体制。地方政府为增长而竞争是一个不争事实，财政竞争表现为财政支出的竞争和税收的竞争，如果将财政支出和税收两者同时考虑，财政支出效率的竞争就是顺理成章了。但是，却鲜有学者对财政支出效率的空间互动问题做出研究①，而这也是地方财政支出效率研究的重点内容。

四 创新点及不足

（一）创新点——对财政支出效率评价技术的探索

本书对地方财政配置效率的研究以估计公共需求为基础，提出以偏好匹配的程度作为评价财政支出配置效率的标准。在实证研究中，以经典"中间投票人"理论为基础，利用联立方程系统模型实证估计各个公共商品需求，通过比较公共需求量与实际财政支出量之间的差异程度，设计偏好匹配指数，进而运用多项 Logit 模型，对地方财政支出配置效率实现的影响因素进行了实证研究。

以往绝大多数国内外学者研究财政支出技术效率时，采用的方法是数据包络分析法，但该方法在使用过程中，没有考虑外生环境因素和随机冲击因素对效率的影响。本研究采用了更为科学的三阶段 Bootstrapped DEA 方法，该方法通过过滤外生环境的影响和控制随机冲击，对初始 DEA 效率计算结果进行了偏误纠正，使得 DEA 的结果更接近实际。

地方政府间的财政支出效率存在空间外溢，本研究利用空间计量技术，对地区间财政支出效率的空间依赖进行了实证研究，尤其在研究空间关系及效率影响因素时，采用了更为科学的空间 Durbin 模型。

（二）研究的不足

财政支出效率的研究是一项极为复杂的工作，它不仅包括本研究中微观层面的项目支出效率的研究，还涉及宏观层面的研究，比如公共部门规模与私人部门规模间适度配置的问题，还涉及各个项目间财政资源配置的问题。因此，要完整深入地研究财政支出效率是一项有意义但却繁重的任务。

本研究虽然对财政效率的实证评估做了一定的贡献，但依然存在许多不足和不完善，主要表现在以下方面：

第一，以特定公共部门支出作为效率评估的对象。实际上，以部门作

---

① 解垩：《政府效率的空间溢出效应研究》，《财经研究》2007 年第 6 期。

为效率评估对象时会存在问题，因为财政支出是一个整体，按照部门所执行的功能进行的资源配置并不能完全反映财政支出整体效率。必须承认，部门间效率存在外部流动性[①]，交通部门财政支出效率不高，不能归咎于交通部门一家，甚至在一定程度上可以讲，交通部门的财政支出效率不高或许是必要的，因为它的效率不高若能促进整体财政支出效率的帕累托改进，则它的效率就应低一些。

第二，本书中只考察了教育、医疗卫生、社会保障和交通运输等方面财政支出，并不能涵盖地方支出的全部。另外，这些公共商品实际上大部分属于准公共商品，按照一般经济学理论，准公共商品的提供方式应该是政府和私人部门联合提供，那么如何准确把握投入产出的属性，以及政府部门与私人部门间是否存在替代关系，抑或互补关系需要进一步深入研究。

---

① 此处"流动性"可理解"相关性"。

第一章 地方财政支出及其效率理论

第一节 公共需求与公共商品理论

一 公共需求理论

需求是人的本性，人类社会活动的最终目的在于满足人们的需求。不断满足人们日益增长的各种需求，成为一个社会或民族不断前进的根本驱动力。需求可以总体上可以划分为两大类：私人需求和公共需求。私人需求有很多划分方式，最为著名的当属美国心理学家亚布拉罕·马斯洛（Abraham H. Maslow）提出的需求层次理论，即把个人需求由低级到高级划分为五个层次：生理需求、安全需求、社会交往需求、尊重需求、自我实现需求，当前一个层次的需求得到满足，人们会追求下一个层次的需求，但受到个体所处的文化、传统以及制度的不同，这五种需求可能会有另类的排序。公共需求是与私人需求相对应的，公共需求是社会成员的众多个体作为一个整体所产生的需求，其包含三层含义：第一，公共需求非抽象的需求，而是个体具有的真实需求；第二，公共需求非某个人的需求或少数人的需求，是在一个特定区域范围内多数人的需求；第三，公共需求是一种整体性需求。

马克思在研究社会分配方式时曾指出："在任何的社会生产过程中，总能够将劳动商品加以区分。一部分是劳动商品直接由生产者及其家属用于个人的消费，另一部分即始终是剩余劳动的那个部分的商品，总是用来满足一般的社会需要。"马克思这里谈的需要就是私人需求和公共需求。美国财政学家理查德·马斯格雷夫也曾指出："以资源利用的决定为转移，并以私人需要与公共需要之间的区别为基础。这种区别是我们所关心的……"国内学者张馨曾指出，从根本上看，公共需要的满足仍然是社会成员私人需求的满足，因此，不存在一个与私人需求毫无关系的公共需要。政府向所有的社会成员提供的服务,就成为相对于一个一个的私人需要的公共商品。政府为此而形成的财政活动才谈得上具有"公共性",该思想可以解读为政府的财政活动必须以社会成员的需求为基础。

在市场经济条件下,私人需求与公共需求的主要区别在于以下几个方面:

第一,私人需求受益的内在性与公共需求受益的外在性,私人需求受益的内在性,即一个人或一部分人需求满足的同时排斥其他需求的满足,公共需求受益的外在性,即一个人或一部分人需求满足的同时并不排斥其他人需求的满足,一定辖区内居民的公共需求可以同时得到满足。

第二,私人需求的分散性与公共需求的整体性;私人需求的市场满足性与公共需求的政府财政满足性。私人需求的分散性即一个个社会成员分别提出的需求,例如,高档会所只不过是少数富豪的私人需求。公共需求的整体性,指一定辖区内的居民作为一个整体提出的需求。私人辖区的市场满足性,即社会成员可以通过市场交易机制来满足自己的私人需求;公共需求的政府财政满足性,即社会成员自己的公共需求只能够通过非市场机制——政府财政机制来满足,通过市场交易机制则无法有效满足自己的公共辖区。

第三,私人需求的个人分别决定性与公共需求的社会成员公共选择性。私人需求的个人分别决定性,是指社会的一个成员来决定如何满足他们的需求和公众的社会成员的公共需求的成员选择性,这只能由特定的非市场机制的公共选择机制以满足公众的需求。

二 公共商品

有需求就有相应的供给,无论是私人需求还是公共需求都需要一定的商品或服务来满足。社会中存在许多满足需求的商品:一部分是用来满足私人需求的商品,学者们称之为私人商品;另一部分是用来满足公共需求的商品,学者们称之为公共商品。而绝大部分商品都是私人商品,如食品、服装等。只有少部分商品是公共商品,如国防、公共安全、行政司法等。公共商品虽然数量少,但其作用却是重大的,它对促进社会经济的发展进步、提高社会成员的福利水平必不可少。在混合经济下,公共商品是市场交易顺利进行的必要保障,离开公共商品,市场调节机制的作用将大打折扣,因为市场交易的基础是产权,私人产权的确定和保护就是公共商品，没有产权保护，市场的交易成本将会大大增加。

根据萨缪尔森对私人商品和公共商品的经典理论分析，私人商品具有竞争性和排他性，公共商品具有非竞争性和非排他性。私人商品的效用可分割性，即私人商品总量可以在不同的消费者之间进行分割，私人商品总量等于不同的消费者对该商品的需求量总和，用数学公式表示即为 $X_j = \sum X_{ji}$；私人商品消费的竞争性即一个人对某个商品的消费，必然阻止其他人对该商品的消费，私人商品优先出售给出价最高的人，消费者则优先购买出价最低的生产者的商品；私人商品消费的排他性，即可以用较低的成本将不付费的消费者排除在私人商品的受益范围之外，消费者除非付费，否则就被排除在私人商品的受益范围之外，因此，私人商品产权可以得到有效维护，可以消除免费搭车行为。私人商品消费的可拒绝性，即消费者可以根据自己的偏好自主决定是否购买该商品，如果对某商品有很强的偏好，则消费者可以出高价购买该商品消费。反之，如果对某商品根本没有偏好，则消费者可以拒绝购买该商品消费。私人商品消费的可拒绝性，决定了生产者必须根据消费者的偏好来生产私人商品，消费者主权得到了有效维护。

公共商品的效用的不可分割性，即公共商品是作为一个整体向一定区域内的所有社会成员个体提供的，一定区域内的所有社会成员可以共同消费该公共商品。一个社会成员消费的公共商品数量，就是所有社会成员共同消费该公共商品的数量。用数学公式表示为 $X_{n+j} = \sum X^i_{ji}$，这就是说，i 个消费者中每个人都可按他或她的意愿消费总量为 X_{n+j} 的公共商品，即公共商品在人们之间是不可分的；公共商品消费的非竞争性即公共商品每增加一个消费者，并不增加其成本，一个人或一些人消费公共商品并不排斥其他人也可同时享受。萨缪尔森在《公共支出的纯理论》[1] 一文中曾经定义公共商品为这样的物品，即每个人对这种物品的消费都不会导致别人对这种物品消费的减少[2]；公共商品消费的非排他性是指，在技术上没有办法将不付款的成员排除在公共商品受益范围之外，或者即使能够排除，但往往因排除费用高昂而得不偿失；公共商品消费的非拒绝性，是指公共商

---

[1] Paul A. Samuelson, The Pure Theory of Public Expenditure. *The Review of Economics and Statistics*, Vol. 36, No. 4（Nov., 1954），pp. 387-389.

[2] 实际上，必须在一定的"技术"条件下理解公共商品的含义。

品一旦提供出来，则不论个人是否愿意，都必然和自然地受到该公共商品的服务和影响。

当然，严格具有以上几个特征的公共商品是很少的，绝大多数公共商品都呈现出不同程度的竞争性、排他性，因此，公共商品通常可分为纯公共商品和混合公共商品。纯公共商品是严格具有效用不可分割性、非竞争性、非排他性几个特征的商品；混合公共商品则是既有某种程度上的公共商品效用不可分割性、非竞争性、非排他性、非拒绝性的特征，有某种程度上的私人商品效用的可分割性、竞争性、排他性的特征。典型的纯公共商品如国防，完全具有公共商品效用不可分性、非竞争性、非排他性几个特征；典型的混合公共商品如公共教育，既有某种程度上的公共商品的特征，又有某种程度上的私人商品的特征。现实中，绝大多数公共商品为混合公共商品。

三 地方公共商品的供给

一般而言，公共商品的受益区域范围有一定限度的，英吉利海峡的灯塔光芒照不到台湾海峡，一个城市的公共交通工具也只能主要由在该城市的人们使用，仅有极少数公共商品的受益面是全国性的。公共商品按照地域范围可分为全国性公共商品和地方性公共商品。全国性公共商品是指在一国所辖范围内的居民都能受益的公共商品，典型的例子就是国防，国防一旦提供出来就能有效减少本国所有人民遭受其他国家攻击的可能性，而不仅仅是保障一部分人的安全。地方性公共商品是指受益范围有地域限制的公共商品，即在其所辖范围内居民可以受益，不在其范围的居民将不受益，比如城市的公共交通，农村居民就享受不到与城市居民等同的机会。因为公共商品有地域性，所以经济学家们提出了各种理论，来论证地方政府存在的合理性及财政分权的模式的理论依据。

美国经济学家乔治·施蒂格勒（George Stigler）指出地方政府存在的原因有两条：第一，与中央政府相比，地方政府更接近于本辖区的居民，更了解本辖区居民的效用与需求，更了解本辖区居民的公共需要；第二，从地方居民的角度看，不同地方的居民有权对公共商品种类与数量进行表决选择[1]。

---

[1] George Stigler, Tenable Range of Functions of Local Government, On Federal Expenditure Policy for Economic Growth and Stability (Washington, D. C.), Joint Economic Committee, Subcommittee on Fiscal Policy, 1957, pp. 213-219.

奥茨（Oates）在其《财政联邦主义》一书中提出，对某种公共商品来说，若对其消费涉及全部地域的所有人口的子集，且该公共商品的单位提供成本对中央政府和地方政府都相同，则让地方政府为本辖区居民提供的公共商品量，比中央政府向全体选民提供的任何特定的且一致的产出量有效率得多[1]。另外，财政分权程度与地方政府之间对公共商品的需求差异以及供给成本的差异有关，即使政府供给公共商品的成本相同，只要需求不同，中央政府统一供给带来的福利损失，将随着公共商品需求价格弹性的下降而增加，而大量实证研究表明，地方政府公共商品的需求价格弹性恰恰很低。

詹姆斯·布坎南（James Buchanan）用"俱乐部"理论阐释了最优地方政府管辖范围的形成[2]。"俱乐部"理论把社区比作俱乐部，研究俱乐部（为分享某种共同利益而联合起来的人们的自愿协会）如何确定其最优成员数量的理论。一方面，随着俱乐部新成员的加入，原有的俱乐部成员所承担的成本由于由更多的成员来分担而下降；但另一方面，由于新成员的加入，又会产生新的外部不经济，即产生拥挤，从而使公共设施的供给更加紧张，更加拥挤。因此一个俱乐部的最有效率的规模应界定在外部不经济所产生的边际成本（拥挤成本），等于新成员加入分担成本所带来的边际节约的点上。如果把地方政府看作是一个提供不同公共商品的俱乐部，那么地方政府规模确定也符合俱乐部商品的效率理论。也就是说，地方公共商品的受益者应当是该商品成本的提供者。最优地方公共商品供给和最优地方人口变量之间有一定的关系，因为居民从地方政府获得地方公共商品的受益与该地提供的公共商品的数量成正比，与该地的人口增长成反比。两者的均衡点就是最优地方政府即地方辖区内有最适人口和最优地方公共商品供给。

蒂伯特（Tiebout）的"以足投票"理论从公共商品入手，假定居民是可以自由流动的，具有相同公共商品或服务偏好和收入水平的居民，会自动聚集到某一地方政府周围，居民的流动性会带来政府间的竞争，一旦该政府不能满足其要求，那么居民可以"用脚投票"迁移到自己满意的辖区，结果地方政府要吸引选民，就必须按选民的公共需求供给公共商品，

---

[1] Oates E. Wallace, *Fiscal Federalism*, Harcourt Brace Jovanovich, 1972, p. 35.

[2] J. Buchanan, An Economic Theory of Clubs. *Enonmica*, February, 1965, Vol. 32, p. 1.

从而达到帕累托效率①。另外奥茨及布鲁克纳等人的实证研究结果也表明，理性的居民的确要比较享受居住地公共商品或服务的收益与履行纳税义务的成本，在居民的约束下，地方政府有最有效提供公共商品的动力。

理查德·马斯格雷夫（Musgrave）从考察财政的三大职能出发，论述了地方政府存在的合理性和必要性②。他认为：财政的宏观经济稳定与收入再分配职能应由中央负责，因为地方政府对宏观经济稳定实施控制缺乏充足的财力，另外经济主体的流动性也严重束缚了地方政府进行收入再分配的努力；而公共资源配置政策应依据各地方居民的偏好不同而有所差别，在这方面地方政府比中央政府更适合，更有利于经济效率的提高和社会福利水平的帕累托改进。他还指出在公共商品供给效率和分配的公正性实现方面，中央政府和地方政府间必要的分权是可行的，这种财政分权可以通过税种在各级政府间的分配固定下来，从而赋予地方政府相对独立的财政税收权力。

经济学家特里西（Richard W. Tresch）的"偏好误识"理论也解释了地方政府存在的合理性③。该理论认为，由于信息不完全和不确定，中央政府提供公共商品过程中存在着失误的可能性，而由地方政府来提供地方性公共商品则存在着某种优越性。公共商品的提供需要搜集居民的大量公共商品偏好信息。一般而言，地方居民远离于中央政府，而地方政府接近于居民，因此相对于中央政府，地方政府更了解本地居民对地方公共商品需求偏好的信息，如此，地方政府采集信息提供地方公共商品就比中央政府采集信息提供地方公共商品，能够更好地消除地方居民公共商品的偏好误识。反之，中央政府采集信息并提供地方公共商品就会存在更大的偏好误识。

需要补充说明的是，虽然经济学家们对分权有各自独到的见解，但这不表明着分权比集权一定更好，因为公共商品本身是具有外部性的，这种外部性又使得辖区间的行政分割出现帕累托无效率，因此完全按照学者的这些分权理论建立地方政府的实践是罕见的。另外，地方政府、行政辖区的形成，也受到文化传统、历史演进等因素的影响，因此，事实上中央和

---

① Tiebout C., A Pure Theory of Local Expenditures, *Journal of Political Conomics*, 1956, No. 64, p. 416.

② 理查德·A. 马斯格雷夫：《财政理论与实践》，中国财政经济出版社 2003 年版，第 472 页。

③ Richard W. Tresch, *Public Finance*. Business Publications, Inc, 1981, p. 574.

地方政府间，以及地方政府间存在复杂的关系。

四 地方财政支出

公共商品的生产和提供是需要成本的，地方政府提供地方公共商品①，就要动用所拥有的公共资源，安排财政支出资金，该过程就是地方财政支出，换句话说，地方财政支出是指，为满足一定时期地方政府辖区居民公共需求，而提供地方公共商品所消耗的资源的价值。

地方财政支出的内涵可以理解为以下几点：第一，地方财政支出是为了满足一定时期本辖区居民的公共需求，可以认为居民公共需求决定了地方财政支出，决定了财政支出的规模和结构。第二，地方财政支出形式上表现为财政资金的支出，而这些资金支出必须是，为满足公共需求而提供的公共商品或服务而安排的。第三，不同的时期、不同的地方公共需求可能存在不同，因此各个地方财政支出的规模和结构也会不同。第四，财政支出的决定方式在民主体制下是公共选择，财政支出的规模和结构一般符合中间投票人的偏好。第五，本研究中的财政支出实际上是"公共"支出，它与地方政府支出不同的，它是财政预算内的支出，即按照辖区居民的偏好通过预算程序形成的支出安排，是地方政府支出的一部分。

第二节 地方财政支出效率

如前所述，本书将财政支出效率可以分为两种效率：配置效率和技术效率。这两种效率既有区别，又有联系，两者之间相辅相成。

一 地方财政支出配置效率②

所谓资源，是指可以用于生产满足人们私人需求或公共需求的手段或财富，萨缪尔森认为，经济学的根本任务就是研究有效率地配置资源。经济学所认为的资源在不同的理论发展阶段有不同的理解，古典经济学家通常把土地、资本和劳动视为经济资源。现代经济学将资源分为自然资源、劳动力资源、资本资源以及企业家才能。

---

① 这里的"地方"是指与"中央"相对应的概念，并不特指具体哪一层级的地方政府。
② 本书在研究省级财政支出配置效率时，尽可能排除了转移支付过程中地方财政支出的"粘蝇纸效应"，着重考察财政购买性支出的效率问题。

相对于人们的需求,任何资源都是有限的,这就是经济学认为的资源稀缺性。经济学就是在资源稀缺性的背景下,研究资源如何配置才能有效率地满足人们的各种需求,即用一定的方式和原则对资源进行排列组合,能够有效地提供满足人们需求的各种商品或服务,最理想的配置状态是配置的"帕累托效率"状态,在这种状态下,不可能通过资源配置的任何改变来增加一个社会成员的福利而又不损害任何其他社会成员的福利,若可能的话,则可以通过资源配置的变动实现帕累托改进。

(一) 纯公共商品供给的一般均衡分析

如前所述,人们的需求分为私人需求与公共需求。满足私人需求与公共需求的商品分别成为私人商品和公共商品,从宏观上看,社会资源要在满足公共需求和私人需求上达到帕累托效率。一般均衡分析,可以帮助我们理解社会资源在私人商品和公共商品间如何配置,才能达到配置的帕累托效率。

所谓一般均衡分析(General Equilibrium Approach)是对整个经济体系加以观察和分析。公共商品一般均衡分析是对一个公共商品和私人商品的经济体系而进行分析,来分析公共商品实现最佳供给的均衡条件。

在一个虚拟的市场中,如图 1-1 所示,假设存在两种商品(公共商品 Y 和私人商品 X),两个消费者 A 和 B,且两个消费者的偏好与收入是事先给定的,生产可能性曲线(PPC)也是给定的。根据效率理论,一个符合帕累托有效供应条件的最佳均衡点,就是在边际替代率=边际转换率时决定的 E 点。在 E 点 $MRS_{XY} = MRT_{XY}$,而 $MRS_{XY} = \dfrac{P_Y}{P_X} = \dfrac{P_Y^A + P_Y^B}{P_X}$($P_X^A = P_X^B = P_X$,$P_Y = P_Y^A + P_Y^B$,对于私人商品 X,不同消费者 A、B 是在同一价格下消费不同的数量;对于公共商品 Y,不同消费者 A、B 是在同一产量下承担不同的价格),$MRT_{XY} = \dfrac{MC_Y}{MC_X}$,因此 $MRS_{XY} = MRT_{XY}$ 也可以表达为:$\dfrac{P_Y^A + P_Y^B}{P_X} = \dfrac{MC_Y}{MC_X}$,又由于 $P_X = MC_X$(私人商品的帕累托有效供应条件就是 $P_X = MC_X$),所以,公共商品一般均衡的最佳供应条件是 $P_Y^A + P_Y^B = MC_Y$,即 $\sum P_i = MC_Y$。

经济学效率的原理告诉我们,实现社会资源配置效率最大化的条件是:配置在每一种物品或劳务上的资源的社会边际效益均等于其社会边际

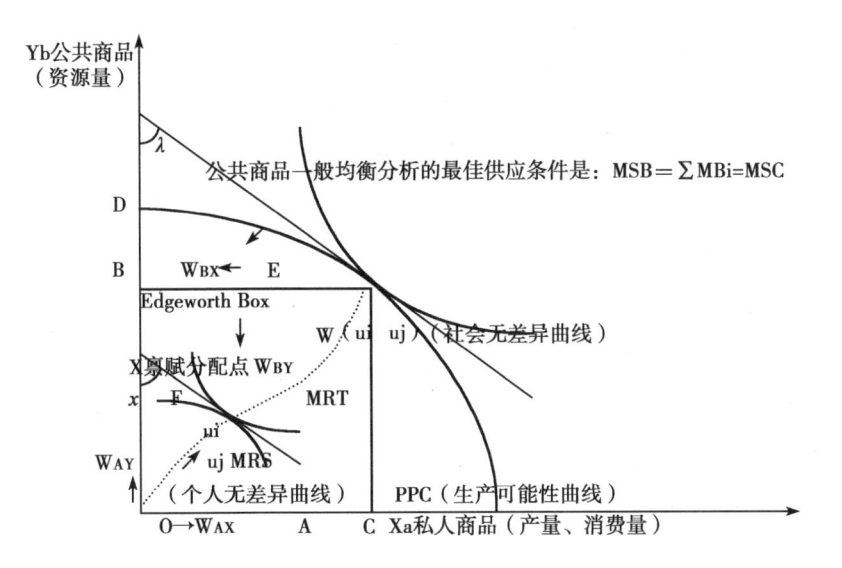

图 1-1 公共商品一般均衡

成本，即 MSB = MSC（黄金规则）。这一条件同样适用于纯公共商品的最佳均衡条件。无论是局部均衡分析，还是一般均衡分析，纯粹公共商品的有效供给条件都是 $\sum P_i = MC_Y$，而 $\sum P_i = MSB = \sum MB_i$，$MC_Y = MSC$，所以 MSB = MSC 同样成立。即一定数量的公共商品，社会边际效益，就是所有消费者因公共商品而获得的个人边际效应的总和，公共商品的最佳资源配置点应该是公共商品所有消费者个人边际效益的总和（社会边际效益）恰好等于公共商品的社会边际成本。即公共商品的有效供给，要求公共商品供应成本的分配，使个人边际价格的总和等于边际成本。

（二）纯公共商品局部均衡分析

就单个公共商品的帕累托效率供给，用公共商品的局部均衡分析可以帮助我们理解公共资源的配置效率。

所谓局部均衡分析（Partial Equilibrium Approach）是仅就经济体系的某一部分加以观察和分析，而假定其他部分对所观察的部分没有影响。比较简单，易于了解，但不太全面。公共商品的局部均衡分析是就单个公共商品的情况，而分析其实现最佳供给的均衡条件。

纯公共商品的社会需求曲线是由个人需求曲线纵向相加（或垂直相加）而得来的，按照萨缪尔森的说法，公共商品的需求曲线可称为"虚拟需求曲线"（"Pseudo Demand Curves"）。因为要画出这些曲线，需要假定每个人都精确地表达出他从一定数量公共商品中获益的数额，但这是很难的。而私人商品（private goods）的市场需求曲线是由个人需求曲线横向相加（或水平相加）而得来的，私人商品由于可以通过市场价格信号，真实反映消费者个人的偏好和受益，所以需求曲线可以很容易真实地画出来，这些是纯粹公共商品需求与私人商品需求不同的地方。两者相同的地方是它们在需求法则上都是一样的，即纯粹公共商品的需求量与私人商品的需求量一样，都是与各自的需求价格成反向变动。私人商品需求和公共商品需求可分别见图1-2和图1-3。纯粹公共商品的社会供给曲线是与政府部门的个别供给曲线重复一致的，因为现实中公共商品的供给往往是由公共部门一家提供的。它同样体现供给法则，即供给量与供给价格成正向变动。不过，对私人商品来说，其供给厂商一般是由无数多个竞争性厂商组成，其市场供给曲线（总供给曲线）则是由个别供给曲线横向（水平）相加得来，这一点与纯粹公共商品不同，但在供给法则上是一致的，即供应量与供应价格成正向变动。原因：同样是由产品本身的特性决定的。

私人商品的总需求是同一价格下，不同消费，公共商品的总需求是同一产量下，不同消费者消费不同的数量，所以总需求是水平相加。消费者承担不同的价格，所以总需求是垂直相加。

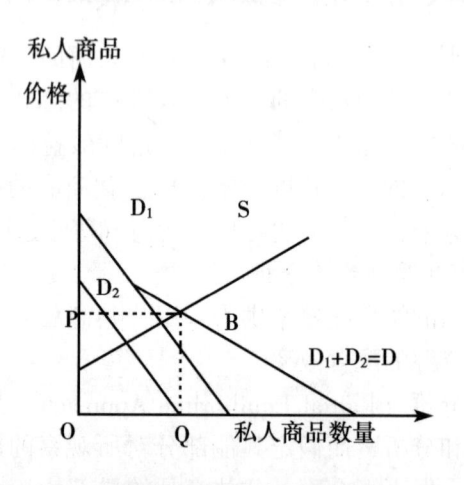

图1-2 私人商品需求

在虚拟的市场中，如图1-2所示，假设只有一种公共商品，只有任意两个消费者A和B，且两个消费者的偏好与收入，以及其他产品的价格都是已定的。根据"黄金规则"公共商品的最佳均衡点就是在 MSB = MSC 时

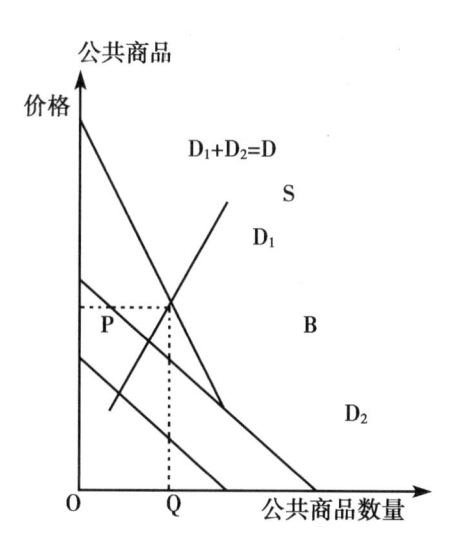

图 1-3 公共商品需求

决定的 E 点。而在 E 点，MSB 所表示的就是 A 和 B 愿意支付的价格 P_Y^A、P_Y^B 之和，即 MSB = $\sum MB_i = P_Y^A + P_Y^B = \sum P_i$。MSC 表示的是 A 和 B 共同生产公共商品的边际成本 MC_Y，所以，公共商品局部均衡的最佳供应条件是：$P_Y^A + P_Y^B = MC_Y$，即 $\sum P_i = MC_Y$。

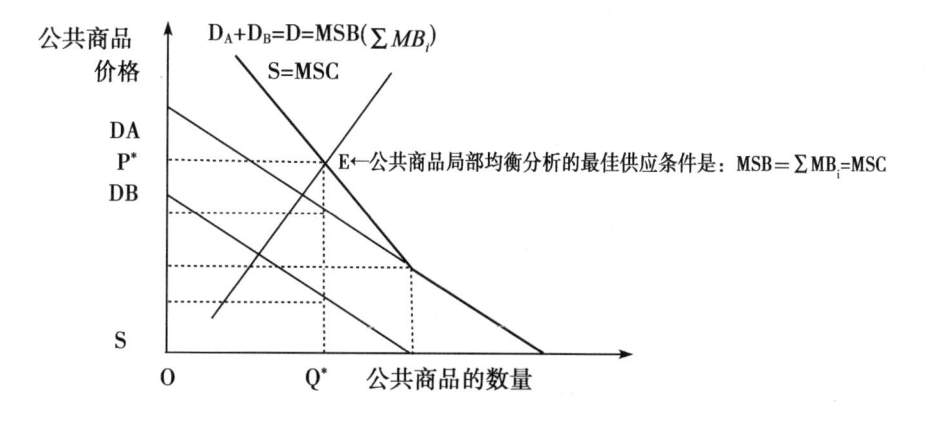

图 1-4 公共商品局部均衡

(三) 混合商品提供的均衡分析①

在现实中,纯公共商品和纯私人商品是非常少见的,绝大多数的商品属于混合商品,即介于纯公共商品与纯私人商品之间的商品。

1. 混合商品的概念

混合商品具有公共商品的特点,但也有部分私人商品和服务的特点。公共商品有三个特点:效用的不可分割性,非竞争和效益的非排他性的消费。私人物品有三个特点:效用的可分割性、消费的竞争性和受益的排他性。混合商品(准公共商品和准私人物品)未完全匹配的公共物品或私人物品的特点的产品。混合商品和准公共商品的关系和差异。它们是整体和部分之间的关系。

混合产品(混合品),准公共商品,包括准私人商品。准公共商品(非纯公共商品,部分公共商品),不能完全满足这些公共商品的三个特点(部分与公共商品、私人物品的特点)。一个典型的例子:公共商品的收费(道路,桥梁,公园等)。准私人物品,私人物品的特点有三个部分私人物品与公共商品的特点不完全具备。一个典型的例子:私人物品的外溢(自家阳台上的花、书籍等)。

混合商品的需求与供给。混合商品的总需求曲线可以看作是该混合商品私人的总需求曲线(个人需求曲线水平加总)和公共部分的总需求曲线(个人需求曲线的垂直加总)汇总(垂直加总)获得的。有关混合商品的需求分析可见下面的图1-5、图1-6、图1-7。原因:在同一产品数量下,混合商品的社会消费者必须承担两部分价格(私人、公共),故总需求曲线是垂直加总。其总供给曲线可由私人总供给线或公共总供给线一方单独决定。

2. 混合商品的市场均衡条件

混合商品的市场均衡条件是:$MSB=MSC$,$MPB+MEB=MPC+MEC$

式中,MPB 为私人边际收益,MEB 为公共边际收益(外部边际收益),MPC 为私人边际成本,MEC 为公共边际成本(外部边际成本)。其均衡价格为 $P^*=P+r$,式中,P 为私人面临的价格,r 为政府的公共支出。

3. 混合商品的供给方式

混合商品的市场均衡表明,若想实现最佳的资源配置,其成本弥补既

---

① 曾建华:《财政学讲义》,http://xmujpkc.xmu.edu.cn/czx/material/jiangyi.doc。

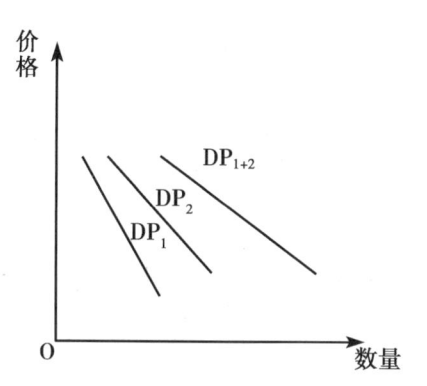

图 1-5 混合商品私人性质的需求

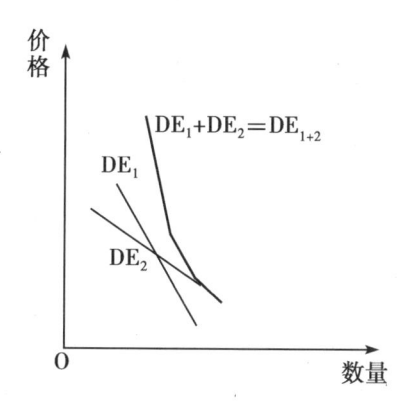

图 1-6 混合商品公共性质的需求

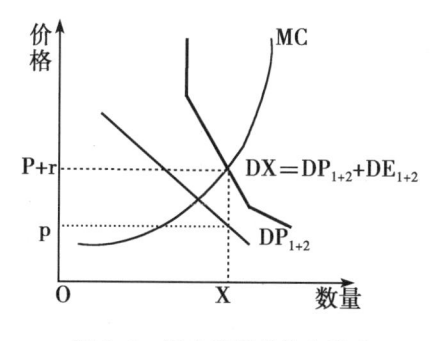

图 1-7 混合商品的综合需求

不能只由私人来承担,也不应由政府全部包下来,其供给方式亦一般采用混合方式,即市场供给加政府预算供给相结合的方式。至于谁为主的问题，则应视产品性质灵活决定。一般来说，准私人商品以市场供应为主，政府参与为辅（补贴收费，解决外部性）；准公共商品以政府预算供应为主，私人参与为辅（适当收费，解决拥挤性）。在西方国家，所谓私立与公立大学、医院鼎足而立，比比皆是，就属于这种情况。而所谓100%的义务教育和100%的公费医疗倒是鲜有所见，因为教育和医疗都是混合商品，100%的政府供应不可取，宜采用混合供应方式。

从公共商品的一般均衡和局部均衡分析可以清晰地看出，公共资源的配置就是为了满足一定时期辖区居民公共需求，因而，地方公共支出效率，也就是为满足一定时期辖区居民公共需求而提供公共商品所消耗的资源，实现了资源配置效率的基本要求，包括交换效率、生产效率及综合效率的要求。也就是说，地方公共支出效率，就是提供公共商品所消耗的资源生产出了最大产出的公共商品，同时，这些公共商品又符合辖区居民对公共商品的需求偏好。这就表明地方公共支出效率可分为配置效率和生产效率，配置效率即根据辖区居民对公共商品需求偏好配置资源，地方财政支出资金配置充分体现了辖区居民对公共商品的需求偏好。

二 地方财政支出技术效率

经济学中的效率大多是指帕累托效率，该效率是一种状态，在此状态下任何改动都不可能使一方受益而不使另一方受损。这种状态是最优状态，在生产理论中，效率的表现形式是生产函数，即一个决策单位（如企业、政府组织，或是一个国家），在现有的生产技术条件下，使用现有的生产投入所能够生产出来的最大产出，或者从同一个问题的相对的角度看，即在现有的生产技术条件下，生产一定的产出的投入最小化，此时我们称该决策单位是有效率的，或者说它位于生产可能性曲线上，如果它的产出低于可能的最大产出，则认为它是非效率的。

图1-8以直观的方式解释了单一投入和单一产出的效率概念。在图中，决策单位A，B，C都位于生产可能性曲线上，因而它们都是有效率的，但D却不是有效率的。

因为衡量一个效率就是讨论它的投入与产出之间的关系，因此衡量一个组织的效率至少可以分为三个步骤：第一步，定义并衡量投入和产出；第二步，定义可行集，换句话说就是在一定投入集下可以获得的产出集；第三步，比较该组织的实际投入与产出与可行集，在该步，人们会问"在

图 1-8 产出边界

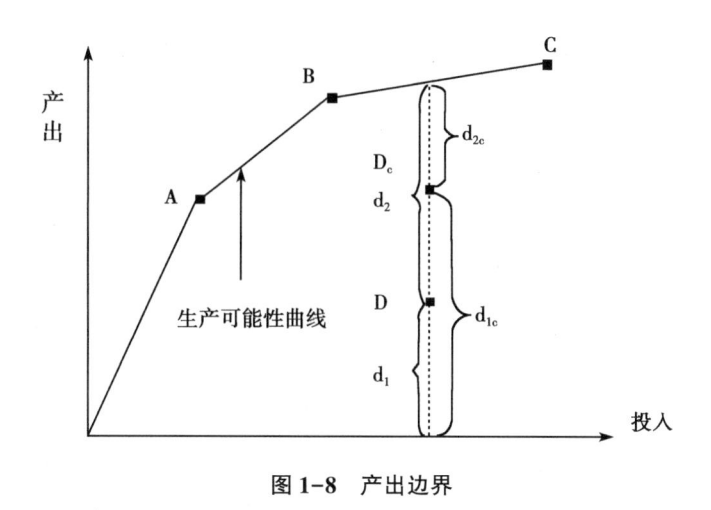

既定的投入品下,能否得到更多的产出",或者"在相同的产出下,能够使用更少的投入"。前两步的工作会影响到第三步的结果。

第一步,定义并衡量产出、投入及环境因素

对于只利用一种投入生产一种产出的组织来说,衡量其效率相对简单。但是绝大多数组织是私人组织或公共组织,生产许多产出种类并使用许多投入。如果是私人企业的话,它在竞争性市场出售不同的产出可以利用市场价格进行加总,但是公共部门组织所"生产"的商品要么是免费使用,要么其价格并不由市场决定,所以定义公共商品的总产出很难,相对而言,公共部门的投入较为容易定义,比如财政支出额。

实际上,对于公共部门,定义投入还有一个困难,就是有些投入往往是无法控制的,一些环境变量(比如地方政府所处的经济发展阶段以及地理位置等),这些环境变量会对效率的衡量产生影响,因此,应该考虑这些环境变量的影响,并用适当的方法来过滤这些影响。

第二步,定义可行集

定义完公共部门的投入与产出,接下来就是定义投入产出的效率集,该效率集是其他组织用以比较的参照。但是该效率集是未知的。在现实操作中,人们往往会发现定义效率集是很困难的,因为不能不考虑环境因素,但是如果在研究中考虑环境因素,可选的参照组织就会减少,而如果不考虑环境因素的影响,那么,衡量的效率反映出的将仅是环境因素的差异。

第三步，衡量效率

解决了效率可行集之后，接下来就是选择合适的方法来衡量组织效率。目前较为流行的方法有两个：随机前沿分析法（Stochastic Frontier Analysis, SFA）和数据包络分析（Data Envelopment Analysis, DEA）。

地方财政支出配置效率和技术效率是地方财政支出效率两个密不可分的重要内容，可以这样理解，首先配置效率是前提。地方财政支出效率从根本上说，是要求地方财政支出对辖区居民对公共商品的需求偏好作出回应。如果配置效率能够实现，即在地方财政支出的规模和结构充分体现了辖区居民的需求偏好。

理论上讲，实现地方财政支出配置的帕累托效率，就是地方政府的财政支出满足了所辖地区选民的偏好，但这并不一定意味着地方财政支出的技术效率得以实现。可以这样理解：配置效率是目标，技术效率是过程，各个地方政府大多可能会保证配置效率，但是否都能达到以最小的成本获得最大的产出就未必了，因此必须研究在配置效率的基础上，各个地方的技术效率的状况。

这里可以给出一个例子来加以说明配置效率和技术效率的关系，假设：A 地方政府为满足某种公共商品的需求预算安排了一千万元财政支出资金，B 地方政府为满足该公共商品的需求预算安排了两千万元财政支出资金，假定这两个地方居民的消费偏好具有同质性，且该公共商品的价格在各地区间是一样的，但 A 地方政府厉行节约，用这一千万元保质保量地提供了所需的公共商品；而 B 地方政府由于贪污截留，缺乏监督，最终也提供了该公共商品。最终这两个地方的财政支出的配置效率可能都是有效率的，但是两地的技术效率却相差甚远。在本研究中，作者对可能影响地方财政支出的配置效率和技术效率的外生因素进行了实证研究，为提高财政支出效率找到了一条现实途径。

第三节 我国地方财政支出的现状

一 财政支出分类

财政支出是指国家财政将筹集起来的资金进行分配使用，以满足经济建设和各项事业的需要。社会生活极为复杂，财政在解决公共事务方面起着重要作用，因此财政支出涉及许多项目，为了有效分析相似支出的经济性质，有必要将名目众多的财政支出进行分类。从世界各国的财政实践看，没有统一的分类标准。目前教科书上介绍的分类方法主要有以下五种：第一种，按照政府职能的分类，可分为维持性支出、经济性支出和社会性支出；第二种，按照经济性质分类，可分为购买性支出和转移性支出；第三种，按照支出用途分类，可分为一般公共商品、外交、国防、公共安全等；第四种，按照财政支出的受益范围分类，可分为一般利益支出和特殊利益支出；第五种，按照国际货币基金组织的分类，这种分类方法又包括两类子分类法，即按照职能分类，分为一般公共商品支出、国防支出、教育支出、保健支出、社会保障支出等，和按照经济分类，包括经常性支出和资本性支出。

在我国，自 2007 年起预算编制科目改革，改革以后的支出科目分类是按照支出用途分类，即分为一般公共商品支出、外交支出、国防支出、公共安全支出、教育支出等。我国各级政府财政支出行为遵循的法律依据主要是《中华人民共和国预算法》和《中华人民共和国政府采购法》（见附录 1 和附录 2）。本书将依据新的预算科目对我国的财政支出进行分析，该预算科目的设置反映了政府各项职能，具体来说，我国当前预算支出类别的含义和内容：

1. 一般公共商品。该项目是指政府提供基本公共管理与服务的支出，包括人大事务、政协事务、政府办公厅（室）及相关机构事务、发展与改革事务、统计信息事务、财政事务、税收事务、审计事务、海关事务、人力资源事务、纪检监察事务、人口与计划生育事务、商贸事务、知识产权事务、工商行政管理事务、国土资源事务、海洋管理事务、测绘事务、地震事务、气象事务、民族事务、宗教事务、港澳台侨事务、档案事务、共产党事务、民主党派事务及工商联事务、群众团体事务、彩票事务等。

2. 外交。该项目指政府外交事务支出，包括外交行政管理、驻外机构、对外援助、国际组织、对外合作与交流、边界勘界联检等方面的支出。

3. 国防。该项目指政府用于国防方面的支出，包括用于现役部队、预备役部队、民兵、国防科研事业、专项工程、国防动员等方面的支出。

4. 公共安全。指政府维护社会公共安全方面的支出，包括武装警察、公安、国家安全、检察、法院、司法行政、监狱、劳教、国家保密、缉私警察等。

5. 教育。指政府教育事务支出，包括教育行政管理、学前教育、小学教育、初中教育、普通高中教育、普通高等教育、初等职业教育、中专教育、技校教育、职业高中教育、高等职业教育、广播电视教育、留学生教育、特殊教育、干部继续教育、教育机关服务等。

6. 科学技术。指用于科学技术方面的支出，包括科学技术管理事务、基础研究、应用研究、技术研究与开发、科技条件与服务、社会科学研究、科学技术普及、科技交流与合作等。

7. 文化教育与传媒。指政府在文化、文物、体育、广播影视、新闻出版等方面的支出。

8. 社会保障和就业。指政府在社会保障与就业方面的支出，包括社会保障和就业管理事务、民政管理事务、财政对社会保险基金的补助、补充全国社会保障基金、行政事业单位离退休、企业改革补助、就业补助、抚恤、退役安置、社会福利、残疾人事业、城市居民最低生活保障、其他城镇社会救济、农村社会救济、自然灾害生活救助、红十字事务等。

9. 医疗卫生。指政府医疗卫生方面的支出，包括医疗卫生管理事务支出、医疗服务支出、医疗保障支出、疾病预防控制支出、卫生监督支出、妇幼保健支出、农村卫生支出等。

10. 环境保护。指政府环境保护支出，包括环境保护管理事务支出、环境监测与监察支出、污染治理支出、自然生态保护支出、天然林保护工程支出、退耕还林支出、风沙荒漠治理支出、退牧还草支出、已垦草原退耕还草、能源节约利用、污染减排、可再生能源和资源综合利用等支出。

11. 城乡社区事务。指政府城乡社区事务支出，包括城乡社区管理事务支出、城乡社区规划与管理支出、城乡社区公共设施支出、城乡社区住宅支出、城乡社区环境卫生支出、建设市场管理与监督支出等。

12. 农林水事务。指政府农林水事务支出，包括农业支出、林业支出、水利支出、扶贫支出、农业综合开发支出等。

13. 交通运输。指政府交通运输和邮政业方面的支出，包括公路运输支出、水路运输支出、铁路运输支出、民用航空运输支出、邮政业支出等。

14. 工业商业金融等事务。指政府对工业、商业及金融等方面的支出，包括采掘业支出、制造业支出、建筑业支出、工业和信息产业监管支出、国有资产监管支出、商业流通事务支出、金融业监管支出、旅游业管理与服务支出等。

二 财政支出的规模

（一）财政支出规模衡量指标

毫无疑问，财政支出是社会资源配置的重要组成部分。财政支出规模不仅直接影响政府职能的实现，也直接影响社会资源配置的优化程度，因此首先要弄清楚财政支出的规模。衡量财政支出规模的指标有绝对指标和相对指标。绝对指标指一国货币单位表示的财政支出的实际额。财政支出的绝对指标能够直观地反映特定财政年度内政府支配社会资源的总量。但是绝对指标不能反映出政府支配的资源，在整个社会资源总量中所占的比重，因而无法充分反映出政府在全社会经济发展中的地位。另外，在一般的统计年鉴中，绝对指标表示的支出额都是以现价计价的财政支出额，通货膨胀的影响通常没有考虑进来，因此，绝对指标也只能是反映的是财政支出的名义支出额，造成不同年度的支出额难以直接比较。

衡量财政支出规模的相对指标是财政支出额与其他相关指标的比值。因为财政支出额与其他经济指标之间存在密切的联系，分析这些比值以及它的变动有助于财政支出规模的了解。通常情况下，学者们考察财政支出与同期国内生产总值（GDP）的比值，这个比值指标可以进一步衍生出三个动态指标：财政支出增长率、财政支出增长弹性和财政支出的边际倾向。相对指标不仅能够判断财政支出规模，同时还能反映出政府对社会经济的干预程度（有的学者称之为财政负担率）。

（二）地方财政支出规模

如前所述，本书研究的是2007—2012年的省级财政支出的效率，附表1列示了各省财政支出的一般预算[①]支出规模，以及经过平减的财政支出实际数。

附表1中的数据显示，无论从地方总支出规模，还是从各个省的财政支出总规模都经历了一个逐渐上升的趋势，对此，许多财政学基本原理可以给予解释，比如"瓦格纳法则"，该法则认为，随着人均收入水平的提

---

① 本研究中财政支出仅限于一般预算内财政支出，不包含预算外支出。2007—2012年财政预算外资金主要用在一般公共商品、教育、社会保障、交通运输、城乡社区服务和其他支出上，但具体到各个省级财政的数字却无从查找，因此本研究只研究了一般预算内的购买性支出。

高，财政支出的规模也将随之提高，这是政治因素、经济因素以及社会因素共同作用的必然结果。虽然许多国内学者对瓦格纳法则的中国适用性提出过质疑，但不可否认，随着中国人均收入的提高，一些经济因素、社会因素迫使政府必须增加财政支出来解决现实生活中的各种各样的问题。经济发展阶段论对于我国财政支出规模的夸张也有一定的解释力，该理论认为，财政支出的规模和结构在社会经济发展的不同阶段有不同的特征，我国正处于并将长期处于社会主义的初级阶段，实现经济增长的各级政府的重要目标，随着人均收入的不断提高，人们对公共商品和服务的需求日益增多，决定了财政支出的结构必然发生阶段性变动。

财政支出的科目有许多，其所要提供的公共商品或服务的性质也有不同，有的属于纯公共商品，如国防、外交、公共安全、行政管理等，有的属于混合公共商品，如教育、医疗卫生、社会保障等。一般来讲，纯公共商品的财政支出的效率较难以评价，这是在于这类财政支出的产出难以确认，以行政管理为例，每天处理多少文案工作、每天接几个公务电话，如此等等。我们不能说处理的文案的工作越多或接的公务电话越多产出就越多。相对而言，混合公共商品的财政支出效率比较容易评价，因为其产出容易确定。因此，本研究的对象仅为混合公共商品的财政支出的效率评价。

在地方财政支出结构中，人们的公共需求主要集中在教育、医疗卫生、社会保障和交通运输四类，这四类的财政支出占到地方财政总支出近40%，其均属于混合公共商品，我国学者称之为民生财政支出。满足这类公共需求，对经济长期增长以及提高人们福利水平有着重要意义。

1. 教育支出

在财政学研究中，教育支出是指财政性教育经费，是国家财政用于教育事业的发展的支出，主要包括教育基础建设支出和教育事业费两种；按教育支出对象的层次分，教育支出分为对初等学校、中等学校、高等学校以及特殊教育学校的经费支出。教育是混合公共商品，它具有私人性，接受教育的人首先是增进自身的福利。从历史上看，在早期教育是由私人部门供给的，比如私塾，教育支出主要来自于个人家庭，但随着市场经济的发展，教育的供求存在市场调节的失败，表现为：首先，教育具有外部性，个人接受教育为自己赢得利益的同时也为社会为国家带来利益，而且国家获得利益可能是更大的。其次，教育有利于促进机会均等，有利于缩小收入分配差距。再次,教育市场信息的不对称和未来收益的不确定性,都可能导致个人投资不足。因此需要政府干预教育的供给,帮助个人,尤其是那些贫困人群的教育不仅能够减少不公平,而且也为经济长期发展积蓄了人力资本。

2. 医疗卫生支出

医疗卫生实际上包含两个部分:医疗服务和公共卫生服务。医疗服务指一般疾病的治疗和保健服务;公共卫生服务是为全社会成员提供的公共性的卫生,例如急慢性传染病防治、妇幼保健等。这两类服务的公共程度是不同的。前者更接近于私人商品,供给主体以市场提供为主,政府提供为辅;公共卫生则属于公共商品的范畴,接近于纯公共商品,其巨大的正外部性使得市场提供不足,政府必须介入并加以提供。政府对医疗卫生的财政支出包括:对医疗卫生服务机构及其管理机关的事业费支出,和对个人的医疗卫生支出。实际上,财政对个人的医疗卫生支出包括作为社会福利的卫生保健支出,和作为社会保险的医疗保险支出,这些属于社会保障财政支出的范畴。政府干预医疗卫生领域除了基于效率的考虑,也基于公平的考虑,现实生活中因病致贫、因病返贫的故事时见诸报端,政府财政对医疗卫生的支出就是为了保障社会公平。

3. 社会保障支出

从财政支出性质上看,社会保障支出属于转移性支出。社会保障是国家为帮助社会成员克服因非理性风险造成的物质生活困难,维持基本生活条件而进行的收入再分配活动。社会保障的内容包括了三个层次:社会救济,指国家向因残疾、自然灾害或意外事件等不可抗力导致生存困难的社会成员提供帮助,这是第一个层次;第二个层次为社会保险,指国家向因年老、疾病、生育、失业或意外事故致使收入减少或生活困难的社会成员提供的帮助,包括养老保险、失业保险、医疗保险、生育保险、伤残保险、工伤保险等;第三个层次为社会福利,是由国家为社会成员普遍提供的、旨在保证一定生活水平和尽可能提高生活质量的、资金和服务的一种社会保障形式,这是较高层次的社会保障。社会保障资金来源于三方:个人、雇主和国家财政。其中国家财政负担部分由财政预算安排一部分资金,用于社会保障支出,这是社会保障基金中最重要、最稳定的来源,社会保障财政资金一般来源于社会保障税。

4. 交通运输支出

交通运输属于重要的公共基础设施,包括公路、铁路、民航机场等。

这些基础设施的建设和维护需要大笔资金投入，在我国这些都由国家统一安排提供。交通运输部门是国民经济中十分重要的部门。近些年来，交通得到了极大的发展，形成了与国家经济协调发展的良好态势。交通运输行业的主要特征是资本投入密集，在中国，主要资金来源主要是中央和地方财政，其中地方财政的支出又占了很大比重。交通行业发展质量以及评价财政对其支出的效率，对于中国转变经济增长方式具有重要含义。

本研究的主题是地方财政支出效率，评价所有种类的财政支出工作量是巨大的，这里选取了地方财政支出中较有代表性的教育、医疗卫生、社会保障和交通运输四类支出作为评价对象，这四类财政支出的研究方法和思路是具有普遍意义，即本研究中所采用的基本原理、基本方法对于评价其他地方财政支出都是适用的。表1-1列出了以往经济学者对这四类财政支出的性质分类。

表 1-1 政府支出的功能分类

公共支出	Oxley 和 Martin（1991）①，Saunders（1993）②	Bleaney 等（1999）③
医疗卫生	优值品（merit goods）	生产性支出（productive）
教育		
交通运输	经济性服务（economic services）	
社会保障	转移性支出（transfers）	非生产性支出（non-productive）

（三）我国省级教育、医疗卫生、社会保障及交通运输财政支出规模

附表2给出了31个省2007—2012年对教育、医疗卫生、社会保障以及交通运输的财政支出数④，从中可以看出各类财政支出的动态变动趋势。另外该表中的数据也成为后面实证研究的基础数据。

附表2中数据表明了这四类财政支出，无论是从地方合计总数上还是

---

① Oxley, H. and J. P. Martin, Controlling government spending and deficit: Trends in the 1980s and prospects for the 1990s. *OECD Economic Studies*, 1991, 17, pp. 145-189.

② Saunders, P, Recent Trends in the Size and Growth of Government in OECD Countries, in Gemmell, N. (ed.): *The Growth of the Public Sector*, Edward Elgar Publishing, Aldershot, 1993.

③ Bleaney, M., Kneller, R. and Gemmell, N., Fiscal Policy and Growth: Evidence from OECD Countries, *Journal of Public Economics*, 1999, Vol. 74, pp. 171-190.

④ 表格中显示的数据是以2007年为基期利用消费价格指数CPI平减后的数据，即为财政支出实际数。

从具体每个省的支出数上，都存在动态上升的趋势，这些数据的上升以及其背后的驱动因素就是本研究重点关注的问题。

本章小结

本章介绍了地方财政支出效率研究的理论基础和评价框架。研究财政支出必须从财政本身的内涵出发，从研究公共需求和公共商品出发，通俗点讲，财政支出就是为满足公共需求提供公共商品或服务的资金消耗，因此，只要研究财政支出必绕不开公共需求（公众偏好），绕不开公共商品的属性。公共商品具有受益范围的限制，从一个国家来看，绝大多数的公共商品属于地方性公共商品，基于公共商品的地域性，各个国家都设置了地方政府，实施了财政分权。地方政府的最主要就是提供满足本辖区内公众需求的公共商品，公共资源相对于公共需求来讲是稀缺的，因此必须合理配置公共资源，配置的最优状态就是帕累托效率状态，简单地讲，财政支出配置效率发生在财政支出与选民偏好相匹配之处，实现配置效率状态，还必须考虑财政支出技术效率，即财政的投入与产出对比关系，考察地方财政支出是否存在投入的浪费问题。

第二章 地方财政支出配置效率研究

前一部分已经论述了财政支出的配置效率发生在财政支出与选民偏好均衡之处。这种公共商品最优供给的局部均衡分析和一般均衡分析都没有涉及政治因素,而政治却是公共商品在提供过程中最为现实的影响变量,因此,在研究现实中财政支出配置效率时,必须考虑预算过程以及公共选择过程等问题。

第一节 配置效率评估的理论模型

现实生活中,社会成员对公共商品的需求偏好强度是不一样的。以教育为例,某些地区居民对教育的需求迫切一些,而另一些地区的居民需求却没那么迫切,有的对义务教育多一些,而有的则对义务教育需要极少[①]。地方政府的财政支出要满足辖区内居民对教育的需求,一般只能通过一人一票的投票方式进行公共选择[②]。投票方式进行公共选择一般遵循的是多数票制,而在多数票制下,要想避免"投票悖论",产生最佳选择方案,则必须同时满足两个前提条件:第一,投票者的偏好是单峰的;第二,对备选方案进行两两表决。"峰"是指投票人效用曲线上的一个点,该点所有相邻点的效用都低于它,则该点所代表的值被称为峰值。如果在投票人的效用曲线上只出现一个峰值,则称其为单峰偏好。"投票悖论"存在的原因之一,就是双峰或多峰偏好的存在。在单峰偏好条件下,还必须对所有备选方案进行两两表决,只有这样才能得到一个最优的决策结果。在所有投票人对备选方案进行两两表决时,总会有中间投票人,即他(她)的偏好在所有投票人的偏好中处于中间。在投票人单峰偏好的条件下,通过两两选择,就能够产生一个稳定均衡的结果,而且还会确定出一种偏好占

---

① 这就是公共需求的异质性,理解公共需求的异质性对我国公共财政体制建设有重要的意义。
② 这种一人一票的方式很难反映出偏好强度,这也是公共选择中的一个难题。

优势的投票人,经济学家称之为"中间投票人"。

如果所有选民的偏好是单峰,则根据多数表决规则,赢得投票的是中位选民,这就是所谓的"中间投票人定理"。这表明多数表决的公众选择的过程中,公共需求取决于中间选民的偏好,从而,财政支出规模和结构取决于中间选民的偏好和投票。

一 理论模型的建立——中间投票人模型

目前,国内外学者研究公共需求的理论模型一般都沿袭了 Borcherding 和 Deacon(1972)以及 Bergstrom 和 Goodman(1973)的经典中间投票人模型,该模型假定居民通过多数票制进行公共选择,且公共选择的唯一主题就是公共部门的规模和结构。

该模型是在公共商品提供理论的鲍温模型的基础上,加入了新的假设,即假定:第一,任何地方政府提供该公共商品的成本都是不变的;第二,每一个地方或辖区的居民都负担总供给成本的特定份额;第三,每一个消费者(辖区居民)都知道他自己的税收价格,且对于给定的辖区,他(她)能够确定期望的公共商品数量,因为他(她)要在预算约束下最优化;第四,对于任一给定的辖区,其所提供的公共商品数量等于中间投票人所需求的数量;第五,当地的中位需求量等于中位收入的居民的需求量。

如果地方政府需要供给的公共商品量为 G,则中位选民的消费量就是 $G_m = G/N^r$,N 为总人口,r 是公共商品的拥挤系数。若 $r=1$,则该商品或服务为纯私人商品;若 $r=0$,则公共商品为纯公共商品;若 $0<r<1$,则该公共商品为准公共商品。中位选民的偏好由以下效用函数表示:

$$U_m = U_m(X_m, G_m) \tag{1}$$

式中,X_m 是中位选民所消费的私人商品数量,假设公共商品的单位成本为常量 q,私人商品的单位成本标准化为 1,中位选民的税收份额为 τ_m,则中位选民预算约束下的效用最大化问题为:

$$\text{Max } U_m \text{ s.t. } X_m + \tau_m q G_m N^r \leq Y_m$$

其中,Y_m 为中位选民的收入。根据上述效用最大化的问题,可以得到一个连续的公共商品需求函数:

$$G_m^* = G_m^*(\tau_m q N^r, Y_m) \tag{2}$$

从该函数可以看出,公共支出规模是中间投票人的偏好、收入和他

(她)感知到的公共部门与私人部门价格比的函数。假定中位选民的需求函数具有不变收入与价格弹性的 Cobb-Douglas 函数形式，则中位选民的需求量或政府公共支出的量可以表示为：

$$G_m^* = c(\tau_m q N^r)^\alpha Y_m^\beta$$

根据 Borcherding 和 Deacon（1972），若不存在税收价格歧视，即 $\tau_m = 1/N$，则有第 m 个选民的需求量：

$$G_m^* = (cN^{r-1})^\alpha Y_m^\beta$$

但是，第 m 个选民的需求量不仅是辖区居民的人均需求量，而且还影响着辖区内的竞争和拥挤程度，也即：

$$G_m^* = GN^{-r}$$

式中，G 为辖区内公共商品总量。

在这个表达式中，实际上是假设公共部门与私人部门价格比是常数，为使得该比值随时间变动，c/P_x 需要考虑进来，其中 P_x 为私人部门价格，把 $G_m^* = GN^{-r}$ 代入 $G_m^* = (cN^{r-1})^\alpha Y_m^\beta$，可得到：

$$G = P_r^\alpha Y^\beta N^\varphi$$

其中，$\varphi = (\alpha + 1)(r - 1) + r - \beta$，$Y$ 为国民总收入。

该模型是目前实证研究中运用最为广泛的基本理论框架，基于此，每一类公共商品支出可以表示为：

$$G_f = P_r^{\alpha_f} Y^{\beta_f} N^{\varphi_f} \quad f = 1, 2, \cdots, 5. \tag{3}$$

二 公共需求偏好匹配理论的提出

前面提出的中间投票人模型是确定公众对政府财政支出的理论基础。从计量经济学的角度看，在实证估计结果中可以得到公共需求的拟合值，亦即公众对财政支出的偏好均值。那么，根据第一章内容所论述的配置效率的基本内涵，接下来要评价财政支出的配置是否有效，就看财政支出的实际值和基于中间投票人模型的拟合值之间的差异程度，如果这个差异程度处于可以被认定的范围区间内，则可认为财政支出的配置是有效率的；反之，如果这个差异程度不在认定的范围内，则认为财政支出的配置是低效或无效率的。不言而喻，在财政支出实践中，财政支出实际数和公众偏好数很难完全一致的，这里本书借鉴以往学者的研究，提出公共需求偏好匹配指数（Preference Match Index，PMI）的概念[①]。

依据中间投票人模型实证估计了各类公共商品的需求函数，如果把该模型的拟合值作为辖区居民的公共商品需求量，而把实际财政支出视为公共商品的供给量，后者与前者之差，也就是回归模型的残差估计值，便可作为衡量公共支出配置效率的一个依据。具体来讲，假定公共需求模型设定为简单的对数形式：

$$\ln G_i^* = \beta_0 + \sum_{k=1}^{K} \beta_k z_{ik} - \ln \varepsilon_i \tag{4}$$

式中，z_{ik} 为回归项，为影响公共需求的一系列外生解释变量。

假设 G_i 为第 i 个地方实际的公共商品支出，这里，有两条思路来构建辖区居民的需求偏好匹配的问题。

思路一：

假定 G_j 偏离 G_i^* 某种程度 δ，则会出现供给平衡、不足或过度，本文分别定义这三种情况为：

$$G_i^* = PMI = \begin{cases} 0, \text{供给平衡} \\ 1, \text{供给不足} \\ 2, \text{供给过度} \end{cases} \tag{5}$$

若 $G_i/\delta \leq G_i^* \leq \delta G_i$，则称之为供给平衡；若 $G_i^* > \delta G_i$，则称之为供给不足；若 $G_i^* < G_i/\delta$，则称之为供给过度；将之代入上式，则整理后得到：

供给平衡：$\beta_0 + \sum_{k=1}^{K} \beta_k z_{ik} - \ln\delta - \ln G_i \leq \ln\varepsilon_i \leq \beta_0 + \sum_{k=1}^{K} \beta_k z_{ik} + \ln\delta - \ln G_i$

$$\tag{6}$$

供给不足：$\ln\varepsilon_i < \beta_0 + \sum_{k=1}^{K} \beta_k z_{ik} - \ln\delta - \ln G_i \tag{7}$

供给过度：$\ln\varepsilon_i > \beta_0 + \sum_{k=1}^{K} \beta_k z_{ik} - \ln\delta + \ln G_i \tag{8}$

对该离散选择模型的估计方法可以采用 Logistic 回归方法，具体算法如下：

假设 $\ln\varepsilon_i$ 服从零均值及方差为 σ_ε^2 的 Logistic 分布，那么 $\ln\varepsilon_i/\sigma$ 服从零均值，方差为 1 的 Logistic 分布，从而，本书将上述 3 个式子以似然函数的形式来描述：

[①] 龚锋、卢洪友：《公共支出结构、偏好匹配与财政分权》，《管理世界》2009 年第 1 期。

$$F\left(\frac{\beta_0}{\sigma} + \sum_{k=1}^{K} \frac{\beta_k}{\sigma} z_{ik} + \frac{1}{\sigma}\ln\delta - \frac{1}{\sigma}\ln G_i\right) - F\left(\frac{\beta_0}{\sigma} + \sum_{k=1}^{K} \frac{\beta_k}{\sigma} z_{ik} - \frac{1}{\sigma}\ln\delta - \frac{1}{\sigma}\ln G_i\right)$$

$$F\left(\frac{\beta_0}{\sigma} + \sum_{k=1}^{K} \frac{\beta_k}{\sigma} z_{ik} - \frac{1}{\sigma}\ln\delta - \frac{1}{\sigma}\ln G_i\right)$$

$$1 - F\left(\frac{\beta_0}{\sigma} + \sum_{k=1}^{K} \frac{\beta_k}{\sigma} z_{ik} + \frac{1}{\sigma}\ln\delta - \frac{1}{\sigma}\ln G_i\right)$$

其中 $F(\cdot)$ 为联合密度函数。

对下面的似然函数 $\ln L$ 求最大值，利用排序 logit 模型估计方法，就可得到系数估计值 (β_k/σ) 和 $(1/\sigma)$。

$$\begin{aligned}\ln L = &\prod_{\text{scme}} \left(F\left(\frac{\beta_0}{\sigma} + \sum_{k=1}^{k} \frac{\beta_k}{\sigma} z_{ik} + \frac{1}{\sigma}\ln\delta - \frac{1}{\sigma}\ln G_i\right) - F\left(\frac{\beta_0}{\sigma} + \sum_{k=1}^{k} \frac{\beta_k}{\sigma} z_{ik} - \frac{1}{\sigma}\ln\delta - \frac{1}{\sigma}\ln G_i\right) \right) \\ &\times \prod_{\text{scme}} \left(F\left(\frac{\beta_0}{\sigma} + \sum_{k=1}^{k} \frac{\beta_k}{\sigma} z_{ik} - \frac{1}{\sigma}\ln\delta - \frac{1}{\sigma}\ln G_i\right) \right) \\ &\times \prod_{\text{scme}} \left(1 - F\left(\frac{\beta_0}{\sigma} + \sum_{k=1}^{k} \frac{\beta_k}{\sigma} z_{ik} + \frac{1}{\sigma}\ln\delta - \frac{1}{\sigma}\ln G_i\right) \right)\end{aligned} \tag{9}$$

可得到我们想要的弹性值 β_k，同时排序 logit 的估计过程也会估计出两个截距项：$(\beta_0/\sigma + \ln\delta/\sigma)$ 和 $(\beta_0/\sigma - \ln\delta/\sigma)$，该估计值里包含了临界值 δ。

思路二：

以中间投票人模型为基础公共商品需求模型，在模型设定过程中，往往不可避免会发生设定失误和样本不尽合理等问题，而导致模型的拟合值和实际值出现不同程度的偏差，这种偏差不能完全归因于政府的公共商品供给决策，这里，我们只能考虑较大程度的偏差而将较小程度的偏差归因于随机冲击。那么，多大程度的偏差算是合理的呢？回归方程的均方根误差（RMSE）是一个较为理想的选择，因为，如果方程的残差绝对值大于均方根误差，那么，拟合值会落在置信水平为95%的预测区间外，从而在0.05 的显著性水平下认为这种偏离是显著的。仿照思路一，得到

$$MI = \begin{cases} 0, & \text{供给平衡} \\ 1, & \text{供给不足} \\ 2, & \text{供给过度} \end{cases} \tag{10}$$

供给平衡：$-RMSE < \ln\varepsilon_i < RMSE$

供给不足：$-RMSE < \ln\varepsilon_i < 0$

供给过度: $0 < RMSE < \ln\varepsilon_i$

对该模型的估计可采用多元选择模型估计方法 (multinomial logit model), 具体算法是:

令 π_{il} 为第 i 个地区政府选择第 l 种供需匹配状态的概率, 即 $\pi_{il} = p(Y_i = l)$, $l = 0$, 1, 2。假定共有 k 个解释变量对 π_{il} 产生影响, 则可以采用如下多元 Logistic 分布模型化被解释变量和解释变量之间的关系 (Fox, 1997)。

$$\pi_{il} = \frac{\exp(x_i^T \beta_i)}{1 + \sum_{l \neq 0} \exp(x_i^T \beta_l)} \quad (11)$$

$l = 1$, 2, 若政府选择供求平衡, 则其概率为: $\pi_{i0} = 1 - \sum_{l=1}^{2} \pi_{il}$

由于施加了概率和为 1 的约束, 所以确定 l 个概率, 只需要估计 $l - 1$ 个参数。上式是以选择 = 0 为基准类别 (baseline category), 从而避免了因概率和为 1 带来的参数过度识别问题。对上式进行代数运算, 得到如下结果:

$$\ln\left(\frac{\pi_{il}}{\pi_{i0}}\right) = \beta_{0l} + \beta_{1l} x_{1l} + \cdots + \beta_{kl} x_{ik}, \quad l = 1, 2 \quad (12)$$

由于 π_{il} 和 π_{i0} 是未知的, 而且它们都取决于待估参数 β, 因此, 无法对式进行直接估计, 必须采用极大似然估计法。注意到每个 Y_i 分别以 π_{i0}、π_{i1} 和 π_{i2} 的概率取值 0、1 和 2; 而第 i 个地区选择基准类别的概率为:

$$p(Y_i = 0) = 1 - \sum_{l=1}^{2} \pi_{il} \quad (13)$$

根据式 (10) 定义的偏好匹配指数, 我们令 $Y_i = l$ 时, $E_{il} = 1$, 否则 $E_{il} = 0$, 则对于第 i 个地区, 有且只有一个 $E_{il} = 1$。这样, Y_i 所作选择的概率为:

$$p(Y_i) = \pi_{i0}^{E_{i0}} \cdot \pi_{i1}^{E_{i1}} \cdot \pi_{i2}^{E_{i2}} \quad (14)$$

如果各地区观测值的抽样是独立的, 则 N 个地区的联合概率分布为:

$$p(Y_1, Y_2, \cdots, Y_N) = p(Y_1) \cdot p(Y_2) \cdots p(Y_N) = \prod_{i=1}^{N} \prod_{l=0}^{2} \pi_{il}^{E_{il}} \quad (15)$$

施加概率和为 1 的约束, 并以选择等于 0 为基准类别, 则运用式 (12), 可以将式 (15) 重写为:

$$p(Y_1, \cdots, Y_N | X) = \prod_{i=1}^{N} \prod_{l=0}^{2} \left(\frac{\exp(\sum_{i=1}^{k} x_i^T \beta_i)}{1 + \sum_{l \neq 0} \exp(\sum_{i=0}^{k} x_i^T \beta_{li})} \right)^{E_{il}} \tag{16}$$

(16) 式的对数似然函数为：

$$\ln L = \sum_{i=1}^{N} \sum_{l=0}^{2} E_{il} \left[\sum_{i=1}^{k} x_i^T \beta_i - \ln(1 + \sum_{l \neq 0} \exp(\sum_{i=0}^{k} x_i^T \beta_{li})) \right]$$

对上式求偏微分，得到：$\dfrac{d(\ln L)}{d\beta_i} =$

$$\sum_{i=1}^{N} \left(E_{il} - \frac{\exp(\sum_{i=1}^{k} x_i^T \beta_i)}{1 + \sum_{l \neq 0} \exp(\sum_{i=0}^{k} x_i^T \beta_{li})} \right) \cdot X_i', \quad i = 1, 2$$

令 $\dfrac{d(\ln L)}{d\beta_i} = 0$，可以求得参数的极大似然估计量 β_l，以及拟合的选择概率：

$$\hat{\pi} = \frac{\exp(\sum_{i=1}^{k} x_i^T \hat{\beta}_i)}{1 + \sum_{l \neq 0} \exp(\sum_{i=0}^{k} x_i^T \hat{\beta}_{li})}, \quad l = 1, 2 \tag{17}$$

该模型可通过 Newton-Raphson 或 Fisher scoring 方法进行估计，估计所借助的软件通常有 R，SAS 和 STATA，其中后两类软件在目前的研究中较为常见。

对于该模型，有三点需要说明：

第一，β_{ik} 应解释为：在其他协变量保持不变的情形下，第 i 个协变量每增加一个单位，落入第 k 类选择的 $\log\left(\dfrac{\pi_{ik}}{\pi_{i1}}\right)$ 增加多少。

第二，在本模型中，任何类别都可作为基准类别，模型拟合的结果是一样的，即相同的拟合值以及似然值，仅在数值以及结果解释上有区别。

第三，可通过反推的算法，即由 β 算出来 π_i。其中非基准类别的概率值为：

$$\pi_{ik} = \frac{\exp(x_i^T \beta_i)}{1 + \sum_{l \neq 1} \exp(x_i^T \beta_l)}$$

基准类别的概率值为：

$$\pi_{ik} = \frac{\exp(x_i^T \beta_i)}{1 + \sum_{l \neq 1} \exp(x_i^T \beta_l)}$$

第二节 财政支出配置效率评价实证研究

如第一节所述，财政支出配置效率评价中最重要的关键词是"公共偏好匹配指数"，因此，本节中的实证研究都是围绕该关键词展开的。

一 公共支出偏好估计

依据中间投票人理论的基础模型，对式（3）两边取对数，加入扰动项，设定第 i 类公共商品的需求函数实证模型：

$$\ln(G_f) = C + \alpha_f \ln P_r + \beta_f \ln Y + \varphi_f \ln N + \varepsilon \quad (18)$$

国内外学者们对公共支出的决定因素进行了深入的研究，根据本书研究的重点，笔者进行了简要梳理[①]。

研究公共卫生支出的决定因素的学者有 Newhouse（1977，1987），Leu（1986），Manning et al.（1987），Gbesemete and Gerdtham（1992），Gerdtham et al.（1992），Gerdtham et al.（1994），McGuire et al.（1993），Murthy and Ukpolo（1994），Di Matteo and Di Matteo（1998），Hitiris（1999），López-Casanovas and Sáez（2001），Heshmati（2001）。这部分学者的共同点是通过实证研究指出收入水平决定了公共支出的水平。Gerdtham et al.（1992）实证研究了公共卫生的价格（税收价格）对公共卫生的支出的影响，Heshmati（2001）的研究表明人口数对公共卫生支出有决定性影响，Kleiman（1974），Leu（1986），Chawla（1998），Gerdtham et al.（1992）的研究表明了人口密度对公共卫生的决定性影响。Kleiman（1974），Leu（1986），Hitiris and Posnett（1992），Murthy and Ukpolo（1994），Gerdtham et al.（1994），Blomqvist and Carter（1997），Hitiris（1999），Di Matteo and Di Matteo（1998），López-Casanovas and Sáez（2001）研究表明人口的年龄结构对公共卫生支出有决定性影响。

---

① Ismael Sanz, Francisco J. Velázquez: Determinants of the Composition of Government Expenditure by Functions, European Economy Group Working Paper, 2002, No. 13, pp. 28-29.

研究教育财政支出决定的有 Fach and Rattso (1997)、Fernández and Rogerson (1997)、Borge and Rattso (1995)，这些学者指出收入水平决定了公共支出的水平，Fach and Rattso (1997)、Rubinfeld and Shapiro (1989)、Aronsson and Wikström (1996)、Boije (1997)、Dahlberg and Jacob (2000)、Ahlin and Johansson (2001) 指出税收价格决定了教育支出的水平，Fernández and Rogerson (1997)、Fach and Ratsso (1999)、Marlow and Shiers (1999) 指出人口密度的决定性影响，Poterba (1996)、Fernández and Rogerson (1997)、Falch and Rattso (1997)、Marlow and Shiers (1999)、Painter and Bae (2001)、Ahlin Johansson (2001) 指出了人口的年龄结构。另外，也有学者指出就业情况和受教育程度决定了教育支出的水平。

研究社会保障支出决定的学者有 Tait and Heller (1982)、Concialdi (1999)，他们的研究指出收入水平是决定因素，Heller et al. (1986)、Hagemann and Nicoletti (1989)、Than Dang et al. (2001)、Lindbeck (2001) 的研究表明人口的年龄结构特征决定了社会保障支出的水平，另外，失业率和社会分配不公程度也决定了社会保障支出的水平。

最后，研究交通运输和电信等基础设施支出决定的学者有 Fay (2000)、Randolph et al. (1996) 研究了收入水平的决定性影响，Randolph et al. (1996) 研究了人口数的决定性影响。

此外，也有不少学者研究了制度或财政体制对公共支出结构的影响，如 Hitiris and Posnet (1992)、Gerdtham et al. (1994)、Murthy and Ukpolo (1994)、Di Matteo (2000)、López-Casanovas and Sáez (2001)、Heshmati (2001)、Fach and Rattso (1997, 1999)、Marlow and Shiers (1999)、Hicks and Swank (1992)、Alesina (1999) 等。

在这些研究中，居民收入被认为是所有政府支出影响因素中最主要的，且实证结果表明收入弹性为正。政府与私人部门在许多市场上都有竞争，公共部门的价格与私人部门的价格之比变量的显著性，在一定程度上反映了公共部门的相对效率，如果政府能够更有效，那么，居民会因此会需求更多的公共商品，所以说，公共商品需求和政府效率之间存在双向互动关系。人口变量、人口数及其密度变量在纯公共商品的支出决定中起着非常关键作用，比如公共安全、交通运输、优值品及经济性服务，实证结果往往表现为负弹性。

本研究用实际人均 GDP 来代表实际人均收入变量，公共商品的相对价格是很难直接获得的，因为往往没有私人商品与公共商品在价格上的一一对应，因此既有的研究只能根据数据的可得性进行近似替代。比如 Bergstrom and Goodman（1973）、Gramlich and Rubinfeld（1982）、Berstrom et al.（1982）将中位居民财产价值占辖区财产价值总额的比重，视为公共部门的相对价格，Borcherding and Deacon（1972）以研究样本辖区中公务员工资作为相对价格的替代变量，Ramajo et al.（2007）用公共部门缩减指数（各类公共支出缩减指数的加权平均值）与 GDP 价格指数的比值替代。一般认为，社会财富最终在一国的公共部门和私人部门之间进行分配，因此，可用公共部门（包括公共行政单位和事业单位）职工的平均工资与私人部门职工的平均工资之比进行替代。

二　估计方法、数据来源及估计结果

（一）估计方法——似乎不相关回归法

单方程计量经济模型是用单一方程，描述某一经济变量与影响该变量变化的诸因素之间的数量关系，一个变量（因变量 Y）可以表示为一个或多个变量（解释变量 X）的函数，因此，它适用于单一经济现象的研究。但是，在很多情况下，经济现象是极为复杂的，其中经济变量之间的关系是相互依存、互为因果的，即一个经济变量影响另一个经济变量（或多个变量）；反过来，这个变量又受到其他经济变量的影响，并且多个变量的行为是同时决定的，经济学家称这些经济现象为经济系统。在这种情况下，单方程模型就无法准确地描述这种相互依存关系的经济现象，这时，就必须用一组联立方程模型才能描述清楚。联立方程模型系统的一个共同特征是，它们都包含若干个内生变量，而且，这些变量的值是一系列相互联系的方程共同确定的。利用一些多元方法可以对联立方程系统进行估计，这些方法考虑到了方程之间的相互依存关系。

政府的公共支出决策往往会受到诸如辖区居民、财政资源以及经济发展水平等因素的制约，这些因素之间是互相影响、互为因果的。同时，在财政总支出一定的情况下，某一类别的财政支出都可被认为是其他财政支出类别的机会成本，在实际估计每一类别的公共商品需求方程时，就必然会出现方程间残差间相关，并且，如前面所分析的，在待估的方程中，收入一般是最重要的决定因素，而根据内生经济增长理论，这就会出现方程之间的内生性问题。因此，财政支出就是一个由多个相互关联的方程组成的系统，运用传统的最小二乘法（OLS）估计方法无法得到无偏一致统计量，本书采用了较为流行的估计方法——似乎不相关回归法。

似乎不相关回归法（Seemingly Unrelated Regression，SUR）是商业和经济模型经常出现的一种递归模型方法，也称为Zellner方法。它是考虑到方程间的误差项存在异方差和同期相关的条件下，估计联立方程系统的系数。这个方法经常将系统所包含的一系列内生变量作为一组处理，因为理论上，这些变量彼此之间存在着密切的联系。SUR方法适合于方程右边的变量X全部是外生变量，方程间的残差可能具有异方差和同期相关，但是单个方程不存在序列相关的情形。实际上，SUR方法也是一个两阶段估计过程，可以证明，它的估计量不但是一致的，而且是（渐近）有效的。

（二）数据来源及整理

本部分的数据来源主要是历年的《中国统计年鉴》《各省统计年鉴》《中国教育统计年鉴》《中国教育经费统计年鉴》《中国卫生统计年鉴》《中国社会统计年鉴》以及《新中国统计资料60年汇编》。根据前面建立的理论模型和实证模型，以下各表列示出了每一个指标2007—2012年的数据。

附表3给出的是用以表示各省经济发展水平的人均国内生产总值数据，为消除物价波动的影响，此处以2007年为基期利用CPI对原始数据进行了平减，从而得到可比价数据。

附表4中的数据均为各省的年末人口数（2010年的为11月1日零时数），分地区人口数中未包括中国人民解放军现役军人。各地区系人口变动数根据抽样调查数字进行推算得到。现有的各地区人口密度数是2000年的统计结果，因此2007—2012年的人口密度是作者根据统计年鉴中各省份的人口规模数据与各省份的陆地面积数据计算整理得到。

附表5给出了各省人口年龄构成现有的统计年鉴中，仅2010年根据第六次全国人口普查提供了初步汇总数据，其他年份均只给出了每年的抽样调查数，作者根据每年的抽样比进行了数据的整理，2007年的抽样比为0.900‰，2008年抽样比为0.887‰，2009年抽样比为0.873‰，2011年的抽样比为0.850‰，2012年的抽样比为0.831‰。

表 2-1　　　　　　　　模型中各变量的统计性描述

变量	变量含义	观测数（个）	均值	标准差	最小值	最大值
education	教育支出（亿元）	186	353.3737	229.9424	33.5699	1277.938
social	社会保障支出（亿元）	186	248.0714	132.0409	17.302	619.4786
health	医疗卫生支出（亿元）	186	130.4585	84.18694	11.4174	430.0117
transport	交通运输支出（亿元）	186	118.7048	91.27012	8.478	465.8723
gdpch	人均GDP（元）	186	29323.23	16053.05	7666.427	79315.23
density	人口密度（人/平方公里）	186	417.0761	606.4829	2.31195	3754.621
population	人口（万人）	186	4272.154	2701.669	284	10594
taxprice	税收价格（元）	186	35209.58	11886.76	19550	78503.06
pop15	15岁以下人口占比	186	16.99456	4.255303	7.559177	27.2241
pop65	65岁以上人口占比	186	9.006052	1.745407	4.824392	14.25066
unemployment	城镇登记失业率	186	3.592078	0.6053609	1.27	4.57

（三）经验估计及结果解释

为反映出 2007—2012 年各年的公共商品需求函数的差异，书中接下来的部分将对 2007—2012 年的需求函数进行估计，经验估计采用的软件为 Stata 12.0，估计方法为似乎不相关回归估计，实证模型中指标的数据均已对数化处理。

表 2-2　　　　　2007—2012 年公共需求函数 SUR 估计结果

方程	观测数（个）	参数数值	均方根误差（RMSE）	R-sq	chi2	P
education	186	5	0.2288	0.9041	1787.2400	0.0000
social	186	5	0.3624	0.7294	523.2600	0.0000
health	186	6	0.3405	0.7949	763.2300	0.0000
transport	186	4	0.5922	0.5598	233.8300	0.0000
方程	决定因素变量	系数估计值	标准误	Z统计值	P值	[95%置信区间]

续表

方程	观测数（个）	参数数值	均方根误差（RMSE）	R-sq	chi2	P	
education	gdpch	0.4653	0.0678	6.8600	0.0000	0.3324	0.5982
	taxprice	0.5390	0.0954	5.6500	0.0000	0.3521	0.7260
	population	0.7836	0.0237	33.0800	0.0000	0.7372	0.8301
	pop15	0.1976	0.0802	2.4600	0.0140	0.0405	0.3548
	pop65	-0.2184	0.0893	-2.4500	0.0140	-0.3933	-0.0435
	_cons	-11.1163	0.8694	-12.7900	0.0000	-12.8204	-9.4123
social	gdpch	0.6008	0.0891	6.7400	0.0000	0.4261	0.7755
	taxprice	-0.3033	0.1508	-2.0100	0.0440	-0.5989	-0.0076
	population	0.5681	0.0378	15.0200	0.0000	0.4940	0.6423
	pop65	0.2516	0.1477	1.7000	0.0880	-0.0378	0.5410
	unemployment	0.2198	0.1059	2.0800	0.0380	0.0124	0.4273
	_cons	-3.0350	1.1970	-2.5400	0.0110	-5.3811	-0.6890
health	gdpch	0.2966	0.0942	3.1500	0.0020	0.1119	0.4813
	taxprice	0.7111	0.1380	5.1500	0.0000	0.4405	0.9816
	population	0.7706	0.0354	21.7500	0.0000	0.7011	0.8400
	pop15	0.0819	0.0934	0.8800	0.3800	-0.1011	0.2649
	pop65	-0.1402	0.1091	-1.2800	0.1990	-0.3541	0.0737
	density	-0.0161	0.0149	-1.0800	0.2810	-0.0454	0.0131
	_cons	-11.8563	1.2109	-9.7900	0.0000	-14.2296	-9.4830
transport	gdpch	0.1382	0.1484	0.9300	0.3520	-0.1527	0.4290
	taxprice	1.4644	0.2415	6.0600	0.0000	0.9911	1.9377
	population	0.8631	0.0630	13.7100	0.0000	0.7397	0.9865
	density	-0.2221	0.0330	-6.7300	0.0000	-0.2868	-0.1574
	_cons	-18.0311	1.8922	-9.5300	0.0000	-21.7397	-14.3225

表2-2显示，无论从均方根误差、拟合优度，还是Chi2统计值，各

个方程的总体显著性良好,方程间残差检验 Breusch-Pagan 的 chi2(10) 统计值也表明各个方程间存在显著的相关性,使用 SUR 估计方法是恰当的。

具体看,在教育服务需求方程中,人均国内生产总值、税收价格和人口数量均通过了 1% 水平的显著性检验,15 岁以下人口占比和 65 岁以上人口占比也通过了 5% 水平的显著性检验,说明这 5 个变量对教育需求均具有决定性影响。从各个变量的系数估计结果看,人均国内生产总值(gdpch)的系数估计值为 0.4653,即教育服务的收入弹性约为 0.47,即收入增加 1%,教育需求增加 0.47%。税收价格(taxprice)的系数估计值为正且为 0.539,即税收价格增加 1%,而教育需求则增加 0.539%,这与我们的理论假说有些出入,不过由此也说明了我国教育需求的刚性,而"万般皆下品,唯有读书高"的思维决定了居民对教育服务的需求,即使因此要承担的税收价格或许更高。另外,无论是居民人口总量还是人口总数中的 15 岁以下的人口占比和 65 岁以上的人口占比对教育需求都有显著影响,尤其是人口总量其系数估计值达到了 0.7836,表明人口每增加 1%,其对于教育的需求则相应提高 0.78%,由此验证我国居民普遍认为教育是非常重要的。而 65 岁以上人口占比的系数估计值为负,表明老年人占比越高,对于教育的需求越少,与我国老年人的晚年生活更偏向于娱乐与休闲的情况相吻合。

在社会保障公共商品需求方程中,人均国内生产总值、人口数量均通过了 1% 水平的显著性检验,而税收价格和失业率通过了 5% 水平的显著性检验,65 岁以上人口占比也通过了 10% 水平的显著性检验,且税收价格的系数为负,符合我们的理论假说。其中,人均国内生产总值、人口规模的系数估计值分别为 0.6008 和 0.5681,表明随着人们收入、我国人口数量每增加 1%,对社会保障公共商品的需求也随之增加 0.6% 和 0.57%,社会保障公共商品的需求对人均国内生产总值与人口规模的较高反应度,也进一步验证我国近年对社会保障制度的大力构建和完善的成效,尤其是我国养老保险已经实现了制度的全覆盖。且依据估计结果,65 岁以上人口占比与失业率对社会保障的需求显著为正,进一步解释了社会保险中的两大险种:养老保险与失业保险的需求情况。即 65 岁人口占比增加 1%,养老保险需求增加,社会保障需求增加 0.2516%;失业率提高 1%,失业保险需求增加,社会保障需求增加 0.2198。此外,税收价格每提高 1%,对社会保障公共商品的需求会随之减少0.3%，表明税收价格太高会削弱人们对社会保障需求的积极性，退而进行家庭或个人保障。

在医疗卫生支出的需求方程中，人均国内生产总值、税收价格、人口数量均通过了1%水平下的显著性检验，15岁以下人口占比、65岁以上人口占比和人口密度却未通过10%水平下的显著性检验。随着人均国内生产总值、税收价格、人口数量各增加1%，公众对医疗卫生支出的需求也会分别相应提高0.2966%、0.7111%和0.7706%，这表明公众对于医疗卫生的需求具有较强的刚性，人们愈发关注身体健康问题，即使医疗卫生的需求价格弹性达到0.71，需要负担更高的税收，公众对于医疗卫生的需求也会进一步提高。此外，依据估计结果，15岁以下人口占比的估计系数值为正值，与我国将未成年人纳入城镇居民医疗保险体系的相对应，随着人口占比的增加，对于医疗卫生的需求将有所提高。而65岁以上人口占比与人口密度的估计系数值均为负值，这与我国当前的医疗保险统筹层次过低、医疗水平参差不齐以及医疗卫生具有规模效应等存在着一定的联系。但这三个变量的不显著与我国当前医疗卫生改革的碎片化有关。

在交通运输服务的需求方程中，税收价格、人口数量以及人口密度通过了1%水平下的显著性检验，人均国内生产总值未通过10%水平下的显著性检验。税收价格的系数估计值为0.1382，虽通常的预期相左，但也表明我国公众对于公共交通的依赖性较强，即使面临一定程度上提高价格的风险，其需求仍会增加，例如我国的春运。人口数量的估计值为0.8631，表明随着人口的增加，对交通运输的服务也增加，即人口每增加1%，对交通运输的需求则会相应提高0.86%，这也进一步验证我国大量发展高铁的必要性。而人口密度的增加也会带来交通运输业的规模效应，表现为人口密度变量的系数估计值为-0.2221，即在不拥挤的条件下，交通运输具有明显的非竞争性。此外，在此需求方程中，人均国内生产总值的系数估计值虽为0.1382，但影响并不显著，表明公众对于交通运输的需求受到自身经济收入水平的影响较小。

从上面对表2-2列示的估计结果的解释，基本上给出以下几点总结或启示：第一，收入水平是公共商品需求函数中最重要和最主要的决定因素，其系数估计值均为正，在一定程度上表明"瓦格纳法则"在我国实践中的合理性。而在各类公共商品的需求中，很明显，教育和社会保障的收入弹性是相对较高的，可以这样认为，这两类公共商品具有奢侈品的特征。第二，税收价格变量在各类公共商品需求方程中的系数估计值不同，有正有负，这可能与本书采用了统一的公共部门价格水平进行拟合有关。第三，人口结构变量中，需要更加关注65岁以上的居民的需求，这符合我国老龄化社会的国情。第四，需要深入研究各类公共商品的规模效应和拥挤性，合理配置公共资源。

（四）公共偏好匹配程度

根据公共偏好匹配指数的构造原理，表2-3给出了各地区各类公共商品需求方程估计的残差。

表2-3　2007—2012年各地区四类公共商品需求方程残差估计值

地　区	年份	教育	社会保障	医疗卫生	交通运输
北　京	2007	-0.0315	-0.0136	0.1906	-0.7631
天　津	2007	0.0462	0.0661	0.2800	-0.0021
河　北	2007	0.1764	0.1763	0.4273	0.6746
山　西	2007	0.2259	0.2546	0.3916	0.6038
内蒙古	2007	0.2088	0.4383	0.4079	0.6041
辽　宁	2007	0.2945	0.5886	0.4427	0.7053
吉　林	2007	-0.3635	-0.7047	-0.5367	-1.3818
黑龙江	2007	-0.3601	-0.5736	-0.5731	-1.2907
上　海	2007	-0.2789	-0.4867	-0.4398	-0.2100
江　苏	2007	-0.2550	-0.3463	-0.4223	-0.5403
浙　江	2007	-0.1017	-0.3167	-0.2714	0.0893
安　徽	2007	0.0290	-0.2421	-0.1921	-0.0885
福　建	2007	-0.1902	-0.3726	-0.4098	-0.6740
江　西	2007	-0.0957	-0.2411	-0.1832	-1.1154
山　东	2007	-0.0494	-0.0869	0.0755	0.3997
河　南	2007	-0.0287	-0.0543	0.2630	0.2732
湖　北	2007	0.0902	-0.0026	0.4229	0.7300
湖　南	2007	0.3166	0.0266	0.4263	0.7247
广　东	2007	-0.0935	-0.0119	-0.2697	-0.2930

续表

地 区	年份	教育	社会保障	医疗卫生	交通运输
广 西	2007	-0.0021	0.0446	-0.1368	-0.3992
海 南	2007	0.1527	0.1005	0.1862	0.5489
重 庆	2007	0.1312	0.1420	0.1334	0.7174
四 川	2007	0.2691	0.1784	0.3676	0.9135
贵 州	2007	0.4781	0.2423	0.4109	0.8768
云 南	2007	-0.2232	-0.2574	-0.4492	-0.3373
西 藏	2007	-0.1542	-0.1720	-0.3604	-0.6204
陕 西	2007	-0.1183	0.1580	0.0396	0.1180
甘 肃	2007	-0.0377	0.1565	0.0124	-0.2084
青 海	2007	-0.0424	0.2922	0.1354	0.4021
宁 夏	2007	0.0096	0.3896	0.1393	0.3455
新 疆	2007	-0.1355	0.3595	-0.4603	-1.0115
北 京	2008	-0.0879	0.3964	-0.3762	-0.8829
天 津	2008	-0.0308	0.4575	0.2157	0.0406
河 北	2008	-0.0466	0.4948	-0.0023	0.1792
山 西	2008	0.1413	0.4772	0.0926	0.5510
内蒙古	2008	0.3524	0.5388	0.1115	0.6204
辽 宁	2008	-0.1417	-0.1586	-0.3771	-0.5798
吉 林	2008	0.0100	-0.0471	-0.1391	-0.4664
黑龙江	2008	0.0325	0.1491	0.3338	0.0326
上 海	2008	0.0432	0.0784	0.2542	0.3613
江 苏	2008	0.1485	0.1100	0.3973	0.7561
浙 江	2008	0.3363	0.1139	0.3491	0.3774
安 徽	2008	-0.0792	0.0044	-0.3505	-0.4544
福 建	2008	0.0205	-0.0320	-0.2885	-0.4763
江 西	2008	-0.0187	0.3923	0.2585	0.0449
山 东	2008	-0.0099	0.1702	0.1763	0.3494

续表

地 区	年份	教育	社会保障	医疗卫生	交通运输
河 南	2008	0.0782	0.3069	0.2961	0.7707
湖 北	2008	0.3936	0.3873	0.2479	0.5743
湖 南	2008	0.0485	-0.0205	-0.0916	-1.2347
广 东	2008	0.0553	0.2156	0.0666	-1.4455
广 西	2008	0.0520	0.2070	0.0590	-0.0678
海 南	2008	-0.1034	0.2097	-0.0496	-0.3458
重 庆	2008	-0.0401	0.4250	-0.0956	-0.1081
四 川	2008	0.1212	0.4395	-0.0668	-0.2900
贵 州	2008	-0.2525	-0.6043	-0.6837	-0.7955
云 南	2008	-0.2337	-0.6181	-0.6094	-0.6784
西 藏	2008	-0.2082	-0.3870	-0.4414	-0.2064
陕 西	2008	-0.1160	-0.2781	-0.3385	-0.1518
甘 肃	2008	-0.0098	-0.1132	-0.1153	0.0771
青 海	2008	0.1137	-0.0215	-0.0293	0.0416
宁 夏	2008	-0.3794	-1.0119	-0.6239	-1.4963
新 疆	2008	-0.2992	-0.8494	-0.4681	-1.3065
北 京	2009	-0.2254	-0.7816	-0.3202	-0.0012
天 津	2009	-0.2603	-0.5602	-0.2503	-0.2167
河 北	2009	-0.1594	-0.2855	-0.1341	-0.1492
山 西	2009	-0.0603	-0.1561	-0.1012	-0.1831
内蒙古	2009	-0.2379	-0.0813	-0.4443	-0.2747
辽 宁	2009	-0.1254	-0.0700	-0.1748	-0.5159
吉 林	2009	-0.0993	0.1794	0.2054	0.3819
黑龙江	2009	-0.0493	0.1658	0.2000	0.1137
上 海	2009	0.1747	0.1906	0.4654	0.5050
江 苏	2009	0.2851	0.3035	0.4767	0.3916
浙 江	2009	-0.4023	-0.9809	-0.6252	-0.9167

续表

地 区	年份	教育	社会保障	医疗卫生	交通运输
安 徽	2009	-0.3344	-0.8635	-0.4450	-0.6321
福 建	2009	-0.2932	-0.6943	-0.3594	0.1507
江 西	2009	-0.2874	-0.6410	-0.2609	0.0333
山 东	2009	-0.2276	-0.5155	-0.0999	0.5188
河 南	2009	-0.0183	-0.4826	-0.0660	0.4449
湖 北	2009	-0.1761	-0.4157	-0.2411	-0.3143
湖 南	2009	-0.1707	-0.1668	-0.1133	-0.2919
广 东	2009	-0.1068	0.0394	0.1897	0.5557
广 西	2009	-0.1225	0.0139	0.2429	0.3017
海 南	2009	0.1691	0.0731	0.3446	0.7964
重 庆	2009	0.3228	0.1942	0.3233	0.4496
四 川	2009	-0.2032	-0.5257	-0.6379	-1.4186
贵 州	2009	-0.1799	-0.5380	-0.4610	-1.5286
云 南	2009	-0.1661	-0.3577	-0.2563	0.0788
西 藏	2009	-0.0607	-0.2448	-0.0904	0.2127
陕 西	2009	0.1482	-0.1771	0.1729	0.3290
甘 肃	2009	0.2672	-0.0445	0.2337	0.2903
青 海	2009	-0.1893	-0.0886	-0.4316	-0.7228
宁 夏	2009	-0.1572	-0.0399	-0.2074	-0.8783
新 疆	2009	-0.0178	0.0962	0.1798	0.4449
北 京	2010	-0.0089	0.1507	0.2667	0.3334
天 津	2010	0.2333	0.2034	0.4672	0.7155
河 北	2010	0.3953	0.3158	0.5369	0.6460
山 西	2010	-0.2871	-0.1827	-0.4929	-0.8944
内蒙古	2010	-0.1387	-0.0320	-0.2423	-0.7810
辽 宁	2010	-0.1554	0.1300	0.0109	-0.1928
吉 林	2010	-0.1891	0.1161	0.1040	0.0033

续表

地 区	年份	教育	社会保障	医疗卫生	交通运输
黑龙江	2010	-0.0164	0.1486	0.3317	0.6351
上 海	2010	0.3025	0.1897	0.3248	0.3281
江 苏	2010	-0.2336	-0.1798	-0.5973	-0.3767
浙 江	2010	-0.0948	0.0397	-0.3689	-0.4315
安 徽	2010	-0.0417	0.1288	0.1508	0.1737
福 建	2010	-0.1081	0.1287	0.1220	0.2975
江 西	2010	0.0646	0.1799	0.3687	0.8634
山 东	2010	0.3738	0.1775	0.4205	0.6591
河 南	2010	-0.4075	-0.2732	-0.7335	-1.3832
湖 北	2010	-0.3172	-0.1159	-0.4926	-0.9227
湖 南	2010	-0.2626	-0.0109	-0.3593	-0.2442
广 东	2010	-0.3004	0.0550	-0.3331	-0.1485
广 西	2010	-0.1278	0.1291	-0.0788	0.2687
海 南	2010	0.0147	0.1849	0.0003	0.0858
重 庆	2010	-0.2469	-0.5002	-0.6000	-0.5285
四 川	2010	-0.1644	-0.4415	-0.3668	-0.4814
贵 州	2010	-0.0689	-0.0224	-0.0446	-0.2421
云 南	2010	0.0526	-0.0739	0.2531	-0.1326
西 藏	2010	0.1512	-0.0938	0.5061	0.7991
陕 西	2010	0.3287	-0.0396	0.5301	0.7312
甘 肃	2010	-0.5879	-0.7014	-0.8044	-0.6901
青 海	2010	-0.3905	-0.5296	-0.5065	-0.5540
宁 夏	2010	-0.1669	-0.0766	-0.0927	0.2660
新 疆	2010	-0.1344	-0.1711	-0.1887	-0.1575
北 京	2011	-0.0518	0.0941	0.0297	0.4083
天 津	2011	0.0837	0.1016	0.1139	0.5169
河 北	2011	-0.3928	-0.1989	-0.7033	-0.2787

续表

地 区	年份	教育	社会保障	医疗卫生	交通运输
山 西	2011	-0.3418	-0.1136	-0.4587	-0.2191
内蒙古	2011	-0.2239	0.1589	-0.1542	-0.0509
辽 宁	2011	-0.0964	0.0494	-0.0351	0.0969
吉 林	2011	0.0045	0.2879	0.1952	0.6550
黑龙江	2011	0.3047	0.3877	0.2667	0.6683
上 海	2011	-0.1844	-0.0147	-0.3194	-0.4466
江 苏	2011	-0.0977	0.3635	-0.1052	-0.3180
浙 江	2011	0.0134	0.3357	0.2256	0.0092
安 徽	2011	0.0503	0.3834	0.2924	0.0177
福 建	2011	0.1525	0.4610	0.5084	0.4785
江 西	2011	0.4007	0.4634	0.5176	0.4916
山 东	2011	0.0187	-0.5499	-0.2727	0.0810
河 南	2011	0.1552	-0.2857	-0.1186	-0.0994
湖 北	2011	0.1759	0.0229	0.2075	0.6329
湖 南	2011	0.2741	-0.1085	0.4135	0.5304
广 东	2011	0.3733	0.0744	0.5671	1.3511
广 西	2011	0.4847	0.2069	0.5379	1.0243
海 南	2011	-0.0851	0.0263	-0.0095	0.0783
重 庆	2011	-0.0571	0.2185	0.0624	-0.3120
四 川	2011	0.1174	0.4830	0.3498	0.4898
贵 州	2011	0.1955	0.4131	0.4497	0.2895
云 南	2011	0.3187	0.5214	0.5868	0.8475
西 藏	2011	0.5371	0.5680	0.5979	0.8242
陕 西	2011	-0.1852	-0.4464	-0.0936	-0.2948
甘 肃	2011	0.0647	-0.1026	-0.2095	-0.2452
青 海	2011	0.3070	-0.0068	0.0769	0.1949
宁 夏	2011	0.0536	-0.0701	0.2542	0.1861

续表

地区	年份	教育	社会保障	医疗卫生	交通运输
新疆	2011	0.2703	0.4274	0.3591	0.5129
北京	2012	0.4098	0.4762	0.3311	0.6492
天津	2012	-0.0052	-0.2365	-0.3047	0.1443
河北	2012	0.1253	0.0823	-0.0867	-0.0844
山西	2012	0.1399	0.2281	0.2179	0.3039
内蒙古	2012	0.1799	0.2465	0.3063	0.3407
辽宁	2012	0.3548	0.2784	0.3957	1.0705
吉林	2012	0.5264	0.3603	0.3860	0.6230
黑龙江	2012	-0.0560	-0.0761	-0.2194	-0.4057
上海	2012	0.1693	0.1779	-0.0310	-0.4143
江苏	2012	0.2201	0.4301	0.2955	-0.0253
浙江	2012	0.2160	0.4109	0.3333	-0.0442
安徽	2012	0.3829	0.4994	0.6563	0.8499
福建	2012	0.5165	0.5309	0.5562	0.4042
江西	2012	-0.4769	-0.0196	-0.1390	-0.5544
山东	2012	-0.3300	0.0751	-0.0893	-1.1722
河南	2012	-0.1672	0.4320	0.0986	0.0291
湖北	2012	-0.0489	1.0225	0.1418	-0.0213
湖南	2012	0.2250	0.7693	0.1716	0.9403
广东	2012	0.4656	0.7581	0.3746	0.9430
广西	2012	-0.2490	-0.8384	-0.6825	-0.6228
海南	2012	-0.3080	-0.6419	-0.4546	-0.6583
重庆	2012	-0.2040	-0.4565	-0.2203	-0.0428
四川	2012	-0.0926	-0.8931	0.0708	-0.0424
贵州	2012	-0.0587	-0.2561	0.0840	0.4196
云南	2012	-0.1338	-0.1153	0.0659	0.3715
西藏	2012	-0.0877	-0.3555	-0.2388	-0.6447

续表

地区	年份	教育	社会保障	医疗卫生	交通运输
陕 西	2012	0.0928	-0.2796	-0.1491	-0.8741
甘 肃	2012	0.2069	0.2341	0.1449	-0.3300
青 海	2012	0.2713	0.1025	0.1578	-0.2279
宁 夏	2012	0.3862	0.1566	0.2805	0.4354
新 疆	2012	0.4282	0.2034	0.2491	0.3387

结合标准根方误（RMSE）可以计算得到 2007—2012 年 31 个省份公共商品支出供求平衡、供给不足和供给过多的情况，结果见表 2-4：

表 2-4　　　　2007—2012 年公共商品供求匹配情况　　　　单位：个、%

年份	供求状况	教育		社会保障		医疗卫生		交通运输	
		实际数	比例	实际数	比例	实际数	比例	实际数	比例
2007	供求平衡	23	0.7419	24	0.7742	15	0.4839	15	0.4839
	供给不足	4	0.1290	4	0.1290	8	0.2581	7	0.2258
	供给过多	4	0.1290	3	0.0968	8	0.2581	9	0.2903
2008	供求平衡	24	0.7742	17	0.5484	22	0.7097	21	0.6774
	供给不足	4	0.1290	5	0.1613	8	0.2581	7	0.2258
	供给过多	3	0.0968	9	0.2903	1	0.0323	3	0.0968
2009	供求平衡	22	0.7097	20	0.6452	21	0.6774	24	0.7742
	供给不足	6	0.1935	11	0.3548	7	0.2258	6	0.1935
	供给过多	3	0.0968	0	0.0000	3	0.0968	1	0.0323
2010	供求平衡	17	0.5484	27	0.8710	15	0.4839	20	0.6452
	供给不足	9	0.2903	4	0.1290	10	0.3226	5	0.1613
	供给过多	5	0.1613	0	0.0000	6	0.1935	6	0.1935
2011	供求平衡	20	0.6452	19	0.6129	19	0.6129	21	0.6774
	供给不足	2	0.0645	2	0.0645	2	0.0645	2	0.0645
	供给过多	9	0.2903	10	0.3226	10	0.3226	8	0.2581

续表

年份	供求状况	教育		社会保障		医疗卫生		交通运输	
		实际数	比例	实际数	比例	实际数	比例	实际数	比例
2012	供求平衡	18	0.5806	18	0.5806	24	0.7742	20	0.6452
	供给不足	4	0.1290	4	0.1290	2	0.0645	5	0.1613
	供给过多	9	0.2903	9	0.2903	5	0.1613	6	0.1935

从总体上看，各类公共商品供求平衡的比例存在波动，并没有总体的提升趋势[①]，但供给不足的比例存在较为明显的下降趋势，而供给过多的比例则表现出稳中提升的态势。虽然供求平衡一直保持主流地位，比例在48%到87%不等，但供求失衡的最主要原因则由原来的供给不足转向了供给过多。

具体来看，教育服务在2007年有74.19%的省份属于供求平衡的情况，另外26%的供求失衡省份中有12.9%来自于供给过度。2008年，教育服务供给平衡的情况得到了稍许改善，达到77.42%。之所以实现供求平衡有效率的配置，是因为供给过度比例有所下降，由2007年的12.9%减少到9.68%。而到了2009年教育服务供给平衡出现了小幅下滑，供求平衡的省份由2008年的24个下滑至22个，供求平衡的比例占70.97%，而同时，供给不足的省份由4个增加到8个。2010年教育服务供给平衡进一步下滑，仅17个省份达到供求平衡，比例下挫到54.84%，供给不足和供给过多都有所增加。2011年供求平衡比例再次回弹到68%，而供给不足比例则下跌至不足7%，供给过多省份增加到8个。2012年供给过多的省份到达9个，占比29.03%，供求平衡省份的个数回到18个。

社会保障服务在2007年供求平衡的省份有24个，比例为77.42%，造成供求失衡的主要原因是供给不足，比例占到了12.9%。2008年，供给不足与供给过多比例同时出现提升，分别由2007年的12.9%、9.78%，增至19.35%、29.03%，供求失衡的主要原因逆转为供给过多。而到了2009年和2010年，供求平衡比例再次回升，达到了87%，供给不足和供给过多比例都有所下降，尤其是没有一个省份发生供给过多情况。但到了2011

[①] 出现供求平衡波动是否与中央政策有关值得专题研究。

年、2012年，供给过多情况再次发生，且比例增至32.26%、29.03%，成为社会保障服务失衡的主要原因。

公共医疗卫生服务在2007年供求平衡的省份仅15个，占到48.39%，供给不足和供给过度的省份个数各为8个。2008年、2009年的供给情况得到进一步改善，达到供求平衡的省份分别达到22个、21个，分别占比70.97%、67.74%，供求不足情况基本没有缓解，但供给过度的省份个数减少至1个和3个。而到了2010年，医疗卫生服务的供求平衡状态出现较大程度的恶化，重新回到2008年48.39%，但供给不足和供给过度却有明显的上升，供给不足的省份增至10个，占比32.26%，供给过度增至6个省份。2011年、2012年供给不足的情况得到改善，不足省份下降为2个，供求平衡和供给过多比重均有所提高。

交通运输服务在2007年，供求平衡的省份也仅为15个，占比48.39%，供给不足和供给过度均是造成供求平衡低下的主要原因。2008年、2009年交通运输服务的供给平衡水平得到提高，分别达到64.52%和77.42%，供给过多现象减少，供给不足成为供给不平衡的主要因素。但2010年、2011年、2012年交通运输服务的供给平衡水平变化不大，维持在64%—68%之间，而供给不足和供给过多也同时存在。

第三节 地方财政支出配置效率影响因素

一 变量选择和数据来源

影响地方政府公共商品供给行为因素可能有以下若干变量：首先是财政分权，财政分权是目前学者讨论最热烈的一个变量，分税制改革以来，中央和地方在事权和财权的划分逐渐清晰，同时中央对地方官员主要以GDP为政绩考量的指标，因此，地方政府的行为难免会出现异化，从而对地方政府对地方性公共商品的配置效率会产生影响。另外，现行的财政体制是一个鼓励投资的体制，地方政府必然会在生产性支出和福利性支出的配置上出现选择异化，因此，将财政分权作为影响财政配置效率的因素是必要的。

政府的收入水平反映了地方政府可用资源的丰裕程度，对地方政府的公共商品配置行为会产生影响。政府所在地的经济发展水平也会影响政府的配置行为，主要表现在对公共商品的结构、规模以及质量的要求不同，本书用财政负担率来衡量地方财政的收入状况。人口密度也会影响到政府的配置行为，人口密度不同，安全形势或公共交通等公共商品需求也往往不同。另外，对外开放度、市场化和城镇化水平通常也会影响到地方政府的公共商品配置行为。以上变量的定义见表2-5。

表2-5　　　　　　　　各外生解释变量的定义

变量名		含义	功能
decentralization	财政分权	省级财政支出/财政总支出	财政分权程度
fiscalburden	财政负担率	省级财政收入/GDP	地方政府可控的公共资源
density	人口密度（千人/平方公里）	总人口/辖区面积	人口密度
gdpch	实际人均GDP（万元）	价格平减后的GDP	经济发展水平
openness	对外开放度	进出口总额/GDP	对外联系
market	市场化率	第三产业/GDP	市场化程度
township	城镇化率	城镇人口/总人口	城镇化程度
publicemployee	公共部门雇员比例	公共管理和社会组织就业人数/总就业人数	公共部门从业人数的影响

GDP、财政总支出、省级财政支出、省级财政收入、进出口总额、城镇人口比重等数据均来源于《中国统计年鉴（2008—2013）》。由于地方进出口总额在统计年鉴上是以美元计价的，因此本文中的数据是根据当年美元与人民币的平均汇率，并采用2010年、2013年《中国统计年鉴》公布的货币汇率，折算为人民币计价。且各年的实际人均GDP是以2007年为基期，并利用居民消费价格指数（CPI）进行平减得到的。各变量数据见附表6。

二　实证模型设定及估计

根据前面的分析，实证模型可设定为：

$$y_{il} = \frac{\exp(\beta_0 + \beta_{1l}X_{1l} + \cdots + \beta_{kl}X_{ik})}{1 + \sum_{h=1}^{2} \exp(\beta_{0h} + \beta_{1h}X_{il} + \cdots + \beta_{kh}X_{ik})}, \ l = 0, 1, 2。$$

式中，y_{il} 为第 i 个地方政府选择第 l（=0，1，2）种供求匹配状态，即公共商品支出配置效率的概率，X 为外生解释变量向量。

（一）统计描述

为研究这 4 种公共商品的财政支出配置效率的影响因素，需要构建四个多选项 Logit 模型。首先对每一个待估计的模型解释变量进行统计描述。

表 2-6　　　　　　　　教育模型解释变量统计性描述

	变量	观测数（个）	均值	标准差	最小值	最大值
education＝0	decentralization	124	0.0263	0.0125	0.0049	0.0635
	fiscalburden	124	0.0979	0.0296	0.0574	0.1855
	density	124	0.4512	0.6506	0.0024	3.7546
	gdpch	124	3.0176	1.6435	0.9306	7.4465
	openness	124	0.3367	0.4147	0.0371	1.7228
	market	124	0.4019	0.0860	0.2862	0.7646
	township	124	0.5103	0.1481	0.2267	0.893
	publicemployee	124	0.1190	0.0536	0.0369	0.4657
	变量	观测数（个）	均值	标准差	最小值	最大值
education＝1	decentralization	29	0.0213	0.0124	0.0052	0.0568
	fiscalburden	29	0.0929	0.0332	0.0560	0.1674
	density	29	0.4069	0.7042	0.0023	3.6320
	gdpch	29	2.7206	1.8615	1.2022	7.9315
	openness	29	0.3013	0.4258	0.0396	1.4551
	market	29	0.4371	0.1124	0.2863	0.7553
	township	29	0.4857	0.1789	0.2150	0.8930
	publicemployee	29	0.1452	0.0945	0.0475	0.4296

续表

	变量	观测数（个）	均值	标准差	最小值	最大值
education=2	decentralization	33	0.0302	0.0150	0.0061	0.0614
	fiscalburden	33	0.0869	0.0149	0.0607	0.1199
	density	33	0.2980	0.2152	0.0023	0.7670
	gdpch	33	2.7978	1.1818	0.7666	5.0635
	openness	33	0.3113	0.3452	0.0357	1.1548
	market	33	0.3819	0.0473	0.3188	0.5548
	township	33	0.4869	0.1056	0.2190	0.6740
	publicemployee	33	0.1273	0.0557	0.0514	0.3821

表 2-7　　社会保障模型解释变量统计性描述

	变量	观测数（个）	均值	标准差	最小值	最大值
social=0	decentralization	125	0.0258	0.0123	0.0049	0.0635
	fiscalburden	125	0.0955	0.0272	0.0560	0.1855
	density	125	0.4113	0.6009	0.0023	3.7546
	gdpch	125	2.9266	1.5343	0.7666	7.4425
	openness	125	0.2849	0.3581	0.0357	1.5908
	market	125	0.3974	0.0753	0.2863	0.7607
	township	125	0.4984	0.1411	0.2190	0.8930
	publicemployee	125	0.1254	0.0624	0.0369	0.4657
	变量	观测数（个）	均值	标准差	最小值	最大值
social=1	decentralization	30	0.0253	0.0159	0.0049	0.0604
	fiscalburden	30	0.0943	0.0311	0.0590	0.1674
	density	30	0.4476	0.6911	0.0023	3.6320
	gdpch	30	2.9797	1.9434	1.0573	7.9315
	openness	30	0.3885	0.4484	0.0470	1.4551
	market	30	0.4282	0.1091	0.2862	0.7553
	township	30	0.5070	0.1735	0.2150	0.8930
	publicemployee	30	0.1301	0.0817	0.0475	0.4296

续表

	变量	观测数（个）	均值	标准差	最小值	最大值
social = 2	decentralization	31	0.0290	0.0139	0.0064	0.0603
	fiscalburden	31	0.0947	0.0312	0.0592	0.1854
	density	31	0.4108	0.5594	0.0077	2.9306
	gdpch	31	2.9096	1.5834	1.2618	7.4465
	openness	31	0.4350	0.5052	0.0371	1.7228
	market	31	0.4063	0.1021	0.3094	0.7646
	township	31	0.5134	0.1446	0.3489	0.8870
	publicemployee	31	0.1156	0.0360	0.0491	0.1893

表 2-8　医疗卫生模型解释变量统计性描述

	变量	观测数（个）	均值	标准差	最小值	最大值
health = 0	decentralization	116	0.0261	0.0119	0.0049	0.0635
	fiscalburden	116	0.0956	0.0278	0.0574	0.1854
	density	116	0.4050	0.5437	0.0023	3.7026
	gdpch	116	2.9312	1.5525	0.7666	7.4465
	openness	116	0.3106	0.3901	0.0371	1.6988
	market	116	0.3958	0.0843	0.2862	0.7646
	township	116	0.5055	0.1411	0.2190	0.8930
	publicemployee	116	0.1169	0.0420	0.0390	0.3821
health = 1	decentralization	37	0.0243	0.0141	0.0052	0.0604
	fiscalburden	37	0.0957	0.0308	0.0560	0.1674
	density	37	0.4009	0.6312	0.0023	3.6320
	gdpch	37	2.8032	1.7608	1.2022	7.9315
	openness	37	0.3214	0.4202	0.0396	1.4551
	market	37	0.4317	0.1018	0.2863	0.7553
	township	37	0.4927	0.1650	0.2150	0.8930
	publicemployee	37	0.1396	0.0861	0.0475	0.4296

续表

	变量	观测数（个）	均值	标准差	最小值	最大值
health = 2	decentralization	33	0.0287	0.0159	0.0057	0.0603
	fiscalburden	33	0.0934	0.0282	0.0607	0.1855
	density	33	0.4775	0.7820	0.0024	3.7546
	gdpch	33	3.0811	1.6452	1.2618	7.2675
	openness	33	0.3889	0.4353	0.0357	1.7228
	market	33	0.4007	0.0700	0.3094	0.6045
	township	33	0.5017	0.1479	0.2267	0.8930
	publicemployee	33	0.1345	0.0850	0.0369	0.4657

表2-9 交通运输模型解释变量统计性描述

	变量	观测数（个）	均值	标准差	最小值	最大值
transport = 0	decentralization	123	0.0260	0.0130	0.0049	0.0635
	fiscalburden	123	0.0959	0.0283	0.0574	0.1854
	density	123	0.4128	0.5806	0.0023	3.7026
	gdpch	123	2.9411	1.5854	0.7666	7.4465
	openness	123	0.3240	0.4091	0.0371	1.7228
	market	123	0.3983	0.0842	0.2862	0.7646
	township	123	0.5059	0.1417	0.2190	0.8930
	publicemployee	123	0.1192	0.0482	0.0390	0.3924
transport = 1	decentralization	30	0.0279	0.0145	0.0055	0.0604
	fiscalburden	30	0.0986	0.0317	0.0560	0.1674
	density	30	0.4990	0.6901	0.0023	3.6320
	gdpch	30	3.1954	1.9406	1.0433	7.9315
	openness	30	0.4019	0.4667	0.0402	1.4551
	market	30	0.4394	0.1080	0.2863	0.7553
	township	30	0.5189	0.1834	0.2150	0.8930
	publicemployee	30	0.1284	0.0846	0.0475	0.4296

续表

	变量	观测数（个）	均值	标准差	最小值	最大值
transport = 2	decentralization	33	0.0256	0.0127	0.0057	0.0603
	fiscalburden	33	0.0894	0.0250	0.0607	0.1855
	density	33	0.3587	0.6325	0.0024	3.7546
	gdpch	33	2.6604	1.3273	0.9306	7.2675
	openness	33	0.2679	0.3094	0.0357	1.3650
	market	33	0.3923	0.0648	0.3094	0.6045
	township	33	0.4738	0.1267	0.2267	0.8930
	publicemployee	33	0.1409	0.0821	0.0369	0.4657

（二）实证结果及解释

利用前面提到的对多项 Logit 模型的似乎不相关估计方法（SUR），对四大类公共商品的供求匹配方程进行回归，回归结果分别见表 2-10、表 2-11、表 2-12、表 2-13。

这里需要加以说明的是，在每一类回归方程中，多项选择 Logit 模型回归结果中包含两个子方程估计结果。这是因为多项选择 Logit 模型可以看成是在施加了概率和为 1 的约束下，其他选择类别与基准类别比较的"二值" Logit 模型估计的结果。本书选取 PMI = 0 为基准类别，因此在每个回归方程的回归结果中包含了两个子方程的回归结果，即 PMI = 1 VS PMI = 0 和 PMI = 2 VS PMI = 0。

可以预见，前面提到的可能影响政府公共商品配置的外生变量，在各类公共商品方程中的显著性是不同的。这里，本书采用 Wald 系数检验方法，来确定各方程中包含的外生解释变量的个数。具体方法是，首先，将以上所提到的变量都纳入模型当中进行估计。其次，对各个子方程中的解释变量系数的联合显著性进行检验，其统计量是自由度为方程个数的 Chi2 统计量，原假设 H0：解释变量的系数在两个子方程中同时等于 0。再次，根据 Wald 的检验结果，剔除各个方程中的不显著变量。最后，再利用似乎不相关方法进行估计。

表 2-10　教育服务支出偏好匹配指数方程的似乎不相关估计结果

education	Coef.	Std. Err.	z	P>|z|	Coef.	Std. Err.	z	P>|z|
	1				2			
decentralization	-17.6147	27.2086	-0.65	0.517	32.8269	22.7738	1.44	0.149
density	0.7147	0.5877	1.22	0.224	-1.9102	1.3227	-1.44	0.149
gdpch	-0.3557	0.4551	-0.78	0.435	0.0379	0.3970	0.1	0.924
market	14.7044	5.2617	2.79	0.005	-2.4158	5.9421	-0.41	0.684
fiscalburden	-29.8321	13.3267	-2.24	0.025	-17.3157	12.8782	-1.34	0.179
openness	-2.2282	1.6883	-1.32	0.187	0.8580	1.2698	0.68	0.499
township	4.7635	6.7202	0.71	0.478	2.3844	5.9223	0.4	0.687
publicemployee	-0.1301	7.5732	-0.02	0.986	6.4638	7.1513	0.9	0.366
_cons	-5.2656	3.5368	-1.49	0.137	-1.4479	3.2214	-0.45	0.653

education=0 is base outcome, Log likelihood =-145.65589, LR chi2 (16) = 31.16

Prob>chi2 = 0.0128, Pseudo R2 = 0.0966

从教育服务支出的偏好匹配指数方程估计结果来看, Log likelihood = -145.65589, LR chi2 (16) = 31.16, Prob > chi2 = 0.0128, 拒绝方程所有系数同时为 0 的原假设。在子方程 1 中, 仅有市场化率 (market) 和财政负担率 (fiscalburden) 分别通过了 1% 和 5% 的显著性检验, 在子方程 2 中, 反映政府财政分权程度的 decentralization、反映人口密集程度的 density、反映财政负担率的 fiscalburden、反映收入水平的 gdpch、反映开放程度的 openness、反映城镇化的 township 和反映政府雇员比例的 publicemployee 在两个子方程中都未通过显著性检验。因此, 相对于偏好匹配指数等于 0, 多项 Logit 模型估计结果可表述为以下方程:

$$\log(P(PMI=1)/P(PMI=0)) = b\_10 + b\_11 * market + b\_12 * fiscalburden$$

根据多项 Logit 模型的原理, 对估计结果可以这样解释: market 在子方程 1 的系数估计值为 14.7044, 意味着市场化程度越高的辖区, 地方政府提供的教育服务低于居民偏好的可能性越大, 具体来说, 市场化率每变动一个单位, P (PMI=1) /P (PMI=0) 的对数将会增加 14.7044。而 fiscalburden 变量每变动一个单位, 两个概率之比, 即 P (PMI=1) /P (PMI=

0)的对数将会减少29.8321。因此,可以这样理解:财政可控的公共资源越少,地方政府越可能在教育服务上配置失衡,不是供给不足,就是供给过度;财政可控的公共资源越多,地方政府越容易教育配置均衡。对于子方程2,由于所有的解释变量均不显著,由此没有外生解释变量对教育服务支出供应过度的配置有显著性影响。

表2-11 社会保障服务支出偏好匹配指数方程的似乎不相关估计结果

social	Coef.	Std. Err.	z	P>∣z∣	Coef.	Std. Err.	z	P>∣z∣
			1				2	
gdpch	-0.1819	0.2320	-0.78	0.433	-0.4660	0.2492	-1.87	0.061
market	5.7200	3.3241	1.72	0.085	-1.5475	3.9388	-0.39	0.694
fiscalburden	-18.5743	11.3958	-1.63	0.103	-5.7212	11.3788	-0.5	0.615
openness	1.1756	0.9845	1.19	0.232	2.6913	0.9344	2.88	0.004
_cons	-1.8763	1.1740	-1.6	0.11	0.1814	1.2578	0.14	0.885

social=0 is base outcome, Log likelihood=-152.10972, LR chi2(8)=15.70

Prob>chi2=0.0469, Pseudo R2=0.0491

社会保障服务支出的偏好匹配指数方程估计结果显示,Log likelihood=-152.10972,LR chi2(8)=15.70,Prob>chi2=0.0469,拒绝方程所有系数同时为0的原假设。在子方程1中,仅市场化率(market)通过了10%的显著性检验,财政负担率(fiscalburden)接近通过10%显著性检验。在子方程2中,仅人均收入水平(gdpch)和市场开放程度(openness)分别通过了10%和1%的显著性检验,其他变量都未通过显著性检验,予以剔除。

相对于偏好匹配指数等于0,多项Logit模型估计结果可表述为以下两个方程:

$\log(P(PMI=1)/P(PMI=0)) = b\_10 + b\_11 * market + b\_12 * fiscalburden$

$\log(P(PMI=2)/P(PMI=0)) = b\_20 + b\_21 * gdpch + b\_22 * openness$

各个变量对社会保障服务配置影响如下:market在子方程1的系数估计值为5.72,意味着市场化程度越高的辖区,地方政府提供的社会保障服务不足的可能性越高，具体来说，市场化率每变动一个单位，P (PMI = 1) /P (PMI = 0) 的对数将会增加 5.72。而 fiscalburden 在子方程 1 的系数估计值为 -18.5743，表示财政可控的公共资源越多，地方政府提供的社会保障服务不足的可能性越低，即财政负担率每变动一个单位，P (PMI = 1) /P (PMI = 0) 的对数将会减少 18.5743。子方程 2 中，gdpch 的系数估计值为 -0.466，表示人均收入水平每变动一个单位，P (PMI = 2) /P (PMI = 0) 的对数将减少 0.466，意味着经济发展水平越高，社会保障服务供给过度的可能性越小。openness 的系数估计值为 2.6913，表示对外开放程度每变动一个单位，P (PMI = 2) /P (PMI = 0) 的对数将增加 2.6913，意味着对外开放程度越高的辖区，社会保障服务供给过度的可能性越大。

表 2-12　医疗卫生服务支出偏好匹配指数方程的似乎不相关估计结果

health	Coef.	Std. Err.	z	P>|z|	Coef.	Std. Err.	z	P>|z|
	1				2			
decentralization	22.2481	23.0618	0.96	0.335	3.4117	21.7559	0.16	0.875
gdpch	-0.4767	0.3983	-1.2	0.231	0.2848	0.3873	0.74	0.462
market	10.0330	4.5496	2.21	0.027	-6.1043	5.2002	-1.17	0.24
fiscalburden	-10.3789	10.8388	-0.96	0.338	-5.0590	11.9806	-0.42	0.673
openness	-1.5404	1.3425	-1.15	0.251	1.8500	1.2209	1.52	0.13
township	7.5075	5.8571	1.28	0.2	-1.3127	6.1974	-0.21	0.832
publicemployee	9.1959	7.2403	1.27	0.204	12.7501	7.1210	1.79	0.073
_cons	-7.8986	3.2566	-2.43	0.015	-0.8552	3.2373	-0.26	0.792

health = 0 is base outcome, Log likelihood = -160.03775, LR chi2 (14) = 23.09

Prob>chi2 = 0.0588, Pseudo R2 = 0.0673

在公共医疗卫生服务支出偏好匹配指数方程的估计结果中，Log likelihood = -160.03775，LR chi2 (14) = 23.09，Prob>chi2 = 0.0588，这表明拒绝了所有方程系数同时等于 0 的原假设。财政分权 decentralization、人均收入水平 gdpch、财政负担率 fiscalburden、对外开放程度 openness 以及城镇化率 township 在两个子方程中都没有通过 10% 水平下的显著性检验，故而予以剔除。而市场化率 market 变量在子方程 1 通过了 5% 水平下的显著性检验。政府雇员比 publicemployee 变量在子方程 2 中通过了 10% 水平下的显著性检验。因此，相对于 PMI=0 的基准类别存在以下两个方程：

$$\log(P(PMI=1)/P(PMI=0)) = b\_10 + b\_11 * market$$
$$\log(P(PMI=2)/P(PMI=0)) = b\_20 + b\_21 * publicemployee$$

具体分析各个变量对公共医疗卫生服务配置的影响：市场化程度 market 在子方程 1 中的系数估计值为 10.033，即该变量每变动一个单位，P(PMI=1)/P(PMI=0) 的对数将会增加 10.033，意味着市场化程度越高，地方政府供给的医疗服务越可能低于辖区居民所偏好的医疗服务数量，出现供给不足的概率就越高。政府雇员比例 publicemployee 变量在子方程 2 中的系数估计值等于 12.7501，即该变量每变动一个单位，P(PMI=2)/P(PMI=0) 的对数将会增加 12.7501，意味着政府雇员的比例越高，地方政府提供的公共医疗卫生服务越倾向于供给过度。

表 2-13　　　交通运输支出偏好匹配指数方程的似乎不相关估计结果

transport	Coef.	Std. Err.	z	P>|z|	Coef.	Std. Err.	z	P>|z|
	1				2			
market	4.3192	1.9931	2.17	0.03	-1.0706	2.7161	-0.39	0.693
_cons	-3.2076	0.8700	-3.69	0	-0.8926	1.0864	-0.82	0.411

transport=0 is base outcome, Log likelihood =-160.0372, LR chi2 (2) = 5.26

Prob>chi2 =0.0719, Pseudo R2 = 0.0162

通过对可能影响交通运输支出配置的外生变量进行分析，将所反映政府财政分权程度的 decentralization、反映人口密集程度的 density、反映财政负担率的 fiscalburden、反映收入水平的 gdpch、反映市场化程度的 market、反映开放程度的 openness、反映城镇化的 township 和反映政府雇员比例的 publicemployee 的变量都纳入模型当中进行估计以及对各个子方程中的解释变量系数的联合显著性进行检验，得出交通运输公共商品支出偏好匹配指数方程的估计结果（见表 2-13），其中，Log likelihood=-160.0372，LR chi2 (2) = 5.26，Prob>chi2 = 0.0719，拒绝了所有方程系数同时等于 0 的原假设。方程中仅剩下市场化率 market 变量，表明除市场化程度外，其他所选变量对交通运输支出的配置行为没有显著影响。此外，市场化程度在子方程 1 中通过了 5% 水平下的显著性检验，但在子方程 2 中却未通过显著性检验。因此，相对于PMI=0的基准类别存在以下方程：

$\log(P(PMI=1)/P(PMI=0)) = b\_10 + b\_11 * market$

在此方程中，市场化率 market 的系数估计值等于 4.3192，即市场化率每变动一个单位，$P(PMI=1)/P(PMI=0)$ 的对数将会增加 4.3192，意味着市场化程度越高的辖区，交通运输的供给低于辖区居民偏好的概率越大，越可能出现供给不足的情形。但对于供给过度的辖区而言，市场化率的影响并不显著。

本章小结

财政支出配置效率是指财政支出满足辖区居民偏好，实现公共商品的供求均衡。在民主社会中，财政支出决策是公共选择的结果，在多数票制下，财政支出最终由中间投票人的偏好决定，因此，财政支出配置效率的评估路径就是估计中间投票人的财政支出偏好量（需求量），根据实际财政支出与公共需求量的匹配程度来评估财政支出配置效率。

估计公共商品的需求量的理论模型是借鉴了 Borcherding and Deacon (1972) 以及 Bergstom and Goodman (1973) 经典的估计公共商品需求量的"中间投票人"模型。实证估计了我国地方四种公共商品——教育、医疗卫生、社会保障和交通运输的需求量。并通过偏好匹配指数的引入来判断财政支出的配置效率。

本章对影响地方财政支出的财政支出配置效率的因素进行了实证研究。地方政府能否实现财政支出配置效率实际上取决于它的选择行为，因此，可以把地方财政支出配置效率的实现情况看成是地方政府的选择。为确定外生解释变量，本书采用多项选择 Logit 模型进行了实证研究。实证结果表明，决定地方财政支出配置效率的因素主要是地方政府所集中的公共资源的多寡以及市场化程度的高低。其他的诸如财政分权、地区经济发展水平、政府雇员比例以及对外开放程度等变量，也分别在特定公共商品方程中有显著的影响。

第三章 地方财政支出技术效率的评估研究

第一节 地方财政支出技术效率评估方法

地方财政支出技术效率，或称生产效率，是指在一定的投入情况下所能达到的最大产出，或者说在一定的产出情况下所能达到的最小投入。它反映的是地方财政的投入与产出的对比关系。Farrel（1957）是最早探讨现代效率衡量方法的学者，他采用构建生产边界方式来衡量技术效率和价格效率，以此提出了数学规划范式的衡量效率理论。到1978年，Charnes、Cooper 和 Rhodes（CCR）三位学者衡量了决策单位（Decision Making Unit，DMU）规模报酬不变（Constant Return to Scale，CRS）时多投入与多产出的效率得分，并将这种衡量方法命名为数据包络分析法（Data Envelopment Analysis，DEA）。之后至1984年，Banker、Charnes 和 Cooper（BCC）三位学者将规模报酬不变假设放松为可变规模报酬（Variable Returns to Scale，VRS），这使得DEA的评估方法日趋完善。

在财政实践中，对于地方政府部门而言，减少财政投入比实现公共商品的增加更为可控，所以，本章在评价财政支出效率时采用了投入导向型数据包络分析。下面首先介绍一下投入导向型的CCR-DEA与BCC-DEA两类模型，并将之作为评价地方财政支出效率的基础方法。

一 投入导向型 CCR-DEA 模型

理论上，各决策单位可随意选择权重系数，但在选择权重时必须满足一个约束条件，即任选的权重系数用于其他决策单位时所评估的效率值不能超过1。在此约束条件下，被评估的决策单位可任选权重系数，以使得评估的效率值达到最大，其线性规划算式可以表示如下：

$$\text{Max } \theta_i = \frac{\sum_{r=1}^{s} u_r Y_{rj}}{\sum_{i=1}^{m} v_i X_{ij}} \quad (1)$$

$$s.t. \quad \frac{\sum_{r=1}^{s} u_r Y_{rj}}{\sum_{i=1}^{m} v_i X_{ij}} \leq 1$$

$u_r, v_i \geq \varepsilon > 0, r = 1, \cdots, s, i = 1, \cdots, m, j = 1, \cdots, n$

式中：决策单位有 s 个产出项，m 个投入项，共有 n 个决策单位，θ_i 表示某个决策单位的效率得分。X_{ij} 为第 j 个决策单位在第 i 项的投入量；Y_{rj} 为第 j 个决策单位的第 r 项产出量。u_r 和 v_i 都大于 0，在实际求解过程中，令 $u_r, v_i \geq \varepsilon > 0$，$\varepsilon$ 为很小的正数，通常被设定为 10^{-6}，Charnes 等（1978）称它为非阿基米德数。

二 投入导向型 BCC-DEA 模型

投入导向型 BCC-DEA 模型比 CCR-DEA 模型多了一个变量 u_0，该变量代表的是规模报酬的类型，投入导向型 BCC-DEA 模型的线性规划算式如下：

$$\text{Max } \theta_i = \frac{\sum_{r=1}^{s} u_r Y_{rj} - u_0}{\sum_{i=1}^{m} v_i X_{ij}} \quad (2)$$

$$s.t. \quad \frac{\sum_{r=1}^{s} u_r Y_{rj} - u_0}{\sum_{i=1}^{m} v_i X_{ij}} \leq 1$$

$u_r, v_i \geq \varepsilon > 0, r = 1, \cdots, s, i = 1, \cdots, m, j = 1, \cdots, n$

由于投入导向型 CCR 模型和 BCC 模型的求解都属于线性规划，所以它们在求解时可能会出现无限多组解的情况，将其分母设限为 1 有助于求解，由此，式（2）又可用式（3）表示：

$$\text{令 } v_i = v_i/t, u_r = u_r/t, t^{-1} = \sum_{i=1}^{m} v_i X_{ij}, \text{ 则} \quad (3)$$

$$\text{Max } g_j = \sum_{i=1}^{s} u_r Y_{rj} - u_0$$

$$s.t. \ \sum_{i=1}^{m} v_i X_{ij} = 1$$

$$\sum_{i=1}^{s} u_r Y_{rj} - \sum_{i=1}^{m} v_i X_{ij} - u_0 \leq 0$$

$$u_r, \ v_i \geq \varepsilon > 0, r = 1, \cdots, s, i = 1, \cdots, m, j = 1, \cdots, n$$

由 u_0 可以看出规模报酬的类型：若 $u_0 = 0$，则表示规模报酬不变；$u_0 > 0$，表示规模报酬递减；$u_0 < 0$，表示规模报酬递增。为计算方便，式（3）又可以转变成对偶形式，见式（4）：

$$\text{Min } Z_j = \theta - \varepsilon \Big(\sum_{i=1}^{m} s_i^- + \sum_{r=1}^{s} s_r^+ \Big) \tag{4}$$

$$s.t. \ \sum_{j=1}^{n} \lambda_j X_{ij} - \theta X_{ij} + s_i^- = 0, \ i = 1, 2, \cdots, m$$

$$\sum_{j=1}^{n} \lambda_j Y_{rj} - s_r^+ = Y_{rj}, \ r = 1, 2, \cdots, s$$

$$\sum_{j=1}^{n} \lambda_j = 1$$

$$\lambda_j, s_i^-, s_r^+ \geq 0, r = 1, \cdots, s, i = 1, \cdots, m, j = 1, \cdots, n$$

可见，式（4）中的 BCC 模型比 CCR 模型增加了凸性约束条件：$\sum \lambda_j = 1$，它的作用在于可将待分析的数据"包络"得更紧密，而 S_i^+ 与 S_r^+ 为松弛变量。松弛变量分析（Slack Analysis）的使用对象是非效率的决策单位。若决策单位的评估结果是相对无效率，数据包络分析利用折线形式将各临界点连接起来形成一条效率"前沿"，并且以该效率前沿作为效率衡量的基础。通过对各产出和投入项松弛变量的分析，有助于了解各决策单位在目前的运营情形下，资源的使用状况以及可以改进的方向与大小。

BCC 模型衡量的是纯技术效率（Pure Technical Efficiency，PTE），CCR 模型衡量的是总技术效率（Technical Efficiency，TE），两者之比为规模效率（Scale Efficiency，SE）。即规模效率（SE）＝总技术效率（TE）／纯技术效率（PTE）。

因为 CCR 模型的假设是规模报酬不变，被评估的决策单位无论规模大小都采用了相同的衡量标准，所以很难全面反映各决策单位的差异，对应的 BCC 模型的假设为规模报酬变动，本研究结合了 CCR 与 BCC 两种模型来评估地方财政支出的总技术效率、纯技术效率与规模效率。

一般而言，根据数据包络分析（DEA）的基本原理，其使用的程序可用图 3-1 表示。

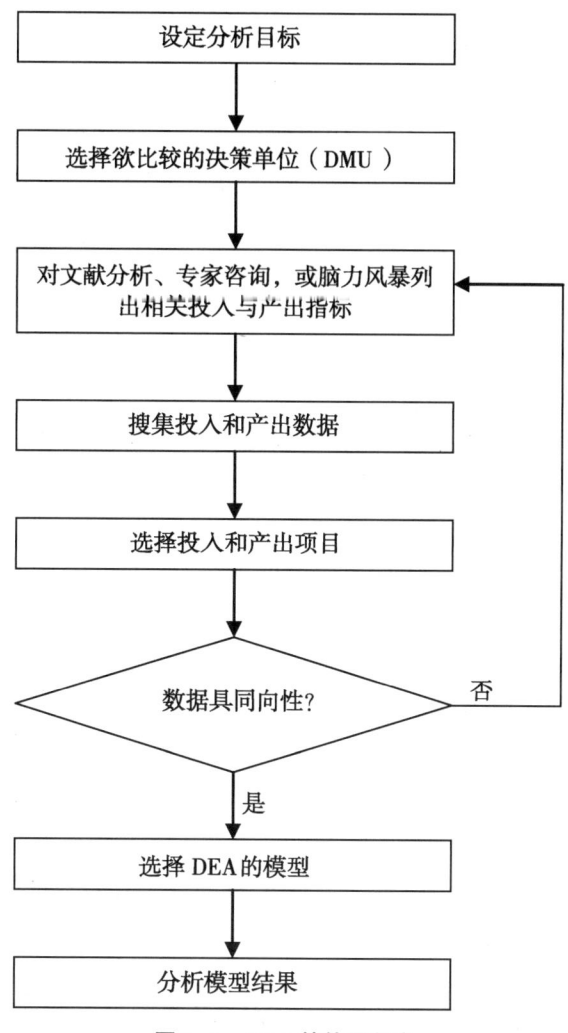

```
设定分析目标
   ↓
选择欲比较的决策单位（DMU）
   ↓
对文献分析、专家咨询，或脑力风暴列 ←──┐
出相关投入与产出指标                  │
   ↓                                │
搜集投入和产出数据                    │
   ↓                                │
选择投入和产出项目                    │
   ↓                                │
数据具同向性？ ──否──────────────────┘
   │是
   ↓
选择 DEA 的模型
   ↓
分析模型结果
```

图 3-1　DEA 的使用程序

三　三阶段 Bootstrapped DEA 方法

国内外利用 DEA 方法进行财政支出效率的评价大行其道[①]，但实际上

[①] 采用 DEA 方法评价财政支出效率的文献回顾，可参见王宝顺和刘京焕《中国地方公共卫生财政支出效率研究——基于 DEA-Malmquist 指数的实证分析》，《经济经纬》2011 年第 6 期。

运用 DEA 直接得到的财政支出效率值或得分（Score）受到来自三个方面的影响：第一，财政内部管理效率（比如预算效率，监督考核机制等等）；第二，地方财政支出所处的外部环境（如地域、发展水平等）；第三，运气、遗漏变量以及在回归模型中的随机冲击。第一个方面是内生的，后两个方面的影响是外生的。这就要求必须将剔除外部环境以及随机冲击因素的信息，纳入 DEA 的效率评价过程中，可惜的是目前绝大多数学者却没有认识到这一问题。

为解决该问题，Fried 等先后提出使用三阶段（Three-Stage）DEA 模型（Fried et al., 1999; Fried et al., 2002）来解决"过滤"环境特征因素的影响。该模型的基本思想其实很简单，即：在第一阶段，利用原始的投入和产出指标数据进行 DEA 效率评价；在第二阶段，对第一阶段得到的松弛变量进行 Tobit 或 SFA 回归分解；在第三阶段，重新计算调整后的 DEA。这样可以过滤掉环境因素对 DMU 的效率评价的影响。为解决效率评价中随机冲击的影响，Simar and Wilson（1998, 2000a）提出了基于 Bootstrapped DEA 方法[①]。因此三阶段的 Bootstrapped DEA 有望解决环境因素和随机冲击因素的影响。具体来讲，该方法的步骤是：

首先，计算三阶段 DEA 的效率得分[②]：

阶段一：利用原始的投入产出计算投入导向的 DEA[③]，得到各决策单位（DMU）的效率值 θ 和总松弛（射线与非射线松弛之和）s。

阶段二：松弛变量 s 分解。以 s 为被解释变量，环境变量为解释变量，构建 I 个 Tobit 模型：$s_{ik} = \alpha_i + \beta_i Z_{ik} + \mu_i$，$i = 1, 2, \cdots, I$，$k = 1, 2, \cdots, N$，其中，$I$ 为投入变量的个数，Z 为环境变量向量，α_i 为常数项，β_i 为待估参数，μ_i 为随机误差项。估计得到的松弛量拟合值 $\hat{s}_{ik}$ 对原始投入变量进行调整：$x_{ik}^A = x_{ik} + [\text{Max}_k\{\hat{s}_{ik}\} - \hat{s}_{ik}]$，通过调整过滤掉那些因为好的环境而得到高的效率得分，以便将所有 DMU 放在相同的最差的运营环境中加以分析。

阶段三：计算调整后的 DEA 效率值。利用对原始投入量调整后的投入和原始产出量重新计算 DEA，计算得到调整后的效率值 $\hat{\theta}$，对该效率值

[①] 详见 Simar and Wilson（1998, 2000a）两篇文章的阐述。

[②] 根据对规模报酬的不同假设，可以计算出规模报酬不变的效率得分 CRSTE 和规模报酬可变的效率得分 VRSTE，本文假定财政支出的规模报酬是变动的，因此这里的效率得分是 VRSTE 值。

[③] 选择投入导向（input-oriented）或产出导向（output-oriented）依研究目的而定，本文意在考察在一定产出情况下，财政资金的节省程度，因此选择了投入导向型的数据包络分析。

可以解释为：若 DMU 在最差外部环境下，依然能够达到有效率的运作水平，则投入至少存在 $(1-\hat{\theta})\%$ 的浪费。

其次，计算调整的 Bootstrapped DEA 的效率得分，其算法如下：

1. 利用三阶段 DEA 得到 $\hat{\theta}$，$\hat{\theta} = (\hat{\theta}_1, \hat{\theta}_2, \cdots, \hat{\theta}_n)$。

2. 利用又放回的重复抽样从 $(\hat{\theta}_1, \hat{\theta}_2, \cdots, \hat{\theta}_n)$ 得到样本 $(\theta_{B1}, \theta_{B2}, \cdots, \theta_{Bn})$。

3. 利用公式 $\tilde{\theta}_i^* = \{\theta_{Bi} + h\varepsilon_i^*$，如果 $\theta_{Bi} + h\varepsilon_i^* \geq 1$ 或 $2 - \theta_{Bi} - h\varepsilon_i^*$，如果 $\theta_{Bi} + h\varepsilon_i^* < 1\}$ 对抽取得到的样本进行平滑处理。h 为平滑参数或带宽，ε 为产生于标准正态分布的随机偏误。

4. 利用公式 $\theta_i^* = \bar{B} + \dfrac{\tilde{\theta}_i^* - \bar{B}}{(1 + h^2/\sigma_\theta^2)^{1/2}}$，对平滑的样本调整得到 θ^*，其中，$\bar{B} = (1/n)\sum\limits_{i=1}^{n}\theta_{Bi}$，$\sigma_\theta^2 = (1/n)\sum\limits_{i=1}^{n}(\hat{\theta}_i - \bar{\theta})^2$。

5. 利用 $\hat{\theta}_i/\theta_i^*$ 对投入进行调整。

6. 利用初始样本的产出数据和 Bootstrapped 调整后的投入数据计算 DEA 效率值 $\tilde{\theta}_k^*$。

7. 重复上述 2—6 步骤 B 次（B = 1000），每个 DMU 得到 B 个效率估计值 $\tilde{\theta}_k^*$。

8. 当得到期望的样本数后，可以初始效率值的偏误：$bias\hat{\theta}_k = B^{-1}\sum\limits_{b=1}^{B}\hat{\theta}_{kb}^* - \hat{\theta}_k$，从而得到纠偏的效率值 $\tilde{\theta}_k^* = \hat{\theta}_k - bias\hat{\theta}_k$（详见 Simar 和 Wilson，2000a）。

从而，三阶段 Boostrapped DEA 得到的效率值 $\tilde{\theta}_k^*$ 的解释是：在控制随机冲击的影响后，如果处于最差的外部环境下，每个 DMU 能够达到有效运作水平的话，则每个 DMU 至少存在 $(1 - \tilde{\theta}_k^*)\%$ 的投入浪费。

四 Malmquist 生产率指数分析

Farrell (1957) 提出的效率测度方法是在生产技术不改变的前提下，衡量生产者的产出投入距离生产边界的程度，并将所估出的生产效率指标作为评估厂商生产营运绩效的指标。但若加入"时间"因素，及考虑多期的模型，生产技术可能发生变动（即技术变动，也就是生产边界移动），即随着时间变动，所引起的生产边界的变动。以图 3-2 来说明，是指在 t 时期的生产边界 F^t 移动至 $t+1$ 时期的生产边界 F^{t+1} 时，所带来的相对效率评估结果的变动。

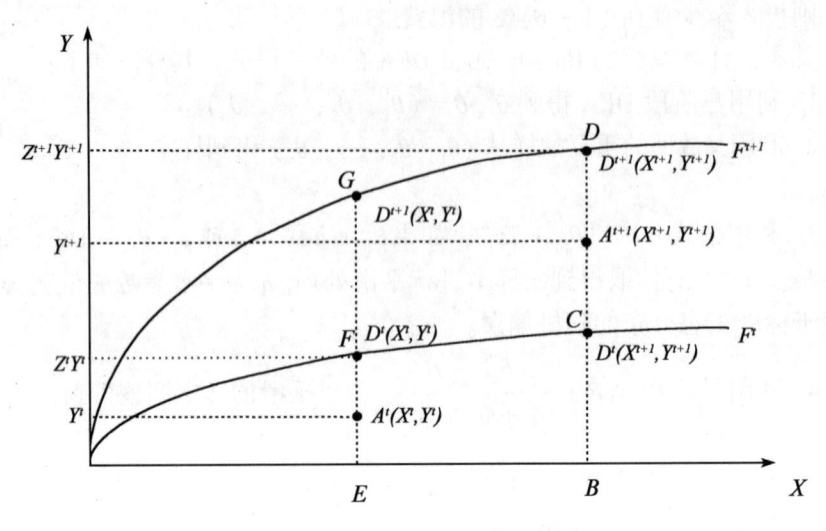

图 3-2　生产率指数衡量

而 Farc 等（1994）定义的 Malmquist 生产力指数（MPI）可解决生产边界随时间维度变动的问题。其将生产力分解为效率变动（Efficiency Change，EC）及技术变动（Technical Change，TC）两部分，详尽阐释了如何应用距离函数（distant function）来计算出 MPI 的主要两个成分，并以此来研究各企业生产力变动的原因。

Shephard（1970）定义了对任一投入产出向量 (x^t, y^t) 来说，其产出距离函数（Output Distant Function）表示如式（5）。

$$D_0^t(x^t, y^t) = \inf\left\{\theta : \left(x^t, \frac{y^t}{\theta}\right) \in T^t\right\}, \quad t = 1, 2, \cdots, T \tag{5}$$

产出距离函数（Output Distant Function）为在投入固定为 x^t 及既定生产技术下，产出的最大增加比率。Caves 等（1982）定义，Malmquist 投入导向生产力指数，其表示如式（6）与式（7）。

第 t 期

$$M_0^t = \frac{D_0^t(x^{t+1}, y^{t+1})}{D_0^t(x^t, y^t)} \tag{6}$$

第 $t+1$ 期

$$M_0^{t+1} = \frac{D_0^t(x^{t+1}, y^{t+1})}{D_0^{t+1}(x^t, y^t)} \tag{7}$$

式（6）以第 t 期技术水准为基础，计算了由第 t 期至第 $t+1$ 期间生产力的变动情形。式（7）是以第 $t+1$ 期技术水准为基础所计算生产力的情形。而第 t 期及第 $t+1$ 期之 Malmquist 投入导向生产力指数的几何平均数表示如式（8）：

$$M_0(x^{t+1}, y^{t+1}, x^t, y^t) = \left[\frac{D_0^{t+1}(x^{t+1}, y^{t+1} | CRS)}{D_0^{t+1}(x^t, y^t | CRS)} \frac{D_0^t(x^{t+1}, y^{t+1} | CRS)}{D_0^t(x^t, y^t | CRS)} \right]^{\frac{1}{2}} \quad (8)$$

该指数是假设固定规模报酬率下衡量，其涉及两个距离函数 $D_0^t(x^t, y^t)$ 和 $D_0^t(x^{t+1}, y^{t+1})$，也涉及两个跨期投入距离函数 $D_0^{t+1}(x^t, y^t)$ 和 $D_0^{t+1}(x^{t+1}, y^{t+1})$。若 $M_0(x^{t+1}, y^{t+1}, x^t, y^t) > 1$，表示被评估的 DMU 生产力有改善；若 $M_0(x^{t+1}, y^{t+1}, x^t, y^t) < 1$，表示被评估的 DMU 生产力衰减。

根据 Fare 等（1994），MPI 可分为效率变动（Efficiency Change，EC）及技术变动（Technical Change，TC）的乘积，故式（8）可改写为式（9）、式（10）、式（11）。

$$M_0(x^{t+1}, y^{t+1}, x^t, y^t) = \frac{D_0^{t+1}(x^{t+1}, y^{t+1} | CRS)}{D_0^t(x^t, y^t | CRS)} \left[\frac{D_0^{t+1}(x^{t+1}, y^{t+1} | CRS)}{D_0^{t+1}(x^t, y^t | CRS)} \cdot \frac{D_0^t(x^t, y^t | CRS)}{D_0^{t+1}(x^t, y^t | CRS)} \right]^{\frac{1}{2}} \quad (9)$$

$$\text{EC}(CRS) = \frac{D_0^{t+1}(x^{t+1}, y^{t+1} | CRS)}{D_0^t(x^t, y^t | CRS)} \quad (10)$$

$$\text{TC}(CRS) = \left[\frac{D_0^t(x^{t+1}, y^{t+1} | CRS)}{D_0^{t+1}(x^{t+1}, y^{t+1} | CRS)} \cdot \frac{D_0^t(x^t, y^t | CRS)}{D_0^{t+1}(x^t, y^t | CRS)} \right]^{\frac{1}{2}} \quad (11)$$

如果：EC（CRS）>1，代表效率改善；EC（CRS）<1，表示效率恶化，此效率变动可以判断产业管理方法的优劣与管理阶层决策。式（11）中括号的：第一项比率，为以 $t+1$ 期的投入产出所衡量的技术变动，第二项比率，为以 t 期的投入产出所衡量的技术变动。因此，可定义技术变动（TC）为这两项的几何平均数。若：TC（CRS）>1，则代表技术进步；TC（CRS）<1 则是代表技术退步。

Malmquist 生产力指数虽然是以固定规模报酬率来衡量，但若是假设以变动规模报酬来衡量，则式（10）的 EC（CRS）可以分解为两项乘积：纯技术效率（Pure Technical Efficiency Chang，PTEC（VRS）），而 VRS 与 CRS 之差异所形成的规模效率变动（Scale Efficiency Change，SEC），此两部分可定义为式（12）与式（13）。

$$\text{PTEC}(\text{VRS}) = \frac{D_0^{t+1}(x^{t+1}, y^{t+1} | VRS)}{D_0^t(x^t, y^t | VRS)} \tag{12}$$

$$= \frac{\dfrac{D_0^{t+1}(x^{t+1}, y^{t+1} | CRS)}{D_0^{t+1}(x^{t+1}, y^{t+1} | VRS)}}{\dfrac{D_0^t(x^t, y^t | CRS)}{D_0^t(x^t, y^t | VRS)}} \tag{13}$$

式（12）为变动规模报酬下两期效率之比，若：PTEC（VRS）>1，表示效率改善；PTEC（VRS）<1，表示效率恶化。式（13）中，若SEC>1，表示第 $t+1$ 期相对第 t 期而言，越来越接近固定规模报酬，或慢慢向长期最适规模靠近；若 SEC<1，则表示第 $t+1$ 期相对第 t 期而言，生产规模越偏离固定规模报酬率。综合以上各式，可将 Malmquist 生产力指数分解为纯技术效率（PTEC）、规模效率变动（SEC）、技术变动（TC）。

而生产力变动的情形，可分成技术效率变动与技术变动，假设财政支出为固定规模报酬，可将技术效率变动 $\Delta TEC^{t,t+1}$ 分成纯技术效率变动 $\Delta PTEC^{t,t+1}$ 与规模效率变动 $\Delta SEC^{t,t+1}$。

$$\Delta TEC^{t,t+1} = \Delta PTEC^{t,t+1} \times \Delta SEC^{t,t+1} \tag{14}$$

$$\Delta PTEC^{t,t+1} = \frac{D_0^{t+1}(x^{t+1}, y^{t+1} | VRS)}{D_0^{t+1}(x^t, y^t | VRS)} \tag{15}$$

由式（14）与式（15）可知 $TFPC^{t,t+1} = \Delta PTEC^{t,t+1} \times \Delta SEC^{t,t+1} \times TC^{t,t+1}$ 判别法则：

（1）纯技术效率变动（PTEC）：当其大于1，表示纯技术有改善；若是小于1则表示纯技术呈现衰退情况；

（2）规模效率变动（SEC）：越接近1，则表示本年比去年更接近固定规模报酬；

（3）技术变动（TC）：当其大于1，生产技术有改善；小于1则为生产技术衰退；

（4）生产力变动指数（MPI）：TFPC 大于1，其生产力有改善；小于1则生产力衰退。

第二节　地方财政投入产出的指标选择

评价财政支出技术效率的关键在于选择科学合理的财政投入产出指

标。本研究评估的对象是教育、医疗卫生、社会保障和交通运输四类财政支出的效率。财政投入指标较为容易确定，而这些公共服务的产出形式则是多样的，接下来本节对地方财政投入和产出的指标做一个简单辨析。

一 教育财政投入与产出

按公共商品的性质来看，教育属于准公共商品，理论上讲，它的成本弥补一般是由政府和市场共同承担。随着社会的发展，世界各国一般将初等教育和中等教育部分纳入政府的义务教育范畴，在高等教育、职业教育及特殊教育领域鼓励市场力量参与。我国是以社会主义公有制为主体的国家，国家，或者说政府，是教育的最主要的供给者，因此，本书将财政教育经费支出额作为财政教育投入指标。目前，统计资料上有两个概念：国家财政性教育经费和财政预算内教育经费。前者包括国家财政预算内教育经费，各级政府征收用于教育的税费，企业办学校教育经费，校办产业、勤工俭学和社会服务收入用于教育的经费。后者是指中央、地方各级财政或上级主管部门在年度内安排，并计划拨到教育部门和其他部门主办的各级各类学校、教育事业单位，列入国家预算支出科目的教育经费，包括教育事业拨款、科研经费拨款、基建拨款和其他经费拨款。这里采用地方财政财政性教育经费作为唯一的投入指标。

教育的产出表现形式是多种多样的，在本书研究中，教育产出的指标包括了本专科学生数、高等学校教职工情况、各级各类学校师生比、普通高中情况、普通初中情况、普通小学情况、特殊教育情况以及每十万人口各级学校平均在校生数作为产出，以这些指标为代表来综合反映教育产出情况。具体数据见附表7。

二 医疗卫生财政投入与产出

医疗卫生实际上包括两个不同的部分：医疗+公共卫生。前者主要是针对个人护理，因此医疗在属性上更倾向于私人商品；后者是针对公众的服务，因此属于公共商品的范畴。通常学者都是将这两者合并在一起看待，本书也遵循该做法。

一般来讲，一定时期的卫生的投入反映的是用于医疗卫生保健服务所消耗的资金量，它的测算是根据来源法，可分为政府预算卫生支出、社会卫生支出、个人现金卫生支出三部分。政府预算卫生支出指各级政府用于卫生事业的财政拨款。包括：卫生事业费、中医事业费、食品和药品监督管理费、计划生育事业费、医学科研经费、预算内基本建设经费、卫生行政和医疗保险管理费、政府其他部门卫生经费、行政事业单位医疗经费、基本医疗保险基金补助经费。社会卫生支出指政府预算外社会各界对卫生事业的资金投入。包括社会基本医疗保险费、社会其他保险医疗卫生费、商业性健康保险费、非卫生部门行政事业单位办医支出、企业医疗卫生支出、农村居民医疗保障经费、卫生预算外基本建设支出、私人办医初始投资、公共卫生机构预算外资金投入等。个人现金卫生支出指城乡居民用自己可支配的经济收入，在接受各类医疗卫生服务时支出的现金，包括城镇居民个人现金卫生支出和农村居民个人现金卫生支出。本研究将政府预算内卫生支出作为评价财政支出效率的投入指标。

医疗卫生活动的结果可以作为财政支出的产出形式。医疗卫生的产出形式是多种多样的，如卫生机构、卫生人员、农村与社区卫生、妇幼保健、疾病控制、死亡率下降等。但是要注意，在评价医疗卫生的财政支出效率时，却不能将它们都作为产出指标，以死亡率下降为例，人口死亡率受到多重因素的影响，政府介入只是众多因素中的一种。为较大程度避免统计噪音，借鉴以往学者的研究，本文仅将公共卫生机构数、卫生人员数和卫生机构床位数作为财政卫生投入对应的产出指标。其中，卫生机构是指从卫生行政部门取得"医疗机构执业许可证"，或从民政、工商行政、机构编制管理部门取得法人单位登记证书，为社会提供医疗保健、疾病控制、卫生监督服务或从事医学科研和教育等工作的单位。卫生机构包括医院、疗养院、社区卫生服务中心（站）、卫生院、门诊部、诊所（卫生所、医务室）、急救中心（站）、采供血机构、妇幼保健院（所、站）、专科疾病防治院（所、站）、疾病预防控制中心（防疫站）、卫生监督所、卫生监督检验（监测、检测）机构、医学科研机构、医学在职培训机构、健康教育所（站）等其他卫生机构。卫生人员是指在医疗、预防保健、医学科研和在职教育等卫生机构工作的职工，包括卫生技术人员、其他技术人员、管理人员和工勤人员。具体数据见附表8。

三 社会保障

我国社会保障的内容包括社会保险、社会救济、社会福利以及社会抚恤四个方面。社会保险是指以立法形式由国家、集体和个人共同筹集资金，以确保社会公民在遇到生老病死伤残和失业等风险时，获得基本生活需要和健康保障的一种社会保障制度。作为社会保障制度的核心，社会保险包括养老保险、失业保险、医疗保险、工伤保险、生育保险等。社会福利是指由政府出资兴办的、以低费用或免费形式向一部分需要特殊照顾的社会成员，提供货币或实物帮助和服务的一种社会保障制度。社会救济是指政府对收入在贫困线以下的公民和因自然灾害遭受损失或发生其他不幸事故而暂时生活处于困难中的公民，提供货币或实物帮助。社会抚恤是指对国家和社会有功劳的特殊群体给予补助和褒奖的一种制度。社会保险处于社会保障内的最核心地位，社会救济是最低层次的社会保障，社会福利是社会保障的最高纲领，社会抚恤起着安定特定阶层生活的作用。

从预算科目上看，中国的财政预算与社会保障有关的支出科目主要有三大类：一是抚恤和社会福利救济费，二是社会保障补助支出，三是社会保险基金支出。理论上讲，社会保障财政支出的产出应该包含这三个类支出的结果，但在地方财政的实际统计实践过程中，各个地区的统计口径和侧重点不同，因此本研究根据数据的可得性和可比性，将社会保险的产出作为社会保障产出的近似替代。具体数据见附表9。

附表9中，城镇职工基本养老保险参保人数包括职工人数和离退休人员数。前者是指报告期末按照国家法律、法规和有关政策规定，参加基本养老保险并在社保经办机构已建立缴费记录档案的职工人数，包括中断缴费但未终止养老保险关系的职工人数，不包括只登记未建立缴费记录档案的人数。后者是指报告期末参加基本养老保险的离休、退休和退职人员的人数。

基本医疗保险参保人数是指报告期末按国家有关规定参加基本医疗保险的人数。包括参加保险的职工人数和退休人员人数。

失业保险参保人数是指报告期末按照国家法律、法规和有关政策规定参加了失业保险的城镇企业事业单位的职工及地方政府规定参加失业保险的其他人员的人数。工伤保险参保人数是指报告期末依据国家有关规定参加工伤保险的职工人数。生育保险参保人数是指报告期末依据有关规定参加生育保险的职工人数。

四 交通运输

交通运输是国民经济的命脉，属于重大基础设施。因此政府必须介入并加以提供，交通运输的产出形式为公路、铁路、水路及航空运输里程和运输能力。鉴于数据的可得性，本研究主要考察的产出指标包括，货运量、客运量、货物周转量、旅客周转量、铁路里程和公路里程。货（客）运量指在一定时期内，各种运输工具实际运送的货物（旅客）数量。该指标是反映运输业为国民经济和人民生活服务的数量指标，也是制订和检查运输生产计划、研究运输发展规模和速度的重要指标。货运按吨计算，客运按人计算。货物不论运输距离长短、货物类别，均按实际重量统计。旅客不论行程远近或票价多少，均按一人一次客运量统计；半价票、小孩票也按一人统计。货物（旅客）周转量指在一定时期内，由各种运输工具运送的货物（旅客）数量与其相应运输距离的乘积之总和。该指标可以反映运输业生产的总成果，也是编制和检查运输生产计划，计算运输效率、劳动生产率以及核算运输单位成本的主要基础资料。计算货物周转量通常按发出站与到达站之间的最短距离，也就是计费距离计算。计算公式为：货物（旅客）周转量 = $\sum$（货物（旅客）运输量×运输距离）。具体数据见附表10。

第三节 实证研究及结果解释

第一节中已介绍了衡量财政支出技术效率的方法：三阶段 Bootstrapped DEA。根据该方法的原理，首先是"过滤"掉外生环境变量的影响，其次是控制随机因素的影响。根据以往学者的研究，本研究确定外生环境变量有财政分权（fis. dec），地域哑变量 D1（若东部则等于1，其他地区等于0），D2（若中部则等于1，其他地区等于0），经济发展水平变量用人均 GDP（gdpch）来表示，人口密度（density）。这些变量数据在上一章已经给出，这里不再赘述。本节实证结果由 DEAP 2.1，Stata 12 和 R 软件联合给出。

一 教育财政支出技术效率评估

（一）三阶段 Bootstrapped DEA 效率计算

1. 利用初始投入产出数据计算效率得分

利用投入导向型 BCC – DEA 模型，计算得到不变报酬技术效率（CRSTE），可变报酬技术效率（VRSTE），规模效率（Scale Efficiency），规模报酬类型（Return）。

2. 环境调整后 DEA 计算效率得分

以第一阶段 DEA 计算的教育投入松弛量为解释变量，以外生环境变量为解释变量构建 Tobit 模型，估计结果见表 3-1。

表 3-1　　　教育投入松弛量的面板 Tobit 模型回归结果

教育投入松弛量	系数估计值
decentralization	-9967724
	(-1.21)
d_1	2419666***
	(-5.12)
d_2	899051.7***
	(-2.82)
gdpch	-445462.6***
	(-4.86)
density	-434930.7***
	(-2.98)
常数项	1797008***
	(-5.2)
/sigma	616146.7
Log likelihood	-458.22492
Number of obs	186
LR chi2 (5)	71.33
Prob > chi2	0
Pseudo R^2	0.0722

注：***、**、*，分别表示在1%、5%、10%水平下拒绝原假设；括号内为t统计值。

由 Tobit 模型的估计结果可以看出，在所有外生环境变量中，地域因素（d_1、d_2）、经济发展水平因素——人均 GDP（gdpch）、人口密度（density）均通过了 1% 水平下的显著性检验，其系数估计值分别为 2419666、899051.7、-445462.6 和 -434930.7。表明处于东部（d_1）和中部（d_2）地区无助于减少投入松弛量；但经济发展水平越高，越有利于减少投入松弛量，提高教育效率；人口密度越小则也越有利于减少投入松弛量，提高教育效率。而备受学者关注的财政分权变量系数估计值 -9967724，有利于减少松弛量，但该变量在模型中却不显著。

3. 重新计算 DEA 效率得分

利用教育松弛量的拟合值对原始投入量进行调整，调整之后重新运用 DEA 计算教育财政支出效率，计算结果见表 3-2。

4. 控制随机因素的 Bootstrapped DEA

表 3-2　　　　2007—2012 年教育财政支出效率 DEA 计算结果

地区	年份	初始 DEA				环境调整后 DEA		Bootstrapped DEA		
		crste	vrste	scale	re	vrste	排名	偏差(bias)	纠偏估计值	排名
北　京	2007	0.829	1.000	0.829	drs	1.000	1	0.178	0.822	2
天　津	2007	1.000	1.000	1.000	—	1.000	1	0.184	0.816	14
河　北	2007	1.000	1.000	1.000	—	1.000	1	0.179	0.821	3
山　西	2007	0.993	1.000	0.993	drs	1.000	1	0.184	0.816	12
内蒙古	2007	0.696	0.698	0.997	drs	0.463	29	0.055	0.408	29
辽　宁	2007	0.644	0.811	0.794	drs	0.654	26	0.070	0.584	26
吉　林	2007	0.889	1.000	0.889	drs	0.910	24	0.097	0.813	18
黑龙江	2007	0.866	0.879	0.985	drs	0.586	28	0.061	0.524	28
上　海	2007	0.492	0.957	0.514	drs	0.833	25	0.103	0.729	25
江　苏	2007	0.568	1.000	0.568	drs	1.000	1	0.181	0.819	7
浙　江	2007	0.382	1.000	0.382	drs	1.000	1	0.182	0.818	9
安　徽	2007	1.000	1.000	1.000	—	1.000	1	0.180	0.820	6
福　建	2007	1.000	1.000	1.000	—	1.000	1	0.183	0.817	11
江　西	2007	1.000	1.000	1.000	—	1.000	1	0.187	0.813	19
山　东	2007	0.774	1.000	0.774	drs	1.000	1	0.185	0.815	15
河　南	2007	1.000	1.000	1.000	—	1.000	1	0.187	0.813	20
湖　北	2007	1.000	1.000	1.000	—	1.000	1	0.186	0.814	17
湖　南	2007	1.000	1.000	1.000	—	1.000	1	0.189	0.811	23
广　东	2007	0.571	1.000	0.571	drs	1.000	1	0.184	0.816	13
广　西	2007	0.901	1.000	0.901	drs	1.000	1	0.155	0.845	1
海　南	2007	1.000	1.000	1.000	—	1.000	1	0.182	0.818	8

续表

地区	年份	初始DEA				环境调整后DEA		Bootstrapped DEA		
		crste	vrste	scale	re	vrste	排名	偏差（bias）	纠偏估计值	排名
重庆	2007	0.916	1.000	0.916	drs	1.000	1	0.185	0.815	16
四川	2007	1.000	1.000	1.000	-	1.000	1	0.180	0.820	5
贵州	2007	1.000	1.000	1.000	-	1.000	1	0.183	0.817	10
云南	2007	0.972	1.000	0.972	drs	1.000	1	0.188	0.812	21
西藏	2007	1.000	1.000	1.000	-	0.177	31	0.020	0.157	31
陕西	2007	1.000	1.000	1.000	-	1.000	1	0.195	0.805	24
甘肃	2007	1.000	1.000	1.000	-	1.000	1	0.180	0.820	4
青海	2007	1.000	1.000	1.000	-	0.335	30	0.040	0.296	30
宁夏	2007	1.000	1.000	1.000	-	1.000	1	0.188	0.812	22
新疆	2007	0.778	0.907	0.858	drs	0.623	27	0.066	0.557	27
均值		0.880	0.976	0.901		0.890		0.152	0.737	
标准差		0.179	0.067	0.169		0.224		0.055	0.173	
北京	2008	0.874	1.000	0.874	drs	1.000	1	0.186	0.814	4
天津	2008	1.000	1.000	1.000	-	1.000	1	0.183	0.817	2
河北	2008	1.000	1.000	1.000	-	1.000	1	0.188	0.812	11
山西	2008	1.000	1.000	1.000	-	1.000	1	0.193	0.807	22
内蒙古	2008	0.687	0.704	0.976	drs	0.324	31	0.042	0.282	31
辽宁	2008	0.733	0.762	0.962	drs	0.588	26	0.073	0.514	26
吉林	2008	0.951	1.000	0.951	drs	0.647	25	0.084	0.564	25
黑龙江	2008	0.953	0.955	0.998	drs	0.575	27	0.074	0.501	27
上海	2008	0.534	0.631	0.845	drs	0.533	29	0.068	0.466	29
江苏	2008	0.661	1.000	0.661	drs	1.000	1	0.188	0.812	12
浙江	2008	0.500	1.000	0.500	drs	1.000	1	0.191	0.809	19
安徽	2008	1.000	1.000	1.000	-	1.000	1	0.186	0.814	5
福建	2008	1.000	1.000	1.000	-	1.000	1	0.194	0.806	23

续表

地区	年份	初始DEA				环境调整后DEA		偏差(bias)	纠偏估计值	排名
		crste	vrste	scale	re	vrste	排名			
江西	2008	1.000	1.000	1.000	-	1.000	1	0.186	0.814	6
山东	2008	0.791	1.000	0.791	drs	1.000	1	0.186	0.814	8
河南	2008	1.000	1.000	1.000	-	1.000	1	0.189	0.811	15
湖北	2008	1.000	1.000	1.000	-	1.000	1	0.189	0.811	16
湖南	2008	1.000	1.000	1.000	-	1.000	1	0.186	0.814	7
广东	2008	0.638	1.000	0.638	drs	1.000	1	0.182	0.818	1
广西	2008	0.939	1.000	0.939	drs	1.000	1	0.190	0.810	18
海南	2008	1.000	1.000	1.000	-	1.000	1	0.186	0.814	9
重庆	2008	1.000	1.000	1.000	-	1.000	1	0.190	0.810	17
四川	2008	1.000	1.000	1.000	-	1.000	1	0.193	0.807	21
贵州	2008	1.000	1.000	1.000	-	1.000	1	0.187	0.813	10
云南	2008	1.000	1.000	1.000	-	1.000	1	0.183	0.817	3
西藏	2008	1.000	1.000	1.000	-	0.360	30	0.048	0.313	30
陕西	2008	1.000	1.000	1.000	-	1.000	1	0.192	0.808	20
甘肃	2008	1.000	1.000	1.000	-	1.000	1	0.189	0.811	14
青海	2008	1.000	1.000	1.000	-	0.827	24	0.100	0.727	24
宁夏	2008	1.000	1.000	1.000	-	1.000	1	0.188	0.812	13
新疆	2008	0.817	0.969	0.844	drs	0.569	28	0.071	0.498	28
均值		0.906	0.968	0.935		0.885		0.158	0.727	
标准差		0.154	0.092	0.127		0.213		0.053	0.161	
北京	2009	0.902	1.000	0.902	drs	1.000	1	0.151	0.849	16
天津	2009	1.000	1.000	1.000	-	1.000	1	0.124	0.876	2
河北	2009	1.000	1.000	1.000	-	1.000	1	0.146	0.854	8
山西	2009	0.973	1.000	0.973	drs	1.000	1	0.149	0.851	14
内蒙古	2009	0.643	0.666	0.965	drs	0.301	31	0.028	0.273	31

续表

地区	年份	初始DEA				环境调整后DEA		Bootstrapped DEA		
		crste	vrste	scale	re	vrste	排名	偏差(bias)	纠偏估计值	排名
辽宁	2009	0.714	0.723	0.987	drs	0.539	30	0.049	0.489	30
吉林	2009	0.850	0.904	0.940	drs	0.570	29	0.052	0.518	29
黑龙江	2009	0.891	0.903	0.987	drs	0.600	28	0.051	0.548	28
上海	2009	0.588	0.858	0.685	drs	0.760	25	0.070	0.690	25
江苏	2009	0.632	1.000	0.632	drs	1.000	1	0.153	0.847	21
浙江	2009	0.516	1.000	0.516	drs	1.000	1	0.151	0.849	17
安徽	2009	1.000	1.000	1.000	-	1.000	1	0.156	0.844	23
福建	2009	1.000	1.000	1.000	-	1.000	1	0.153	0.847	19
江西	2009	1.000	1.000	1.000	-	1.000	1	0.146	0.854	7
山东	2009	0.797	1.000	0.797	drs	1.000	1	0.145	0.855	4
河南	2009	1.000	1.000	1.000	-	1.000	1	0.145	0.855	6
湖北	2009	1.000	1.000	1.000	-	1.000	1	0.147	0.853	11
湖南	2009	1.000	1.000	1.000	-	1.000	1	0.148	0.852	12
广东	2009	0.690	1.000	0.690	drs	1.000	1	0.149	0.851	13
广西	2009	0.916	1.000	0.916	drs	1.000	1	0.138	0.862	3
海南	2009	1.000	1.000	1.000	-	1.000	1	0.147	0.853	10
重庆	2009	1.000	1.000	1.000	-	1.000	1	0.146	0.854	9
四川	2009	0.890	1.000	0.890	drs	1.000	1	0.153	0.847	20
贵州	2009	1.000	1.000	1.000	-	1.000	1	0.145	0.855	5
云南	2009	0.938	1.000	0.938	drs	1.000	1	0.107	0.893	1
西藏	2009	1.000	1.000	1.000	-	0.737	26	0.067	0.670	26
陕西	2009	1.000	1.000	1.000	-	1.000	1	0.149	0.851	15
甘肃	2009	1.000	1.000	1.000	-	1.000	1	0.153	0.847	22
青海	2009	1.000	1.000	1.000	-	0.908	24	0.085	0.823	24
宁夏	2009	1.000	1.000	1.000	-	1.000	1	0.152	0.848	18

续表

地区	年份	初始DEA				环境调整后DEA		Bootstrapped DEA		
		crste	vrste	scale	re	vrste	排名	偏差(bias)	纠偏估计值	排名
新疆	2009	0.811	0.942	0.861	drs	0.645	27	0.064	0.582	27
均值		0.895	0.968	0.925		0.905		0.123	0.782	
标准差		0.147	0.081	0.128		0.185		0.041	0.148	
北京	2010	1.000	1.000	1.000	—	1.000	1	0.076	0.924	11
天津	2010	1.000	1.000	1.000	—	0.945	26	0.040	0.905	26
河北	2010	1.000	1.000	1.000	—	1.000	1	0.074	0.926	7
山西	2010	0.931	1.000	0.931	drs	1.000	1	0.072	0.928	6
内蒙古	2010	0.558	0.565	0.988	drs	0.524	31	0.021	0.503	31
辽宁	2010	0.853	0.855	0.998	irs	0.727	30	0.029	0.698	30
吉林	2010	0.934	1.000	0.934	drs	0.857	27	0.033	0.824	27
黑龙江	2010	1.000	1.000	1.000	—	0.761	29	0.030	0.731	29
上海	2010	0.707	1.000	0.707	drs	1.000	1	0.081	0.919	24
江苏	2010	0.634	1.000	0.634	drs	1.000	1	0.070	0.930	4
浙江	2010	0.577	1.000	0.577	drs	1.000	1	0.078	0.922	20
安徽	2010	1.000	1.000	1.000	—	1.000	1	0.072	0.928	5
福建	2010	1.000	1.000	1.000	—	1.000	1	0.078	0.922	17
江西	2010	1.000	1.000	1.000	—	1.000	1	0.076	0.924	12
山东	2010	0.768	1.000	0.768	drs	1.000	1	0.078	0.922	19
河南	2010	1.000	1.000	1.000	—	1.000	1	0.077	0.923	15
湖北	2010	1.000	1.000	1.000	—	1.000	1	0.076	0.924	14
湖南	2010	1.000	1.000	1.000	—	1.000	1	0.079	0.921	21
广东	2010	0.745	1.000	0.745	drs	1.000	1	0.074	0.926	8
广西	2010	0.836	1.000	0.836	drs	1.000	1	0.053	0.947	3
海南	2010	1.000	1.000	1.000	—	1.000	1	0.078	0.922	18
重庆	2010	1.000	1.000	1.000	—	1.000	1	0.082	0.918	25

续表

地区	年份	初始DEA				环境调整后DEA		Bootstrapped DEA		
		crste	vrste	scale	re	vrste	排名	偏差(bias)	纠偏估计值	排名
四川	2010	1.000	1.000	1.000	-	1.000	1	0.080	0.920	23
贵州	2010	1.000	1.000	1.000	-	1.000	1	0.075	0.925	9
云南	2010	0.849	1.000	0.849	drs	0.967	25	0.043	0.925	10
西藏	2010	1.000	1.000	1.000	-	1.000	1	0.050	0.950	2
陕西	2010	0.937	1.000	0.937	drs	1.000	1	0.078	0.922	16
甘肃	2010	1.000	1.000	1.000	-	1.000	1	0.080	0.920	22
青海	2010	1.000	1.000	1.000	-	0.996	24	0.037	0.959	1
宁夏	2010	1.000	1.000	1.000	-	1.000	1	0.076	0.924	13
新疆	2010	0.701	0.953	0.736	drs	0.797	28	0.033	0.764	28
均值		0.904	0.980	0.924		0.954		0.064	0.890	
标准差		0.142	0.082	0.125		0.109		0.020	0.095	
北京	2011	1.000	1.000	1.000	-	1.000	1	0.153	0.847	4
天津	2011	0.955	1.000	0.955	drs	0.900	24	0.086	0.814	23
河北	2011	1.000	1.000	1.000	-	1.000	1	0.154	0.846	8
山西	2011	0.953	1.000	0.953	drs	1.000	1	0.126	0.874	2
内蒙古	2011	0.631	0.632	0.998	irs	0.296	31	0.028	0.268	31
辽宁	2011	0.820	0.829	0.989	drs	0.562	29	0.053	0.509	29
吉林	2011	0.968	1.000	0.968	drs	0.815	25	0.076	0.739	25
黑龙江	2011	1.000	1.000	1.000	-	0.635	27	0.061	0.574	27
上海	2011	0.624	0.632	0.988	drs	0.500	30	0.044	0.455	30
江苏	2011	0.635	1.000	0.635	drs	1.000	1	0.156	0.844	16
浙江	2011	0.623	1.000	0.623	drs	1.000	1	0.153	0.847	6
安徽	2011	1.000	1.000	1.000	-	1.000	1	0.151	0.849	3
福建	2011	1.000	1.000	1.000	-	1.000	1	0.157	0.843	18
江西	2011	1.000	1.000	1.000	-	1.000	1	0.156	0.844	17

续表

地区	年份	初始DEA				环境调整后DEA		Bootstrapped DEA		
		crste	vrste	scale	re	vrste	排名	偏差(bias)	纠偏估计值	排名
山东	2011	0.766	1.000	0.766	drs	1.000	1	0.156	0.844	13
河南	2011	1.000	1.000	1.000	-	1.000	1	0.155	0.845	11
湖北	2011	1.000	1.000	1.000	-	1.000	1	0.156	0.844	15
湖南	2011	1.000	1.000	1.000	-	1.000	1	0.161	0.839	22
广东	2011	0.769	1.000	0.769	drs	1.000	1	0.156	0.844	14
广西	2011	0.987	1.000	0.987	drs	1.000	1	0.154	0.846	7
海南	2011	1.000	1.000	1.000	-	1.000	1	0.156	0.844	12
重庆	2011	1.000	1.000	1.000	-	1.000	1	0.155	0.845	10
四川	2011	1.000	1.000	1.000	-	1.000	1	0.159	0.841	20
贵州	2011	1.000	1.000	1.000	-	1.000	1	0.160	0.840	21
云南	2011	0.956	1.000	0.956	drs	0.908	23	0.097	0.811	24
西藏	2011	1.000	1.000	1.000	-	0.698	26	0.072	0.626	26
陕西	2011	0.872	1.000	0.872	drs	1.000	1	0.155	0.845	9
甘肃	2011	1.000	1.000	1.000	-	1.000	1	0.153	0.847	5
青海	2011	1.000	1.000	1.000	-	1.000	1	0.114	0.886	1
宁夏	2011	1.000	1.000	1.000	-	1.000	1	0.158	0.842	19
新疆	2011	0.707	0.898	0.787	drs	0.594	28	0.059	0.536	28
均值		0.912	0.967	0.943		0.900		0.127	0.773	
标准差		0.137	0.096	0.109		0.189		0.043	0.150	
北京	2012	1.000	1.000	1.000	-	1.000	1	0.058	0.942	6
天津	2012	0.886	1.000	0.886	drs	1.000	1	0.044	0.956	2
河北	2012	1.000	1.000	1.000	-	1.000	1	0.061	0.939	15
山西	2012	0.950	0.994	0.956	drs	0.963	26	0.034	0.929	26
内蒙古	2012	0.756	0.785	0.963	drs	0.662	30	0.019	0.642	30
辽宁	2012	0.920	0.920	1.000	-	0.859	28	0.023	0.836	28

续表

地区	年份	初始DEA				环境调整后DEA		Bootstrapped DEA		
		crste	vrste	scale	re	vrste	排名	偏差(bias)	纠偏估计值	排名
吉林	2012	0.925	1.000	0.925	drs	1.000	1	0.049	0.951	3
黑龙江	2012	1.000	1.000	1.000	-	1.000	1	0.042	0.958	1
上海	2012	0.666	0.683	0.975	drs	0.652	31	0.019	0.633	31
江苏	2012	0.762	1.000	0.762	drs	1.000	1	0.064	0.936	25
浙江	2012	0.748	0.890	0.840	drs	0.830	29	0.027	0.803	29
安徽	2012	1.000	1.000	1.000	-	1.000	1	0.063	0.937	20
福建	2012	1.000	1.000	1.000	-	1.000	1	0.057	0.943	4
江西	2012	1.000	1.000	1.000	-	1.000	1	0.060	0.940	11
山东	2012	0.862	1.000	0.862	drs	1.000	1	0.058	0.942	5
河南	2012	1.000	1.000	1.000	-	1.000	1	0.063	0.937	22
湖北	2012	1.000	1.000	1.000	-	1.000	1	0.061	0.939	14
湖南	2012	1.000	1.000	1.000	-	1.000	1	0.060	0.940	10
广东	2012	0.817	1.000	0.817	drs	1.000	1	0.064	0.936	24
广西	2012	0.989	1.000	0.989	drs	1.000	1	0.064	0.936	23
海南	2012	0.986	1.000	0.986	drs	1.000	1	0.063	0.937	21
重庆	2012	0.944	1.000	0.944	drs	1.000	1	0.062	0.938	19
四川	2012	1.000	1.000	1.000	-	1.000	1	0.061	0.939	13
贵州	2012	1.000	1.000	1.000	-	1.000	1	0.059	0.941	7
云南	2012	0.860	1.000	0.860	drs	1.000	1	0.060	0.940	8
西藏	2012	1.000	1.000	1.000	-	1.000	1	0.060	0.940	9
陕西	2012	0.941	1.000	0.941	drs	1.000	1	0.061	0.939	12
甘肃	2012	1.000	1.000	1.000	-	1.000	1	0.061	0.939	16
青海	2012	0.888	1.000	0.888	drs	1.000	1	0.062	0.938	18
宁夏	2012	1.000	1.000	1.000	-	1.000	1	0.061	0.939	17
新疆	2012	0.816	0.944	0.865	drs	0.927	27	0.028	0.900	27
均值		0.926	0.975	0.950		0.964		0.052	0.912	
标准差		0.096	0.070	0.068		0.092		0.015	0.633	

注：irs、drs、-分别表示规模报酬递增、规模报酬递减和规模报酬不变。

从表 3-2 可以得到以下几方面的信息：

第一，2007 年省级财政教育财政初始 DEA 效率平均值 0.976，经过环境调整之后，平均值下降为 0.89，而经过控制随机因素之后，平均值下降为 0.737，标准差也从 0.067 提升到 0.224 后，又降至 0.173。2008 年初始 DEA 效率平均值为 0.968，经过环境调整之后，平均值下降为 0.885，而经过控制随机因素之后，平均值进一步下降为 0.727，而标准差由 0.092 上升为 0.161。2009 年初始 DEA 效率平均值为 0.968，经过环境调整之后，平均值下降为 0.925，而经过控制随机因素之后，平均值下降为 0.782，而标准差由 0.081 上升为 0.148。2010 年初始 DEA 效率平均值为 0.98，经过环境调整后，平均值下降为 0.954，但经过控制随机因素后，平均值降为 0.890，而标准差也由 0.082 下降为 0.095。2011 年初始 DEA 效率平均值为 0.967，经过环境调整后，平均值下降为 0.9，但经过控制随机因素后，平均值降为 0.773，而标准差由 0.096 上升为 0.15。2012 年初始 DEA 效率平均值为 0.975，经过环境调整后，平均值下降为 0.964，但经过控制随机因素后，平均值降为 0.912，而标准差由 0.07 下降为 0.633。这表明环境因素的干扰和随机因素的干扰都会造成财政教育支出效率被高估，控制了环境因素和随机因素的干扰后，每年的财政支出效率会有所下降。总之，环境变量和随机因素对财政教育支出效率的影响是明显的。

第二，在保持当年产出一定的情况下，2007 年存在 26.3% 的投入浪费，2008 年存在 27.3% 的投入浪费，2009 年存在 21.8% 的投入浪费，2010 年存在 11% 的投入浪费，2011 年存在 22.7% 的投入浪费，2012 年存在 8.8% 的投入浪费。另外从规模报酬上看，绝大多数省份的教育支出处于规模报酬递减的状态，这表明增加财政支出不会大幅度提高教育的产出。从另一个角度也表明了我国地方教育支出供给的质量有待提高。

第三，2007 年技术效率处于前五名的是广西、北京、河北、甘肃和四川，2008 年技术效率处于前五名的是广东、天津、云南、北京和安徽，2009 年技术效率处于前五名的是云南、天津、广西、山东和贵州。2010 年技术效率处于前五名的是青海、西藏、广西、浙江和安徽。2011 年技术效率处于前五名的是青海、山西、安徽、北京和甘肃。2012 年技术效率处于前五名的是黑龙江、天津、吉林、福建和山东。

（二）效率变动的 Malmquist 指数分析

为反映教育财政支出技术效率及全要素生产力在 2008 年、2009 年、

2010年、2011年、2012年的变动情况,利用DEA计算出Malmquist指数,结果见表3-3。

表3-3　　　　　教育财政支出效率的Malmquist指数

年份	2008				
地区	effch	techch	pech	sech	tfpch
北京	1.038	0.744	1	1.038	0.772
天津	0.849	0.788	1	0.849	0.669
河北	1	0.768	1	1	0.768
山西	1.015	0.677	1	1.015	0.686
内蒙古	0.959	0.714	0.699	1.372	0.684
辽宁	1.013	0.809	0.899	1.126	0.819
吉林	0.993	0.753	0.712	1.396	0.748
黑龙江	1.007	0.785	0.982	1.025	0.79
上海	0.895	0.748	0.64	1.398	0.669
江苏	0.992	0.764	1	0.992	0.758
浙江	1.125	0.806	1	1.125	0.907
安徽	0.956	0.731	1	0.956	0.699
福建	1	0.803	1	1	0.803
江西	0.936	0.763	1	0.936	0.714
山东	0.934	0.79	1	0.934	0.738
河南	1	0.708	1	1	0.708
湖北	1	0.759	1	1	0.759
湖南	0.962	0.797	1	0.962	0.766
广东	1.148	0.707	1	1.148	0.811
广西	1.058	0.712	1	1.058	0.753
海南	1	0.721	1	1	0.721
重庆	0.987	0.751	1	0.987	0.742
四川	0.943	0.733	1	0.943	0.691
贵州	0.992	0.71	1	0.992	0.704

续表

年份	2008				
地区	effch	techch	pech	sech	tfpch
云南	1.052	0.713	1	1.052	0.749
西藏	1.068	0.664	2.038	0.524	0.71
陕西	0.993	0.753	1	0.993	0.748
甘肃	1.069	0.696	1	1.069	0.743
青海	1.143	0.709	2.468	0.463	0.81
宁夏	1.004	0.717	1	1.004	0.72
新疆	1.047	0.718	0.913	1.147	0.752
均值	1.004	0.741	1.008	0.995	0.744
年份	2009				
北京	0.875	1.024	1	0.875	0.895
天津	0.958	0.934	1	0.958	0.895
河北	1	0.774	1	1	0.774
山西	1.052	0.888	1	1.052	0.934
内蒙古	1.008	0.827	0.93	1.084	0.834
辽宁	0.995	0.943	0.916	1.086	0.938
吉林	0.947	0.966	0.88	1.076	0.915
黑龙江	1.007	0.922	1.043	0.966	0.928
上海	1.124	1.009	1.426	0.788	1.134
江苏	0.829	1.037	1	0.829	0.859
浙江	0.986	0.878	1	0.986	0.866
安徽	1.081	0.925	1	1.081	1
福建	1	0.795	1	1	0.795
江西	1.115	1.014	1	1.115	1.131
山东	0.97	0.905	1	0.97	0.877
河南	1	0.997	1	1	0.997
湖北	1	1.049	1	1	1.049

续表

年份	2009				
地区	effch	techch	pech	sech	tfpch
湖　南	1.2	0.815	1	1.2	0.978
广　东	0.918	0.923	1	0.918	0.847
广　西	0.98	0.951	1	0.98	0.931
海　南	1	0.847	1	1	0.847
重　庆	1.188	0.842	1	1.188	1
四　川	0.918	0.915	1	0.918	0.84
贵　州	1.003	0.964	1	1.003	0.966
云　南	0.901	0.984	1	0.901	0.887
西　藏	1.385	0.729	2.046	0.677	1.009
陕　西	0.927	0.93	1	0.927	0.861
甘　肃	1.01	0.872	1	1.01	0.88
青　海	1.314	0.767	1.097	1.197	1.008
宁　夏	1.297	0.79	1	1.297	1.024
新　疆	1.014	0.851	1.135	0.893	0.863
均　值	1.025	0.901	1.034	0.991	0.924
年份	2010				
北　京	1.058	0.729	1	1.058	0.771
天　津	1.33	0.439	0.945	1.409	0.584
河　北	1	0.557	1	1	0.557
山　西	1.093	0.461	1	1.093	0.504
内蒙古	1.715	0.35	1.739	0.986	0.599
辽　宁	1.363	0.565	1.35	1.009	0.77
吉　林	1.579	0.414	1.504	1.05	0.653
黑龙江	1.34	0.502	1.269	1.055	0.673
上　海	2.279	0.741	1.315	1.733	1.69
江　苏	1.237	0.536	1	1.237	0.663

续表

年份	2010				
地 区	effch	techch	pech	sech	tfpch
浙 江	1.45	0.465	1	1.45	0.674
安 徽	1	0.565	1	1	0.565
福 建	1	0.468	1	1	0.468
江 西	1	0.488	1	1	0.488
山 东	1.108	0.58	1	1.108	0.642
河 南	1	0.684	1	1	0.684
湖 北	1	0.541	1	1	0.541
湖 南	1	0.599	1	1	0.599
广 东	1.187	0.642	1	1.187	0.761
广 西	1.278	0.478	1	1.278	0.611
海 南	1	0.173	1	1	0.173
重 庆	1.656	0.399	1	1.656	0.66
四 川	1.173	0.627	1	1.173	0.736
贵 州	1.365	0.449	1	1.365	0.613
云 南	1.144	0.486	0.967	1.182	0.556
西 藏	3.333	0.149	1.356	2.457	0.496
陕 西	1.317	0.465	1	1.317	0.613
甘 肃	1.356	0.436	1	1.356	0.59
青 海	2.796	0.188	1.097	2.548	0.524
宁 夏	3.384	0.166	1	3.384	0.562
新 疆	1.532	0.373	1.236	1.24	0.572
均 值	1.36	0.442	1.077	1.263	0.602
年份	2011				
北 京	1.082	0.911	1	1.082	0.986
天 津	0.699	1.385	0.952	0.734	0.968
河 北	1	1.362	1	1	1.362

续表

年份	2011				
地区	effch	techch	pech	sech	tfpch
山西	0.905	1.304	1	0.905	1.18
内蒙古	0.573	1.837	0.565	1.014	1.053
辽宁	0.784	1.193	0.773	1.016	0.936
吉林	0.651	1.603	0.95	0.685	1.043
黑龙江	0.814	1.331	0.835	0.975	1.083
上海	0.376	0.88	0.5	0.752	0.331
江苏	0.812	1.181	1	0.812	0.959
浙江	0.779	1.492	1	0.779	1.162
安徽	1	1.037	1	1	1.037
福建	1	1.504	1	1	1.504
江西	0.963	1.215	1	0.963	1.171
山东	0.878	1.16	1	0.878	1.018
河南	1	0.995	1	1	0.995
湖北	1	1.164	1	1	1.164
湖南	1	1.25	1	1	1.25
广东	1.032	0.997	1	1.032	1.029
广西	0.819	1.282	1	0.819	1.05
海南	1	3.656	1	1	3.656
重庆	0.632	1.652	1	0.632	1.044
四川	1	0.989	1	1	0.989
贵州	0.814	1.307	1	0.814	1.063
云南	0.919	1.156	0.938	0.979	1.062
西藏	0.317	3.863	0.698	0.454	1.225
陕西	0.686	1.368	1	0.686	0.938
甘肃	0.794	1.373	1	0.794	1.09
青海	0.363	3.198	1.004	0.362	1.162

续表

年份	2011				
地 区	effch	techch	pech	sech	tfpch
宁 夏	0.305	3.712	1	0.305	1.134
新 疆	0.603	1.782	0.745	0.809	1.075
均 值	0.753	1.446	0.922	0.817	1.088
年份	2012				
北 京	1.187	1.011	1	1.187	1.199
天 津	1.527	0.817	1.111	1.373	1.247
河 北	1	0.447	1	1	0.447
山 西	1.036	0.561	0.963	1.075	0.581
内蒙古	2.188	0.519	2.233	0.98	1.135
辽 宁	1.532	0.658	1.529	1.002	1.008
吉 林	1.911	0.645	1.228	1.557	1.233
黑龙江	1.623	0.624	1.575	1.031	1.012
上 海	1.658	0.883	1.306	1.27	1.463
江 苏	0.981	0.629	1	0.981	0.617
浙 江	1.123	0.536	0.83	1.353	0.602
安 徽	1	0.54	1	1	0.54
福 建	1	0.563	1	1	0.563
江 西	1.038	0.522	1	1.038	0.542
山 东	0.961	0.482	1	0.961	0.463
河 南	1	0.427	1	1	0.427
湖 北	1	0.567	1	1	0.567
湖 南	1	0.508	1	1	0.508
广 东	0.841	0.492	1	0.841	0.414
广 西	1.476	0.503	1	1.476	0.742
海 南	1	0.424	1	1	0.424
重 庆	1.692	0.55	1	1.692	0.931

续表

年份	2012				
地区	effch	techch	pech	sech	tfpch
四川	1	0.6	1	1	0.6
贵州	1.229	0.539	1	1.229	0.663
云南	1.095	0.561	1.102	0.994	0.615
西藏	3.618	0.882	1.432	2.526	3.19
陕西	1.489	0.597	1	1.489	0.889
甘肃	1.301	0.714	1	1.301	0.929
青海	3.034	0.734	1	3.034	2.226
宁夏	3.665	0.593	1	3.665	2.175
新疆	1.844	0.546	1.561	1.181	1.008
均值	1.362	0.589	1.099	1.239	0.802

注：所有 Malmquist 指数平均值均为算术平均值，下同。

从表 3-3 中可以看出，2008 年的地方财政教育支出效率平均值为 1.004，表明较 2007 年效率提高了 0.4%，虽然规模效率为 0.995 表示有所下降，但纯技术效率为 1.008 表示有所提高。以此类推，2009 年较 2008 年提高了 2.5%，原因是纯技术效率提高，而规模效率下降。2010 年较 2009 年提高了 36%，原因是纯技术效率和规模效率都有明显提高。2011 年由于纯技术效率和规模效率的双下降，其效率平均值较 2010 年下降了 24.7%。2012 年又由于纯技术效率和规模效率的双提升，其全均值较 2011 年提高了 36.2%。2008 年财政支出的全要素生产力为 0.744，表明较之 2007 年下降，主要因为生产技术的大幅下降。2009 年的全要素生产力为 0.924，相较于 2008 年仍有所下降，也是因为生产技术的下降。2010 年的全要素生产力下降幅度较大，达到 0.602，是生产技术大幅下降的结果。2011 年的全要素生产力为 1.088，较之 2010 年有所上升，主要是因为生产技术有了大幅度的提高。2012 年的全要素生产力再次大幅下降，也是因为生产技术仅为 0.589。

二 医疗卫生财政支出效率评估

（一）三阶段 Bootstrapped DEA 效率计算

1. 利用初始投入产出数据计算效率得分

利用投入导向型 BCC-DEA 模型，计算得到不变报酬技术效率

（CRSTE）、可变报酬技术效率（VRSTE）、规模效率（Scale Efficiency）、规模报酬类型（Return）。

2. 环境调整后 DEA 计算效率得分

以第一阶段 DEA 计算的医疗卫生投入松弛量为解释变量，以外生环境变量为解释变量构建 Tobit 模型，估计结果见表 3-4。

表 3-4　　医疗卫生投入松弛量的面板 Tobit 模型回归结果

医疗卫生投入松弛量	系数估计值
decentralization	−2947323
	(−1.46)
d_1	86875.23
	(1.2)
d_2	41037.47
	(0.63)
gdpch	−66171.96***
	(−2.8)
density	−76420.67
	(−1.39)
常数项	9102.221
	(0.13)
/sigma	308481.8
Log likelihood	−2091.808
Number of obs	186
LR chi2 (5)	33.2
Prob > chi2	0
Pseudo R^2	0.0079

注：***、**、*，分别表示在1%、5%、10%水平下拒绝原假设；括号内为 t 统计值。

由 Tobit 模型的估计结果可以看出，在所有外生环境变量中，仅有经济发展水平因素-人均 GDP（gdpch）通过1%水平下的显著性检验，其系数估计值为−66171.96，表明经济发展水平越高，有利于减少投入松弛量，

第三章 地方财政支出技术效率的评估研究

从而有利于提高医疗卫生效率。备受学者关注的财政分权变量系数估计值为负数,有利于减少松弛量,但该变量在模型中却不显著。

3. 重新计算 DEA 效率得分

利用医疗卫生松弛量的拟合值对原始投入量进行调整,调整之后重新运用 DEA 计算医疗卫生财政支出效率,计算结果见表 3-5。

4. 控制随机因素的 Bootstrapped DEA

表 3-5 2007—2012 年医疗卫生财政支出效率 DEA 计算结果

地区	年份	初始 DEA				环境调整后 DEA		Bootstrapped DEA		
		crste	vrste	scale	re	vrste	排名	偏差(bias)	纠偏估计值	排名
北京	2007	0.225	0.330	0.683	irs	0.446	31	0.040	0.406	31
天津	2007	1.000	1.000	1.000	irs	1.000	1	0.175	0.825	5
河北	2007	1.000	1.000	1.000	drs	1.000	1	0.179	0.821	7
山西	2007	0.846	0.859	0.986	irs	0.871	14	0.097	0.773	14
内蒙古	2007	0.884	1.000	0.884	irs	1.000	1	0.181	0.819	9
辽宁	2007	1.000	1.000	1.000	drs	0.940	11	0.107	0.833	2
吉林	2007	0.989	1.000	0.989	-	0.879	13	0.062	0.817	11
黑龙江	2007	0.873	0.963	0.907	irs	0.985	10	0.121	0.864	1
上海	2007	0.761	1.000	0.761	irs	1.000	1	0.180	0.820	8
江苏	2007	0.515	0.640	0.806	drs	0.820	15	0.100	0.720	16
浙江	2007	0.918	1.000	0.918	drs	1.000	1	0.174	0.826	3
安徽	2007	0.482	0.495	0.974	irs	0.747	19	0.060	0.687	19
福建	2007	0.521	0.595	0.874	irs	0.648	27	0.056	0.592	27
江西	2007	0.629	0.670	0.938	irs	0.775	17	0.060	0.715	17
山东	2007	1.000	1.000	1.000	drs	1.000	1	0.175	0.825	4
河南	2007	0.799	1.000	0.799	-	1.000	1	0.177	0.823	6
湖北	2007	0.774	0.803	0.964	drs	0.882	12	0.071	0.811	13
湖南	2007	0.596	0.622	0.958	-	0.818	16	0.077	0.740	15
广东	2007	0.799	1.000	0.799	drs	1.000	1	0.181	0.819	10

续表

地区	年份	初始 DEA				环境调整后 DEA		Bootstrapped DEA		
		crste	vrste	scale	re	vrste	排名	偏差(bias)	纠偏估计值	排名
广 西	2007	0.467	0.508	0.919	drs	0.675	23	0.056	0.619	23
海 南	2007	0.963	1.000	0.963	irs	0.749	18	0.062	0.687	20
重 庆	2007	0.464	0.473	0.981	irs	0.691	22	0.049	0.642	22
四 川	2007	0.617	1.000	0.617	drs	1.000	1	0.184	0.816	12
贵 州	2007	0.335	0.379	0.884	irs	0.608	28	0.055	0.554	28
云 南	2007	0.413	0.419	0.986	irs	0.661	25	0.054	0.607	26
西 藏	2007	0.191	0.345	0.553	irs	0.473	30	0.042	0.431	30
陕 西	2007	0.460	0.471	0.976	irs	0.661	25	0.045	0.616	25
甘 肃	2007	0.624	0.672	0.928	drs	0.729	20	0.042	0.687	18
青 海	2007	0.700	0.846	0.827	irs	0.663	24	0.046	0.617	24
宁 夏	2007	0.607	1.000	0.607	irs	0.603	29	0.058	0.545	29
新 疆	2007	0.618	0.642	0.962	irs	0.706	21	0.047	0.660	21
均值		0.680	0.766	0.885		0.807		0.097	0.710	
标准差		0.237	0.246	0.127		0.170		0.056	0.124	
北 京	2008	0.218	0.255	0.854	irs	0.428	31	0.044	0.385	31
天 津	2008	0.463	0.878	0.528	irs	0.486	28	0.070	0.416	29
河 北	2008	1.000	1.000	1.000	drs	1.000	1	0.204	0.796	1
山 西	2008	0.680	0.701	0.969	irs	0.759	12	0.105	0.654	11
内蒙古	2008	0.823	1.000	0.823	irs	1.000	1	0.228	0.772	4
辽 宁	2008	0.724	0.728	0.995	-	0.785	10	0.128	0.657	10
吉 林	2008	0.771	0.784	0.983	irs	0.792	9	0.094	0.699	9
黑龙江	2008	0.651	0.736	0.885	irs	0.888	7	0.156	0.733	8
上 海	2008	1.000	1.000	1.000	irs	1.000	1	0.228	0.772	3
江 苏	2008	0.228	0.236	0.966	drs	0.457	30	0.068	0.388	30
浙 江	2008	0.512	0.520	0.984	drs	0.704	15	0.099	0.604	16

第三章 地方财政支出技术效率的评估研究

续表

地区	年份	初始DEA				环境调整后DEA		Bootstrapped DEA		
		crste	vrste	scale	re	vrste	排名	偏差(bias)	纠偏估计值	排名
安徽	2008	0.485	0.513	0.945	irs	0.760	11	0.127	0.633	14
福建	2008	0.275	0.346	0.793	irs	0.479	29	0.059	0.420	28
江西	2008	0.530	0.557	0.951	irs	0.717	13	0.076	0.641	13
山东	2008	1.000	1.000	1.000	-	1.000	1	0.232	0.768	5
河南	2008	0.778	1.000	0.778	drs	1.000	1	0.233	0.767	6
湖北	2008	0.676	0.690	0.979	drs	0.825	8	0.089	0.736	7
湖南	2008	0.452	0.474	0.953	-	0.694	17	0.097	0.596	18
广东	2008	0.633	1.000	0.633	drs	1.000	1	0.224	0.776	2
广西	2008	0.320	0.355	0.902	irs	0.561	24	0.064	0.496	24
海南	2008	0.474	1.000	0.474	irs	0.582	22	0.075	0.507	22
重庆	2008	0.314	0.397	0.791	irs	0.560	25	0.073	0.487	25
四川	2008	0.289	0.370	0.783	drs	0.575	23	0.105	0.470	26
贵州	2008	0.353	0.388	0.911	irs	0.610	20	0.053	0.557	20
云南	2008	0.458	0.463	0.989	irs	0.697	16	0.079	0.618	15
西藏	2008	0.425	0.439	0.968	irs	0.602	21	0.057	0.545	21
陕西	2008	0.332	0.361	0.920	irs	0.553	26	0.054	0.500	23
甘肃	2008	0.496	0.501	0.990	irs	0.660	18	0.059	0.600	17
青海	2008	0.975	1.000	0.975	irs	0.652	19	0.067	0.584	19
宁夏	2008	0.534	1.000	0.534	irs	0.521	27	0.069	0.452	27
新疆	2008	0.642	0.646	0.994	irs	0.706	14	0.064	0.642	12
均值		0.565	0.656	0.879		0.711		0.109	0.602	
标准差		0.235	0.269	0.151		0.181		0.063	0.127	
北京	2009	0.497	0.502	0.991	irs	0.611	29	0.040	0.571	30
天津	2009	1.000	1.000	1.000	irs	0.871	22	0.057	0.814	22
河北	2009	0.735	0.841	0.874	-	0.914	21	0.056	0.857	21

续表

地区	年份	初始DEA				环境调整后DEA		Bootstrapped DEA		
		crste	vrste	scale	re	vrste	排名	偏差(bias)	纠偏估计值	排名
山西	2009	0.908	0.953	0.952	irs	0.994	19	0.047	0.947	1
内蒙古	2009	1.000	1.000	1.000	irs	1.000	1	0.113	0.887	15
辽宁	2009	1.000	1.000	1.000	irs	1.000	1	0.080	0.920	6
吉林	2009	1.000	1.000	1.000	irs	1.000	1	0.094	0.906	11
黑龙江	2009	0.851	0.982	0.866	irs	1.000	1	0.076	0.924	5
上海	2009	0.993	1.000	0.993	irs	1.000	1	0.111	0.889	14
江苏	2009	0.635	0.635	1.000	irs	0.702	28	0.040	0.663	28
浙江	2009	0.531	0.533	0.997	irs	0.605	30	0.039	0.566	31
安徽	2009	0.944	0.945	0.999	irs	1.000	1	0.066	0.934	3
福建	2009	0.445	0.459	0.969	irs	0.605	30	0.034	0.572	29
江西	2009	0.685	0.687	0.997	irs	0.805	25	0.046	0.759	25
山东	2009	1.000	1.000	1.000	–	1.000	1	0.122	0.878	19
河南	2009	0.870	1.000	0.870	drs	1.000	1	0.119	0.881	17
湖北	2009	1.000	1.000	1.000	irs	1.000	1	0.103	0.897	13
湖南	2009	1.000	1.000	1.000	irs	1.000	1	0.092	0.908	9
广东	2009	1.000	1.000	1.000	irs	1.000	1	0.119	0.881	18
广西	2009	1.000	1.000	1.000	irs	1.000	1	0.065	0.935	2
海南	2009	0.856	1.000	0.856	irs	1.000	1	0.091	0.909	8
重庆	2009	1.000	1.000	1.000	irs	1.000	1	0.096	0.904	12
四川	2009	0.810	1.000	0.810	irs	1.000	1	0.117	0.883	16
贵州	2009	0.509	0.534	0.954	irs	0.718	27	0.040	0.678	27
云南	2009	0.551	0.625	0.881	irs	0.728	26	0.049	0.680	26
西藏	2009	0.422	0.567	0.744	irs	0.813	24	0.037	0.775	24
陕西	2009	0.763	0.763	1.000	irs	0.855	23	0.043	0.812	23
甘肃	2009	0.910	0.938	0.970	irs	0.995	18	0.061	0.934	4

续表

地区	年份	初始DEA				环境调整后DEA		Bootstrapped DEA		
		crste	vrste	scale	re	vrste	排名	偏差(bias)	纠偏估计值	排名
青海	2009	0.690	0.811	0.851	irs	0.923	20	0.057	0.865	20
宁夏	2009	1.000	1.000	1.000	irs	1.000	1	0.092	0.908	10
新疆	2009	1.000	1.000	1.000	irs	1.000	1	0.089	0.911	7
均值		0.826	0.864	0.954		0.908		0.074	0.834	
标准差		0.199	0.190	0.071		0.137		0.029	0.117	
北京	2010	0.492	0.563	0.873	irs	0.664	29	0.030	0.634	29
天津	2010	1.000	1.000	1.000	irs	0.775	27	0.042	0.733	27
河北	2010	0.844	0.910	0.928	drs	0.906	19	0.058	0.848	21
山西	2010	0.727	0.727	1.000	-	0.813	24	0.037	0.776	24
内蒙古	2010	1.000	1.000	1.000	irs	1.000	1	0.098	0.902	11
辽宁	2010	0.819	0.891	0.919	irs	0.842	23	0.049	0.793	23
吉林	2010	0.880	0.909	0.967	irs	0.938	18	0.044	0.894	18
黑龙江	2010	0.673	0.693	0.971	irs	0.810	25	0.044	0.766	25
上海	2010	1.000	1.000	1.000	irs	1.000	1	0.100	0.900	12
江苏	2010	0.573	0.610	0.939	irs	0.662	30	0.040	0.622	30
浙江	2010	0.628	0.729	0.862	irs	0.735	28	0.038	0.697	28
安徽	2010	1.000	1.000	1.000	irs	1.000	1	0.096	0.904	10
福建	2010	0.517	0.520	0.993	irs	0.639	31	0.031	0.608	31
江西	2010	0.843	0.850	0.991	irs	0.904	20	0.047	0.857	19
山东	2010	0.843	1.000	0.843	-	1.000	1	0.101	0.899	13
河南	2010	0.989	1.000	0.989	drs	1.000	1	0.104	0.896	15
湖北	2010	0.968	1.000	0.968	irs	1.000	1	0.061	0.939	4
湖南	2010	0.955	1.000	0.955	drs	0.995	14	0.055	0.940	3
广东	2010	0.879	1.000	0.879	irs	1.000	1	0.104	0.896	16
广西	2010	0.966	0.969	0.996	irs	0.990	15	0.042	0.949	1

续表

地区	年份	初始 DEA				环境调整后 DEA		Bootstrapped DEA		
		crste	vrste	scale	re	vrste	排名	偏差(bias)	纠偏估计值	排名
海 南	2010	1.000	1.000	1.000	irs	1.000	1	0.087	0.913	8
重 庆	2010	1.000	1.000	1.000	irs	1.000	1	0.071	0.929	6
四 川	2010	0.918	1.000	0.918	drs	1.000	1	0.106	0.894	17
贵 州	2010	0.748	0.790	0.947	irs	0.898	21	0.045	0.853	20
云 南	2010	0.808	0.921	0.878	irs	0.956	16	0.044	0.913	9
西 藏	2010	0.511	0.594	0.859	irs	0.796	26	0.035	0.762	26
陕 西	2010	0.795	0.822	0.967	irs	0.877	22	0.039	0.838	22
甘 肃	2010	1.000	1.000	1.000	irs	1.000	1	0.077	0.923	7
青 海	2010	0.858	0.920	0.933	irs	0.945	17	0.047	0.898	14
宁 夏	2010	1.000	1.000	1.000	irs	1.000	1	0.068	0.932	5
新 疆	2010	1.000	1.000	1.000	irs	1.000	1	0.058	0.942	2
均值		0.846	0.885	0.954		0.908		0.061	0.847	
标准差		0.164	0.153	0.051		0.116		0.026	0.100	
北 京	2011	0.744	0.746	0.996	irs	0.793	25	0.037	0.756	24
天 津	2011	0.976	1.000	0.976	irs	0.794	24	0.048	0.746	25
河 北	2011	0.956	1.000	0.956	-	1.000	1	0.063	0.937	6
山 西	2011	0.967	0.976	0.991	-	0.990	14	0.050	0.940	5
内蒙古	2011	1.000	1.000	1.000	irs	1.000	1	0.105	0.895	12
辽 宁	2011	0.953	0.994	0.958	-	0.914	19	0.053	0.861	20
吉 林	2011	0.943	1.000	0.943	irs	1.000	1	0.060	0.940	4
黑龙江	2011	0.894	0.911	0.981	irs	0.946	16	0.047	0.899	10
上 海	2011	1.000	1.000	1.000	irs	1.000	1	0.111	0.889	16
江 苏	2011	0.713	0.714	0.999	irs	0.736	28	0.040	0.696	28
浙 江	2011	0.950	0.950	1.000	irs	0.921	18	0.039	0.882	18
安 徽	2011	1.000	1.000	1.000	irs	1.000	1	0.096	0.904	8

续表

地区	年份	初始 DEA				环境调整后 DEA		Bootstrapped DEA		
		crste	vrste	scale	re	vrste	排名	偏差(bias)	纠偏估计值	排名
福建	2011	0.468	0.472	0.991	irs	0.571	31	0.029	0.541	31
江西	2011	0.770	0.774	0.995	irs	0.827	23	0.035	0.792	23
山东	2011	1.000	1.000	1.000	−	1.000	1	0.111	0.889	15
河南	2011	1.000	1.000	1.000	drs	1.000	1	0.113	0.887	17
湖北	2011	0.937	0.943	0.994	irs	0.927	17	0.037	0.889	14
湖南	2011	0.865	0.867	0.998	drs	0.871	22	0.050	0.821	22
广东	2011	1.000	1.000	1.000	irs	1.000	1	0.107	0.893	13
广西	2011	0.649	0.659	0.985	irs	0.738	26	0.036	0.702	27
海南	2011	1.000	1.000	1.000	irs	1.000	1	0.094	0.906	7
重庆	2011	0.865	0.868	0.996	irs	0.902	20	0.041	0.861	19
四川	2011	0.926	1.000	0.926	drs	1.000	1	0.105	0.895	11
贵州	2011	0.580	0.591	0.981	irs	0.667	30	0.020	0.647	30
云南	2011	0.875	0.880	0.995	irs	0.888	21	0.028	0.860	21
西藏	2011	0.910	1.000	0.910	irs	1.000	1	0.054	0.946	2
陕西	2011	0.624	0.639	0.977	irs	0.701	29	0.032	0.669	29
甘肃	2011	0.947	0.959	0.987	irs	0.972	15	0.031	0.941	3
青海	2011	0.613	0.613	1.000	irs	0.737	27	0.035	0.702	26
宁夏	2011	1.000	1.000	1.000	irs	1.000	1	0.100	0.900	9
新疆	2011	1.000	1.000	1.000	irs	0.992	13	0.032	0.961	1
均值		0.875	0.889	0.985		0.900		0.059	0.840	
标准差		0.151	0.155	0.023		0.123		0.031	0.106	
北京	2012	0.551	0.600	0.919	irs	0.678	28	0.039	0.639	28
天津	2012	0.852	1.000	0.852	irs	0.782	24	0.055	0.727	24
河北	2012	0.888	1.000	0.888	−	1.000	1	0.127	0.873	15
山西	2012	0.900	0.901	1.000	−	0.927	17	0.049	0.878	9

续表

地区	年份	初始DEA				环境调整后DEA		Bootstrapped DEA		
		crste	vrste	scale	re	vrste	排名	偏差(bias)	纠偏估计值	排名
内蒙古	2012	1.000	1.000	1.000	irs	1.000	1	0.124	0.876	12
辽宁	2012	0.907	0.966	0.939	-	0.895	19	0.072	0.823	21
吉林	2012	1.000	1.000	1.000	irs	1.000	1	0.109	0.891	7
黑龙江	2012	0.876	0.973	0.899	irs	1.000	1	0.072	0.928	1
上海	2012	1.000	1.000	1.000	irs	1.000	1	0.124	0.876	11
江苏	2012	0.623	0.629	0.991	irs	0.661	29	0.050	0.611	29
浙江	2012	0.826	0.842	0.981	irs	0.813	23	0.052	0.761	23
安徽	2012	1.000	1.000	1.000	irs	1.000	1	0.119	0.881	8
福建	2012	0.417	0.432	0.966	irs	0.527	31	0.033	0.494	31
江西	2012	0.841	0.842	0.999	irs	0.885	20	0.054	0.831	19
山东	2012	0.976	1.000	0.976	-	1.000	1	0.125	0.875	13
河南	2012	1.000	1.000	1.000	drs	1.000	1	0.132	0.868	17
湖北	2012	1.000	1.000	1.000	irs	1.000	1	0.095	0.905	5
湖南	2012	0.941	0.963	0.978	drs	0.963	15	0.068	0.895	6
广东	2012	1.000	1.000	1.000	irs	1.000	1	0.123	0.877	10
广西	2012	0.662	0.675	0.980	irs	0.754	26	0.049	0.705	26
海南	2012	0.781	1.000	0.781	irs	1.000	1	0.088	0.912	2
重庆	2012	0.828	0.857	0.967	irs	0.871	21	0.047	0.824	20
四川	2012	0.819	1.000	0.819	drs	1.000	1	0.129	0.871	16
贵州	2012	0.529	0.539	0.982	irs	0.643	30	0.043	0.600	30
云南	2012	0.652	0.695	0.938	irs	0.763	25	0.052	0.711	25
西藏	2012	0.640	0.805	0.795	irs	0.899	18	0.053	0.846	18
陕西	2012	0.779	0.781	0.997	irs	0.817	22	0.053	0.764	22
甘肃	2012	1.000	1.000	1.000	irs	1.000	1	0.092	0.908	3
青海	2012	0.502	0.552	0.909	irs	0.698	27	0.049	0.650	27

续表

地区	年份	初始 DEA				环境调整后 DEA		Bootstrapped DEA		
		crste	vrste	scale	re	vrste	排名	偏差(bias)	纠偏估计值	排名
宁 夏	2012	1.000	1.000	1.000	irs	1.000	1	0.094	0.906	4
新 疆	2012	0.834	0.902	0.925	irs	0.928	16	0.055	0.874	14
均值		0.827	0.869	0.951		0.887		0.078	0.809	
标准差		0.173	0.172	0.065		0.137		0.033	0.113	

从表3-5可以得到以下几方面的信息:

第一,2007年省级财政医疗卫生财政初始DEA效率平均值0.766,经过环境调整之后,平均值上升为0.807,而经过控制随机因素之后,平均值下降为0.71,调整过程中标准差初始均值为0.246,说明了地区间效率得分差异明显,控制随机因素冲击后,标准差下降到0.124,表明地区间的效率差异在缩小。2008年初始DEA效率平均值为0.656,经过环境调整之后,平均值上升为0.706,而经过控制随机因素之后,平均值下降为0.642,而标准差由0.269下降为0.127。2009年初始DEA效率平均值为0.864,经过环境调整之后,平均值上升为0.908,而经过控制随机因素之后,平均值下降为0.834,而标准差由0.19下降为0.117。2010年初始DEA效率平均值为0.885,经过环境调整之后,平均值上升为0.908,而经过控制随机因素之后,平均值下降为0.847,而标准差由0.153下降为0.1。2011年初始DEA效率平均值为0.889,经过环境调整之后,平均值上升为0.9,而经过控制随机因素之后,平均值下降为0.84,而标准差由0.155下降为0.106。2012年初始DEA效率平均值为0.860,经过环境调整之后,平均值上升为0.887,而经过控制随机因素之后,平均值下降为0.809,而标准差由0.172下降为0.113。这表明若不控制环境因素的干扰,财政医疗卫生支出效率会被低估,进一步控制了随机因素的冲击后,每年的财政支出效率会有所下降,且地区间效率得分差异下降了。总之,环境变量和随机因素对医疗卫生教育支出效率的影响是明显的。

第二,在保持当年产出一定的情况下,2007年存在29%的投入浪费,2008年存在39.8%的投入浪费,2009年存在16.6%的投入浪费,2010年存在15.3%的投入浪费,2011年存在16%的投入浪费,2012年存在

19.1%的投入浪费。另外，从规模报酬上看，绝大多数地区的医疗卫生支出处于规模报酬递增的状态，这表明增加财政支出会大幅度提高医疗卫生的产出。从另一个角度也表明了我国地方医疗卫生供应量有待提高。

第三，2007年技术效率处于前五名的是黑龙江、辽宁、浙江、山东、天津，2008年技术效率处于前五名的是河北、广东、上海、内蒙古、山东，2009年技术效率处于前五名的是山西、广西、安徽、甘肃、黑龙江，2010年技术效率处于前五名的是广西、新疆、湖南、湖北、宁夏，2011年技术效率处于前五名的是新疆、西藏、甘肃、吉林、山西，2012年技术效率处于前五名的是黑龙江、海南、甘肃、宁夏、湖北。

（二）效率变动的 Malmquist 指数分析

为反映医疗卫生财政支出技术效率及全要素生产力在2008年、2009年、2010年、2011年、2012年的变动情况，利用 DEA 计算出 Malmquist 指数，结果见表3-6。

表3-6　　　　　　医疗卫生财政支出效率的 Malmquist 指数

年份	2008				
地区	effch	techch	pech	sech	tfpch
北　京	1.607	0.788	1.336	1.203	1.267
天　津	1.772	0.776	1.018	1.74	1.374
河　北	1.269	0.823	1.272	0.998	1.044
山　西	1.4	0.849	1.263	1.108	1.188
内蒙古	1.539	0.8	1.384	1.112	1.231
辽　宁	1.456	0.858	1.428	1.02	1.249
吉　林	0.977	0.811	0.887	1.101	0.792
黑龙江	1.023	0.83	0.917	1.115	0.849
上　海	1.046	0.771	0.816	1.283	0.807
江　苏	0.989	0.84	0.948	1.042	0.831
浙　江	1.165	0.845	1.176	0.991	0.984
安　徽	0.997	0.848	0.915	1.09	0.845
福　建	1.265	0.879	0.961	1.316	1.112
江　西	1.159	0.822	1.048	1.106	0.952

续表

年份	2008				
地区	effch	techch	pech	sech	tfpch
山 东	1.135	0.885	1	1.135	1.004
河 南	0.884	0.804	0.893	0.99	0.711
湖 北	0.951	0.806	0.914	1.041	0.767
湖 南	0.958	0.858	0.956	1.002	0.822
广 东	1.049	0.792	1	1.049	0.831
广 西	0.981	0.841	0.893	1.098	0.825
海 南	1.49	0.844	0.798	1.867	1.258
重 庆	1.027	0.856	0.758	1.356	0.879
四 川	1	0.797	1	1	0.797
贵 州	0.92	0.87	0.7	1.314	0.801
云 南	1.312	0.864	1.165	1.126	1.134
西 藏	2.123	0.753	0.942	2.254	1.599
陕 西	1.613	0.86	1.466	1.1	1.388
甘 肃	1.215	0.753	1.085	1.12	0.915
青 海	1.599	0.779	0.732	2.185	1.246
宁 夏	2.477	0.853	1.201	2.062	2.114
新 疆	1.58	0.863	1.301	1.214	1.364
均 值	1.246	0.825	1.018	1.224	1.028
年份	2009				
北 京	1.014	1.006	0.993	1.021	1.02
天 津	1.296	1.005	1.081	1.198	1.303
河 北	1.142	1.599	1.138	1.004	1.827
山 西	1.061	1.501	0.999	1.062	1.592
内蒙古	0.733	1.509	0.658	1.115	1.107
辽 宁	0.548	1.348	0.597	0.918	0.739
吉 林	0.616	1.434	0.648	0.95	0.884

续表

年份	2009				
地区	effch	techch	pech	sech	tfpch
黑龙江	0.827	1.196	0.819	1.01	0.989
上海	1.129	0.959	1.107	1.02	1.083
江苏	0.808	1.086	0.828	0.975	0.877
浙江	0.829	1.346	0.88	0.942	1.117
安徽	0.896	1.126	0.851	1.052	1.008
福建	1.581	1.404	1.259	1.255	2.22
江西	1.174	1.553	1.08	1.087	1.823
山东	1	1.261	1	1	1.261
河南	1.006	1.402	1.119	0.898	1.41
湖北	0.809	1.349	0.832	0.972	1.092
湖南	0.818	1.5	0.848	0.965	1.226
广东	0.741	1.231	0.66	1.123	0.912
广西	1.082	1.521	1.067	1.015	1.646
海南	1.941	1.367	1.425	1.362	2.654
重庆	1.018	1.325	0.937	1.087	1.349
四川	0.778	1.544	0.78	0.998	1.202
贵州	1.239	1.464	1.071	1.157	1.814
云南	0.945	1.244	0.947	0.998	1.176
西藏	1.71	2.213	1.19	1.437	3.785
陕西	0.925	1.444	0.867	1.067	1.335
甘肃	0.602	2.046	0.668	0.901	1.231
青海	1.308	1.658	0.891	1.467	2.168
宁夏	0.79	1.366	0.59	1.339	1.079
新疆	0.726	1.129	0.69	1.052	0.82
均值	0.96	1.368	0.897	1.07	1.313

续表

年份	2010				
地区	effch	techch	pech	sech	tfpch
北　京	1.059	1.017	0.994	1.065	1.077
天　津	1.008	1.017	0.963	1.046	1.025
河　北	0.99	0.966	1	0.99	0.957
山　西	1.299	1.102	1.192	1.089	1.431
内蒙古	1.138	1.068	1.081	1.052	1.215
辽　宁	1.502	1.041	1.464	1.026	1.563
吉　林	1.408	1.045	1.351	1.042	1.471
黑龙江	1.339	1.045	1.279	1.047	1.399
上　海	1.08	1.041	1.038	1.04	1.125
江　苏	1.04	1.027	1.024	1.016	1.068
浙　江	0.999	1.017	0.955	1.046	1.016
安　徽	1.232	1.031	1.204	1.023	1.27
福　建	0.947	1.087	0.881	1.075	1.029
江　西	1.02	1.098	0.947	1.077	1.12
山　东	1	1.029	1	1	1.029
河　南	1.062	1.067	1	1.062	1.133
湖　北	1.137	1.017	1.093	1.04	1.157
湖　南	1.244	1.092	1.234	1.008	1.358
广　东	1.144	1.017	1.139	1.004	1.164
广　西	0.965	1.061	0.894	1.079	1.023
海　南	1.037	1.017	1	1.037	1.055
重　庆	1.324	1.043	1.25	1.059	1.381
四　川	1.132	1.089	1.226	0.923	1.232
贵　州	1.197	1.084	1.111	1.078	1.298
云　南	1.283	1.045	1.216	1.054	1.34
西　藏	1.874	0.95	1.398	1.341	1.781

续表

年份	2010				
地区	effch	techch	pech	sech	tfpch
陕西	1.126	1.083	1.037	1.086	1.219
甘肃	1.542	1.019	1.361	1.133	1.571
青海	1.646	1.037	1.51	1.09	1.707
宁夏	1.689	1.04	1.599	1.057	1.756
新疆	1.381	1.045	1.317	1.048	1.443
均值	1.201	1.043	1.139	1.054	1.252
年份	2011				
北京	1.433	0.755	1.378	1.04	1.081
天津	1.771	0.755	1.47	1.205	1.336
河北	1.01	0.785	1	1.01	0.792
山西	1	0.764	1	1	0.764
内蒙古	1.163	0.756	1.079	1.078	0.879
辽宁	1.172	0.767	1.138	1.029	0.899
吉林	1.182	0.768	1.075	1.1	0.907
黑龙江	1.071	0.769	1.025	1.045	0.824
上海	1.341	0.769	1.204	1.114	1.032
江苏	1.035	0.762	1.027	1.008	0.789
浙江	1.217	0.755	1.209	1.007	0.918
安徽	0.941	0.769	0.908	1.037	0.724
福建	1.247	0.756	1.178	1.058	0.942
江西	1.177	0.763	1.144	1.029	0.899
山东	1	0.76	1	1	0.76
河南	1.028	0.755	1	1.028	0.776
湖北	1.052	0.762	1.047	1.004	0.801
湖南	1.001	0.77	1	1.001	0.771
广东	0.989	0.755	0.989	1	0.746

续表

年份	2011				
地区	effch	techch	pech	sech	tfpch
广　西	1.044	0.754	1.03	1.014	0.788
海　南	1.386	0.755	0.976	1.42	1.046
重　庆	1.059	0.767	0.938	1.128	0.813
四　川	0.98	0.769	0.957	1.024	0.754
贵　州	1.025	0.768	0.948	1.081	0.787
云　南	1.063	0.769	1.011	1.052	0.818
西　藏	1.819	0.785	1	1.819	1.427
陕　西	1.118	0.756	1.105	1.012	0.846
甘　肃	0.901	0.777	0.855	1.053	0.7
青　海	1.531	0.772	1.041	1.47	1.181
宁　夏	1.755	0.763	1.06	1.655	1.339
新　疆	1.173	0.769	1.066	1.101	0.903
均　值	1.162	0.764	1.053	1.103	0.888
年份	2012				
北　京	1.041	0.944	1.043	0.998	0.983
天　津	0.979	0.944	0.978	1.001	0.924
河　北	1	0.957	1	1	0.957
山　西	1	0.935	1	1	0.935
内蒙古	1.066	0.943	1.065	1.002	1.006
辽　宁	1.018	0.983	1.005	1.012	1.001
吉　林	0.983	0.982	0.983	1	0.965
黑龙江	1.085	0.987	1.09	0.996	1.071
上　海	1.146	0.946	1.148	0.998	1.085
江　苏	0.979	0.982	0.98	1	0.962
浙　江	1.104	0.944	1.106	0.998	1.042
安　徽	0.97	1.003	0.972	0.998	0.973

续表

年份	2012				
地区	effch	techch	pech	sech	tfpch
福 建	1.017	0.936	1.018	0.999	0.952
江 西	1.047	0.944	1.035	1.012	0.989
山 东	1	0.97	1	1	0.97
河 南	0.967	0.939	0.948	1.02	0.908
湖 北	1.071	0.979	1.071	1	1.048
湖 南	1.014	0.956	0.988	1.026	0.969
广 东	1	0.944	1.001	0.999	0.944
广 西	1.079	0.936	1.082	0.997	1.011
海 南	0.957	0.944	0.95	1.007	0.904
重 庆	1	0.998	1	1.001	0.998
四 川	1.066	0.958	1.093	0.975	1.022
贵 州	1.07	0.959	1.061	1.008	1.026
云 南	1.027	1.003	1.025	1.001	1.03
西 藏	1.076	0.949	1	1.076	1.021
陕 西	1.04	0.935	1.043	0.997	0.973
甘 肃	1.129	0.957	1.129	1	1.08
青 海	0.939	0.945	0.892	1.053	0.887
宁 夏	0.993	0.973	1	0.993	0.966
新 疆	0.988	1.003	0.996	0.993	0.991
均 值	1.026	0.96	1.021	1.005	0.986

从表3-6中可以看出，2008年的地方财政医疗卫生支出效率平均值较2007年提高24.6%，均值为1.246，原因是纯技术效率和规模效率均有提高。2009年较之2008年下降4%，原因是纯技术效率下降，而规模效率提高。2010年较之2009年提高了20.1%，原因是纯技术效率和规模效率均有提高。2011年较之2010年提高了16.2%，原因是纯技术效率和规模效率均有提高。2012年较之2011年提高了2.6%，原因是纯技术效率和规模

效率均有提高。2008 年财政支出的全要素生产力为 1.028,表明较之 2007 年上升,因为生产技术下降了,但规模效率有了大幅度提高。2009 年的全要素生产力上升幅度很大达到 1.313,是因为生产技术有了大幅度提高。2010 年的全要素生产力上升幅度也较大,达到 1.252,是生产技术、纯技术、规模效率共同作用的结果。2011 年的全要素生产力为 0.888,较之 2010 年有所下降,主要是因为生产技术大幅度下降。2012 年的全要素生产力相较于 2011 年有小规模下挫,也是因为生产技术有了小幅下降。

三 社会保障财政支出效率评估

(一) 三阶段 Bootstrapped DEA 效率计算

1. 利用初始投入产出数据计算效率得分

利用投入导向型 BCC-DEA 模型,计算得到不变报酬技术效率(CRSTE)、可变报酬技术效率(VRSTE)、规模效率(Scale Efficiency)、规模报酬类型(Return)。

2. 环境调整后 DEA 计算效率得分

以第一阶段 DEA 计算的社会保障投入松弛量为解释变量,以外生环境变量为解释变量构建 Tobit 模型,估计结果见表 3-7。

表 3-7 社会保障投入松弛量的面板 Tobit 模型回归结果

社会保障投入松弛量	系数估计值
decentralization	−29600000***
	(−6.28)
d_1	1430327***
	(8.61)
d_2	−228535.3
	(−1.513)
gdpch	−131707.2**
	(−2.38)
density	−198545.9
	(−1.51)

续表

社会保障投入松弛量	系数估计值
常数项	−248519.1
	(−1.51)
/sigma	736615.7
Log likelihood	−2459.6449
Number of obs	186
LR chi2 (5)	92.39
Prob > chi2	0
Pseudo R^2	0.0184

注：***、**、*，分别表示在1％、5％、10％水平下拒绝原假设；括号内为t统计值。

由Tobit模型的估计结果可以看出，在所有外生环境变量中，财政分权、东部地区哑变量、人均GDP都通过了显著性检验，且财政分权和人均GDP的系数为负，而东部地区的哑变量系数为正。这表明，地方财政拥有财力越高以及地区的经济越发达越有利于减少投入松弛量，从而有利于提高社会保障效率。而东部地区的区位并非有助于社会保障效率的提高。

3. 重新计算DEA效率得分

利用教育松弛量的拟合值对原始投入量进行调整，调整之后重新运用DEA计算社会保障财政支出效率，计算结果见表3-8。

4. 控制随机因素的Bootstrapped DEA

表3-8　　2007—2012年社会保障财政支出效率DEA计算结果

地区	年份	初始DEA				环境调整后DEA		Bootstrapped DEA		
		crste	vrste	scale	re	vrste	排名	偏差(bias)	纠偏估计值	排名
北京	2007	0.552	0.559	0.987	irs	0.649	8	0.134	0.516	11
天津	2007	0.608	0.714	0.852	irs	0.711	7	0.125	0.586	8
河北	2007	0.397	0.411	0.966	irs	0.550	9	0.107	0.443	12
山西	2007	0.302	0.345	0.874	irs	0.325	23	0.040	0.284	26
内蒙古	2007	0.293	0.352	0.833	irs	0.298	25	0.044	0.254	29

续表

地区	年份	初始 DEA				环境调整后 DEA		Bootstrapped DEA		
		crste	vrste	scale	re	vrste	排名	偏差 (bias)	纠偏估计值	排名
辽宁	2007	0.341	0.355	0.961	drs	0.389	16	0.087	0.299	21
吉林	2007	0.350	0.399	0.877	irs	0.341	21	0.046	0.294	23
黑龙江	2007	0.438	0.446	0.981	irs	0.455	12	0.075	0.381	13
上海	2007	0.505	0.543	0.931	drs	0.517	10	0.146	0.371	14
江苏	2007	0.853	1.000	0.853	drs	1.000	1	0.350	0.650	7
浙江	2007	1.000	1.000	1.000	—	1.000	1	0.312	0.688	4
安徽	2007	0.326	0.356	0.917	irs	0.348	20	0.045	0.303	20
福建	2007	0.648	0.730	0.888	irs	0.859	5	0.153	0.706	3
江西	2007	0.403	0.467	0.863	irs	0.354	19	0.054	0.299	22
山东	2007	0.598	0.656	0.911	drs	0.723	6	0.193	0.530	9
河南	2007	0.448	0.470	0.954	drs	0.461	11	0.095	0.366	15
湖北	2007	0.389	0.408	0.954	irs	0.394	14	0.058	0.318	17
湖南	2007	0.357	0.376	0.949	irs	0.369	18	0.081	0.288	24
广东	2007	0.901	1.000	0.901	drs	1.000	1	0.350	0.650	5
广西	2007	0.387	0.470	0.823	irs	0.337	22	0.056	0.281	27
海南	2007	0.399	0.778	0.513	irs	1.000	1	0.291	0.709	1
重庆	2007	0.262	0.339	0.772	irs	0.266	30	0.042	0.530	9
四川	2007	0.378	0.381	0.993	irs	0.390	15	0.065	0.366	15
贵州	2007	0.407	0.565	0.720	irs	0.292	28	0.054	0.318	17
云南	2007	0.256	0.310	0.828	irs	0.274	29	0.042	0.288	24
西藏	2007	0.139	1.000	0.139	irs	0.297	26	0.066	0.650	5
陕西	2007	0.380	0.425	0.894	irs	0.381	17	0.046	0.281	27
甘肃	2007	0.280	0.389	0.718	irs	0.294	27	0.048	0.709	1
青海	2007	0.173	0.446	0.387	irs	0.231	31	0.054	0.177	31
宁夏	2007	0.386	0.930	0.416	irs	0.306	24	0.074	0.232	30

续表

地区	年份	初始 DEA				环境调整后 DEA		Bootstrapped DEA		
		crste	vrste	scale	re	vrste	排名	偏差(bias)	纠偏估计值	排名
新 疆	2007	0.499	0.598	0.833	irs	0.398	13	0.081	0.318	19
均值		0.440	0.555	0.822		0.491		0.110	0.422	
标准差		0.197	0.227	0.200		0.247		0.093	0.169	
北 京	2008	0.568	0.588	0.966	irs	0.540	8	0.120	0.420	8
天 津	2008	0.509	0.659	0.772	irs	0.550	7	0.082	0.468	7
河 北	2008	0.370	0.398	0.929	irs	0.434	10	0.095	0.339	10
山 西	2008	0.282	0.353	0.799	irs	0.280	25	0.047	0.233	26
内蒙古	2008	0.264	0.351	0.753	irs	0.283	24	0.040	0.243	22
辽 宁	2008	0.344	0.353	0.974	drs	0.319	20	0.081	0.238	25
吉 林	2008	0.303	0.376	0.806	irs	0.298	22	0.049	0.249	21
黑龙江	2008	0.465	0.493	0.943	irs	0.398	12	0.068	0.330	12
上 海	2008	0.473	0.483	0.979	drs	0.364	14	0.092	0.272	17
江 苏	2008	0.933	1.000	0.933	drs	1.000	1	0.331	0.669	3
浙 江	2008	1.000	1.000	1.000	–	1.000	1	0.319	0.681	1
安 徽	2008	0.320	0.377	0.848	irs	0.290	23	0.049	0.241	23
福 建	2008	0.598	0.727	0.822	irs	0.806	5	0.155	0.651	5
江 西	2008	0.380	0.455	0.835	irs	0.337	17	0.044	0.293	15
山 东	2008	0.598	0.634	0.943	drs	0.643	6	0.187	0.330	12
河 南	2008	0.408	0.413	0.987	irs	0.338	16	0.080	0.272	17
湖 北	2008	0.345	0.375	0.921	irs	0.309	21	0.062	0.669	3
湖 南	2008	0.298	0.327	0.910	irs	0.278	26	0.066	0.681	1
广 东	2008	0.882	1.000	0.882	drs	1.000	1	0.359	0.241	23
广 西	2008	0.386	0.519	0.743	irs	0.347	15	0.056	0.651	5
海 南	2008	0.339	0.821	0.413	irs	1.000	1	0.258	0.293	15
重 庆	2008	0.255	0.358	0.713	irs	0.265	29	0.046	0.218	29

续表

地区	年份	初始 DEA				环境调整后 DEA		Bootstrapped DEA		
		crste	vrste	scale	re	vrste	排名	偏差(bias)	纠偏估计值	排名
四川	2008	0.267	0.276	0.969	irs	0.254	30	0.050	0.204	31
贵州	2008	0.329	0.513	0.641	irs	0.322	19	0.060	0.261	19
云南	2008	0.215	0.290	0.740	irs	0.242	31	0.035	0.207	30
西藏	2008	0.097	1.000	0.097	irs	0.441	9	0.099	0.342	9
陕西	2008	0.263	0.323	0.814	irs	0.266	28	0.040	0.226	27
甘肃	2008	0.224	0.355	0.632	irs	0.269	27	0.049	0.220	28
青海	2008	0.155	0.535	0.289	irs	0.334	18	0.076	0.258	20
宁夏	2008	0.311	0.966	0.322	irs	0.395	13	0.092	0.303	14
新疆	2008	0.478	0.632	0.755	irs	0.412	11	0.078	0.335	11
均值		0.408	0.547	0.778		0.452		0.105	0.356	
标准差		0.213	0.238	0.223		0.247		0.090	0.166	
北京	2009	0.563	0.581	0.969	irs	0.606	8	0.146	0.459	8
天津	2009	0.452	0.623	0.726	irs	0.710	7	0.149	0.561	6
河北	2009	0.392	0.411	0.953	irs	0.505	9	0.097	0.408	10
山西	2009	0.329	0.394	0.834	irs	0.344	24	0.046	0.298	21
内蒙古	2009	0.256	0.317	0.809	irs	0.282	30	0.033	0.249	30
辽宁	2009	0.318	0.319	0.997	drs	0.324	26	0.063	0.261	28
吉林	2009	0.433	0.470	0.922	irs	0.422	14	0.047	0.375	12
黑龙江	2009	0.399	0.411	0.971	irs	0.413	16	0.055	0.358	14
上海	2009	0.412	0.422	0.976	irs	0.371	20	0.093	0.278	25
江苏	2009	0.882	0.898	0.982	drs	0.861	5	0.250	0.612	5
浙江	2009	1.000	1.000	1.000	–	1.000	1	0.322	0.678	3
安徽	2009	0.412	0.432	0.955	irs	0.379	19	0.044	0.335	17
福建	2009	0.729	0.809	0.901	irs	0.975	4	0.135	0.840	1
江西	2009	0.518	0.555	0.933	irs	0.464	11	0.049	0.415	9

续表

地区	年份	初始 DEA				环境调整后 DEA		Bootstrapped DEA		
		crste	vrste	scale	re	vrste	排名	偏差(bias)	纠偏估计值	排名
山东	2009	0.647	0.656	0.987	drs	0.719	6	0.186	0.533	7
河南	2009	0.431	0.433	0.996	drs	0.392	17	0.080	0.312	20
湖北	2009	0.463	0.463	0.999	—	0.428	13	0.061	0.368	13
湖南	2009	0.445	0.446	0.999	drs	0.420	15	0.069	0.351	15
广东	2009	0.974	1.000	0.974	drs	1.000	1	0.342	0.658	4
广西	2009	0.365	0.443	0.824	irs	0.364	21	0.042	0.322	18
海南	2009	0.316	0.640	0.494	irs	1.000	1	0.245	0.755	2
重庆	2009	0.283	0.355	0.797	irs	0.308	28	0.037	0.271	26
四川	2009	0.369	0.370	0.997	drs	0.346	23	0.055	0.292	22
贵州	2009	0.333	0.472	0.706	irs	0.335	25	0.055	0.280	24
云南	2009	0.221	0.278	0.794	irs	0.255	31	0.031	0.224	31
西藏	2009	0.096	1.000	0.096	irs	0.483	10	0.101	0.382	11
陕西	2009	0.275	0.329	0.837	irs	0.310	27	0.049	0.261	27
甘肃	2009	0.253	0.362	0.701	irs	0.299	29	0.047	0.253	29
青海	2009	0.105	0.431	0.243	irs	0.360	22	0.077	0.284	23
宁夏	2009	0.354	0.943	0.375	irs	0.436	12	0.096	0.340	16
新疆	2009	0.384	0.486	0.791	irs	0.380	18	0.061	0.320	19
均值		0.432	0.540	0.824		0.500		0.102	0.398	
标准差		0.218	0.222	0.231		0.235		0.084	0.162	
北京	2010	0.653	0.662	0.986	irs	0.807	7	0.169	0.637	7
天津	2010	0.660	0.755	0.875	irs	0.866	6	0.103	0.763	2
河北	2010	0.406	0.436	0.929	irs	0.522	10	0.100	0.414	11
山西	2010	0.327	0.376	0.869	irs	0.348	26	0.052	0.291	26
内蒙古	2010	0.289	0.334	0.863	irs	0.292	28	0.037	0.255	28
辽宁	2010	0.350	0.360	0.973	irs	0.378	22	0.063	0.292	25

续表

地区	年份	初始 DEA				环境调整后 DEA		Bootstrapped DEA		
		crste	vrste	scale	re	vrste	排名	偏差(bias)	纠偏估计值	排名
吉 林	2010	0.503	0.550	0.914	irs	0.484	12	0.052	0.432	10
黑龙江	2010	0.491	0.528	0.930	irs	0.456	16	0.059	0.397	14
上 海	2010	0.448	0.475	0.944	irs	0.533	9	0.124	0.409	12
江 苏	2010	0.877	0.881	0.995	irs	0.895	5	0.239	0.656	6
浙 江	2010	1.000	1.000	1.000	-	1.000	1	0.291	0.709	4
安 徽	2010	0.435	0.468	0.928	irs	0.421	19	0.048	0.373	16
福 建	2010	0.752	0.833	0.903	irs	0.964	4	0.147	0.817	1
江 西	2010	0.541	0.592	0.914	irs	0.505	11	0.053	0.452	9
山 东	2010	0.639	0.653	0.978	irs	0.681	8	0.160	0.521	8
河 南	2010	0.435	0.453	0.959	irs	0.428	18	0.076	0.351	20
湖 北	2010	0.481	0.509	0.945	irs	0.471	13	0.063	0.408	13
湖 南	2010	0.456	0.482	0.947	irs	0.456	16	0.068	0.388	15
广 东	2010	1.000	1.000	1.000	-	1.000	1	0.327	0.673	5
广 西	2010	0.410	0.470	0.871	irs	0.396	21	0.044	0.352	19
海 南	2010	0.437	0.653	0.668	irs	1.000	1	0.263	0.737	3
重 庆	2010	0.340	0.393	0.867	irs	0.358	24	0.046	0.294	23
四 川	2010	0.384	0.403	0.954	irs	0.372	23	0.057	0.316	22
贵 州	2010	0.409	0.511	0.801	irs	0.357	25	0.064	0.293	24
云 南	2010	0.259	0.304	0.852	irs	0.270	30	0.036	0.234	30
西 藏	2010	0.117	1.000	0.117	irs	0.466	14	0.097	0.370	17
陕 西	2010	0.300	0.340	0.881	irs	0.329	27	0.050	0.279	27
甘 肃	2010	0.273	0.343	0.797	irs	0.289	29	0.048	0.241	29
青 海	2010	0.077	0.192	0.401	irs	0.244	31	0.052	0.192	31
宁 夏	2010	0.535	1.000	0.535	irs	0.461	15	0.103	0.357	18
新 疆	2010	0.472	0.558	0.846	irs	0.410	20	0.071	0.339	21

续表

地区	年份	初始 DEA				环境调整后 DEA		Bootstrapped DEA		
		crste	vrste	scale	re	vrste	排名	偏差(bias)	纠偏估计值	排名
均值		0.476	0.565	0.853		0.531		0.102	0.427	
标准差		0.217	0.228	0.189		0.240		0.079	0.174	
北京	2011	0.726	0.745	0.974	irs	0.869	5	0.165	0.704	4
天津	2011	0.474	0.746	0.636	irs	0.729	7	0.110	0.619	6
河北	2011	0.368	0.448	0.821	irs	0.502	10	0.097	0.379	10
山西	2011	0.290	0.423	0.687	irs	0.334	25	0.052	0.264	23
内蒙古	2011	0.207	0.336	0.617	irs	0.246	30	0.040	0.207	29
辽宁	2011	0.346	0.381	0.908	irs	0.374	18	0.066	0.243	25
吉林	2011	0.376	0.520	0.722	irs	0.402	13	0.055	0.346	12
黑龙江	2011	0.375	0.470	0.797	irs	0.384	17	0.058	0.306	18
上海	2011	0.488	0.544	0.897	irs	0.576	9	0.120	0.410	9
江苏	2011	0.770	0.773	0.997	irs	0.750	6	0.203	0.546	7
浙江	2011	1.000	1.000	1.000	-	1.000	1	0.290	0.710	3
安徽	2011	0.340	0.445	0.765	irs	0.357	23	0.054	0.303	20
福建	2011	0.679	0.860	0.790	irs	0.903	4	0.156	0.747	1
江西	2011	0.403	0.562	0.718	irs	0.417	12	0.056	0.361	11
山东	2011	0.572	0.604	0.948	irs	0.619	8	0.155	0.464	8
河南	2011	0.389	0.436	0.892	irs	0.387	16	0.072	0.316	16
湖北	2011	0.368	0.449	0.819	irs	0.389	15	0.065	0.316	15
湖南	2011	0.333	0.413	0.807	irs	0.364	21	0.066	0.298	21
广东	2011	1.000	1.000	1.000	-	1.000	1	0.347	0.653	5
广西	2011	0.326	0.511	0.638	irs	0.353	24	0.048	0.305	19
海南	2011	0.413	0.929	0.445	irs	1.000	1	0.255	0.745	2
重庆	2011	0.320	0.446	0.717	irs	0.363	22	0.046	0.317	14
四川	2011	0.343	0.385	0.891	irs	0.369	19	0.065	0.255	24

续表

地区	年份	初始 DEA				环境调整后 DEA		Bootstrapped DEA		
		crste	vrste	scale	re	vrste	排名	偏差 (bias)	纠偏估 计值	排名
贵州	2011	0.269	0.521	0.516	irs	0.303	26	0.060	0.242	26
云南	2011	0.187	0.310	0.604	irs	0.231	31	0.034	0.198	31
西藏	2011	0.067	1.000	0.067	irs	0.420	11	0.089	0.331	13
陕西	2011	0.279	0.394	0.707	irs	0.286	28	0.044	0.241	27
甘肃	2011	0.185	0.371	0.499	irs	0.249	29	0.046	0.203	30
青海	2011	0.085	0.441	0.193	irs	0.296	27	0.064	0.232	28
宁夏	2011	0.264	1.000	0.264	irs	0.400	14	0.091	0.309	17
新疆	2011	0.405	0.630	0.644	irs	0.365	20	0.069	0.296	22
均值		0.408	0.584	0.709		0.492		0.101	0.383	
标准差		0.225	0.222	0.233		0.241		0.078	0.173	
北京	2012	0.724	0.776	0.933	irs	0.812	5	0.177	0.635	5
天津	2012	0.411	0.670	0.614	irs	0.621	7	0.109	0.512	6
河北	2012	0.371	0.460	0.807	irs	0.490	11	0.090	0.390	11
山西	2012	0.345	0.478	0.722	irs	0.358	20	0.067	0.291	18
内蒙古	2012	0.169	0.297	0.569	irs	0.225	30	0.038	0.186	30
辽宁	2012	0.339	0.378	0.899	irs	0.341	23	0.064	0.234	26
吉林	2012	0.334	0.498	0.671	irs	0.382	14	0.060	0.322	15
黑龙江	2012	0.349	0.443	0.787	irs	0.350	22	0.052	0.278	20
上海	2012	0.494	0.565	0.876	irs	0.584	9	0.120	0.437	9
江苏	2012	0.742	0.768	0.966	irs	0.697	6	0.196	0.501	7
浙江	2012	1.000	1.000	1.000	–	1.000	1	0.310	0.690	3
安徽	2012	0.271	0.377	0.718	irs	0.311	25	0.053	0.257	23
福建	2012	0.675	0.884	0.763	irs	0.869	4	0.148	0.720	2
江西	2012	0.338	0.497	0.680	irs	0.381	15	0.057	0.323	14
山东	2012	0.529	0.562	0.941	irs	0.548	10	0.139	0.405	10

续表

地区	年份	初始 DEA				环境调整后 DEA		Bootstrapped DEA		
		crste	vrste	scale	re	vrste	排名	偏差(bias)	纠偏估计值	排名
河南	2012	0.361	0.418	0.865	irs	0.353	21	0.067	0.286	19
湖北	2012	0.364	0.445	0.818	irs	0.374	16	0.063	0.273	22
湖南	2012	0.329	0.400	0.823	irs	0.371	17	0.074	0.298	16
广东	2012	1.000	1.000	1.000	—	1.000	1	0.350	0.650	4
广西	2012	0.284	0.478	0.594	irs	0.327	24	0.052	0.275	21
海南	2012	0.425	0.974	0.436	irs	1.000	1	0.262	0.738	1
重庆	2012	0.583	0.654	0.892	irs	0.617	8	0.153	0.464	8
四川	2012	0.369	0.411	0.896	irs	0.364	18	0.065	0.234	27
贵州	2012	0.238	0.473	0.502	irs	0.298	27	0.057	0.241	24
云南	2012	0.161	0.285	0.562	irs	0.211	31	0.037	0.174	31
西藏	2012	0.070	1.000	0.070	irs	0.434	13	0.098	0.336	13
陕西	2012	0.257	0.378	0.680	irs	0.270	28	0.043	0.224	28
甘肃	2012	0.182	0.384	0.475	irs	0.248	29	0.049	0.198	29
青海	2012	0.082	0.460	0.178	irs	0.307	26	0.071	0.236	25
宁夏	2012	0.488	1.000	0.488	irs	0.473	12	0.095	0.378	12
新疆	2012	0.397	0.638	0.622	irs	0.360	19	0.066	0.295	17
均值		0.409	0.582	0.705		0.483		0.106	0.370	
标准差		0.228	0.229	0.225		0.236		0.079	0.166	

从表3-8可以得到以下几方面的信息：

第一，2007年省级财政社会保障财政初始DEA效率平均值0.555，经过环境调整之后，平均值下降为0.491，而经过控制随机因素之后，平均值下降为0.422，环境调整之后，标准差依然较大，说明了地区间效率得分差异明显，控制随机因素冲击后，标准差下降，表明地区间的效率差异在缩小。2008年初始DEA效率平均值为0.547，经过环境调整之后，平均值下降为0.452，而经过控制随机因素之后，平均值下降为0.356，而标准差由 0.238 下降为 0.166。2009 年初始 DEA 效率平均值为 0.540，经过环境调整之后，平均值下降为 0.5，而经过控制随机因素之后，平均值下降为 0.398，而标准差由 0.222 下降为 0.162。2010 年初始 DEA 效率平均值为 0.565，经过环境调整之后，平均值下降为 0.531，而经过控制随机因素之后，平均值下降为 0.427，而标准差由 0.228 下降为 0.174。2011 年初始 DEA 效率平均值为 0.584，经过环境调整之后，平均值下降为 0.492，而经过控制随机因素之后，平均值下降为 0.383，而标准差由 0.222 下降为 0.173。2012 年初始 DEA 效率平均值为 0.582，经过环境调整之后，平均值下降为 0.483，而经过控制随机因素之后，平均值下降为 0.370，而标准差由 0.229 下降为 0.166。这表明若不控制环境因素的干扰，财政社会保障支出效率会被高估，进一步控制了随机因素的冲击后，每年的财政支出效率会有所下降，且地区间效率得分差异下降了。总之，环境变量和随机因素对财政社会保障支出效率的影响是明显的。

第二，在保持当年产出一定的情况下，2007 年存在 57.8% 的投入浪费，2008 年存在 64.4% 的投入浪费，2009 年存在 60.2% 的投入，浪费 2010 年存在 57.3% 的投入浪费，2011 年存在 61.7% 的投入浪费，2012 年存在 63% 的投入浪费。另外从规模报酬上看，绝大多数省份的社会保障支出处于规模报酬递增的状态，这表明增加财政支出会大幅度提高社会保障的产出。从另一个角度也表明了我国地方社会保障供给量是有待提高的。

第三，2007 年技术效率处于前五名的是海南、甘肃、福建、浙江、广东、西藏，2008 年技术效率处于前五名的是浙江、湖南、江苏、湖北、福建、广西，2009 年技术效率处于前五名的是福建、海南、浙江、广东、江苏，2010 年技术效率处于前五名的是福建、天津、海南、浙江、广东，2011 年技术效率处于前五名的是福建、海南、浙江、北京、广东，2012 年技术效率处于前五名的是海南、福建、浙江、广东、北京。

（二）效率变动的 Malmquist 指数分析

为反映社会保障财政支出技术效率及全要素生产力在 2008 年、2009 年、2010 年、2011 年、2012 年的变动情况，利用 DEA 计算出 Malmquist 指数，结果见表 3-9。

表 3-9　　　社会保障财政支出效率的 Malmquist 指数

年份	2008				
地区	effch	techch	pech	sech	tfpch
北京	0.828	1.472	0.832	0.995	1.219
天津	0.634	1.458	0.773	0.82	0.925
河北	0.746	1.499	0.789	0.946	1.119
山西	0.748	1.508	0.861	0.868	1.128
内蒙古	0.789	1.408	0.95	0.831	1.111
辽宁	0.818	1.455	0.82	0.997	1.189
吉林	0.757	1.452	0.874	0.866	1.099
黑龙江	0.87	1.391	0.875	0.995	1.21
上海	0.704	1.474	0.705	0.999	1.037
江苏	0.95	1.489	1	0.95	1.414
浙江	1	1.493	1	1	1.493
安徽	0.751	1.487	0.835	0.9	1.117
福建	0.813	1.517	0.938	0.866	1.233
江西	0.87	1.414	0.951	0.914	1.23
山东	0.853	1.518	0.889	0.959	1.295
河南	0.739	1.48	0.733	1.007	1.093
湖北	0.73	1.486	0.786	0.93	1.085
湖南	0.691	1.523	0.753	0.917	1.052
广东	0.93	1.394	1	0.93	1.296
广西	0.84	1.451	1.031	0.815	1.219
海南	0.557	1.548	1	0.557	0.862
重庆	0.809	1.533	0.993	0.814	1.239
四川	0.652	1.436	0.651	1.002	0.937
贵州	0.843	1.437	1.102	0.765	1.211
云南	0.707	1.444	0.884	0.8	1.021
西藏	0.842	1.486	1.489	0.566	1.252

续表

年份	2008				
地区	effch	techch	pech	sech	tfpch
陕 西	0.61	1.48	0.698	0.873	0.902
甘 肃	0.687	1.438	0.914	0.751	0.987
青 海	0.844	1.368	1.446	0.584	1.154
宁 夏	0.779	1.368	1.29	0.604	1.066
新 疆	0.818	1.521	1.035	0.79	1.244
均 值	0.775	1.465	0.915	0.847	1.134
年份	2009				
北 京	1.124	0.761	1.121	1.003	0.856
天 津	1.235	0.991	1.292	0.956	1.225
河 北	1.188	0.917	1.164	1.02	1.09
山 西	1.285	0.906	1.229	1.045	1.163
内蒙古	1.085	0.973	0.995	1.091	1.055
辽 宁	1.029	0.914	1.017	1.012	0.941
吉 林	1.644	0.921	1.416	1.161	1.514
黑龙江	1.055	0.952	1.036	1.018	1.004
上 海	0.997	1.027	1.018	0.98	1.024
江 苏	0.939	0.939	0.861	1.09	0.882
浙 江	1	0.856	1	1	0.856
安 徽	1.473	0.916	1.306	1.128	1.349
福 建	1.326	0.916	1.21	1.096	1.215
江 西	1.551	0.95	1.376	1.127	1.473
山 东	1.162	0.89	1.119	1.039	1.035
河 南	1.162	0.913	1.159	1.002	1.061
湖 北	1.498	0.87	1.384	1.082	1.303
湖 南	1.658	0.901	1.51	1.098	1.494
广 东	1.076	0.968	1	1.076	1.041

续表

年份	2009				
地区	effch	techch	pech	sech	tfpch
广 西	1.185	0.945	1.048	1.131	1.12
海 南	1.241	0.878	1	1.241	1.09
重 庆	1.336	0.888	1.164	1.147	1.186
四 川	1.393	0.93	1.363	1.022	1.295
贵 州	1.181	1.026	1.041	1.134	1.211
云 南	1.15	1.04	1.053	1.092	1.196
西 藏	1.064	0.957	1.095	0.972	1.018
陕 西	1.206	0.912	1.167	1.034	1.1
甘 肃	1.272	0.943	1.111	1.144	1.199
青 海	0.845	1.018	1.078	0.783	0.86
宁 夏	1.32	0.993	1.104	1.195	1.311
新 疆	0.978	0.966	0.922	1.061	0.945
均 值	1.199	0.933	1.131	1.06	1.119
年份	2010				
北 京	1.365	0.828	1.332	1.025	1.13
天 津	1.452	0.934	1.219	1.191	1.356
河 北	0.999	0.972	1.034	0.966	0.971
山 西	1.043	0.976	1.013	1.03	1.017
内蒙古	1.094	0.99	1.036	1.056	1.084
辽 宁	1.128	0.9	1.165	0.968	1.015
吉 林	1.136	0.99	1.148	0.989	1.124
黑龙江	1.058	0.991	1.106	0.956	1.048
上 海	1.363	0.948	1.437	0.949	1.292
江 苏	1.034	0.937	1.039	0.995	0.968
浙 江	1	0.838	1	1	0.838
安 徽	1.08	0.99	1.112	0.971	1.069

续表

年份	2010				
地区	effch	techch	pech	sech	tfpch
福 建	0.986	0.99	0.989	0.997	0.977
江 西	1.063	0.99	1.09	0.976	1.053
山 东	0.926	0.954	0.947	0.978	0.883
河 南	1.05	0.952	1.091	0.963	1
湖 北	1.04	0.99	1.099	0.946	1.03
湖 南	1.029	0.99	1.086	0.948	1.019
广 东	1	0.995	1	1	0.995
广 西	1.138	0.99	1.087	1.047	1.127
海 南	1.347	0.952	1	1.347	1.282
重 庆	1.243	0.963	1.161	1.071	1.197
四 川	1.025	0.992	1.075	0.953	1.017
贵 州	1.181	0.99	1.066	1.108	1.17
云 南	1.122	0.99	1.059	1.059	1.111
西 藏	1.173	1.002	0.965	1.216	1.175
陕 西	1.118	0.928	1.061	1.053	1.038
甘 肃	1.073	0.99	0.967	1.11	1.063
青 海	1.017	0.974	0.676	1.505	0.991
宁 夏	1.215	0.99	1.058	1.148	1.203
新 疆	1.136	0.99	1.078	1.054	1.125
均 值	1.111	0.964	1.063	1.045	1.071
年份	2011				
北 京	1.038	0.889	1.078	0.963	0.923
天 津	0.735	1.155	0.842	0.873	0.848
河 北	0.92	0.998	0.961	0.957	0.918
山 西	0.883	1.011	0.96	0.92	0.893
内蒙古	0.732	1.155	0.844	0.868	0.846

续表

年份	2011				
地区	effch	techch	pech	sech	tfpch
辽宁	0.943	0.973	0.99	0.953	0.918
吉林	0.749	1.155	0.829	0.903	0.865
黑龙江	0.788	1.05	0.841	0.937	0.828
上海	1.064	0.915	1.081	0.984	0.974
江苏	0.823	0.958	0.838	0.982	0.789
浙江	1	0.839	1	1	0.839
安徽	0.782	1.155	0.848	0.923	0.904
福建	0.929	0.993	0.937	0.992	0.922
江西	0.744	1.155	0.826	0.9	0.859
山东	0.895	0.982	0.909	0.984	0.879
河南	0.883	0.978	0.905	0.976	0.863
湖北	0.775	1.14	0.826	0.939	0.884
湖南	0.745	1.155	0.798	0.932	0.86
广东	1	1.036	1	1	1.036
广西	0.785	1.155	0.892	0.88	0.907
海南	0.969	0.96	1	0.969	0.931
重庆	0.984	1.067	1.016	0.969	1.05
四川	0.965	1.016	0.99	0.975	0.981
贵州	0.707	1.155	0.848	0.834	0.817
云南	0.744	1.155	0.856	0.869	0.86
西藏	0.77	1.068	0.901	0.855	0.823
陕西	0.83	1.005	0.868	0.957	0.834
甘肃	0.704	1.151	0.86	0.819	0.811
青海	0.952	1.155	1.216	0.782	1.099
宁夏	0.721	1.068	0.869	0.83	0.77
新疆	0.86	1.028	0.889	0.967	0.884
均值	0.846	1.05	0.915	0.924	0.888

续表

年份	2012				
地区	effch	techch	pech	sech	tfpch
北京	0.979	1.006	0.935	1.047	0.985
天津	0.875	1.002	0.852	1.027	0.877
河北	0.99	0.982	0.976	1.014	0.972
山西	1.175	0.995	1.071	1.097	1.169
内蒙古	0.854	1.078	0.911	0.937	0.92
辽宁	0.944	1.009	0.911	1.036	0.953
吉林	0.881	1.12	0.95	0.927	0.987
黑龙江	0.929	0.993	0.913	1.018	0.922
上海	1.049	1.012	1.013	1.036	1.061
江苏	0.937	1.002	0.93	1.008	0.939
浙江	1	1.053	1	1	1.053
安徽	0.829	1.096	0.869	0.953	0.908
福建	0.967	0.999	0.962	1.006	0.966
江西	0.881	1.097	0.913	0.966	0.967
山东	0.905	0.997	0.885	1.022	0.902
河南	0.929	0.995	0.911	1.021	0.924
湖北	0.981	0.983	0.963	1.018	0.965
湖南	1.002	1.092	1.02	0.983	1.094
广东	1	1.03	1	1	1.03
广西	0.891	1.079	0.928	0.96	0.962
海南	1.012	1.003	1	1.012	1.015
重庆	1.922	1.11	1.697	1.133	2.135
四川	1.025	1	0.987	1.038	1.025
贵州	0.95	1.004	0.985	0.964	0.954
云南	0.876	1.064	0.914	0.959	0.932
西藏	1.111	0.956	1.032	1.076	1.062

续表

年份	2012				
地区	effch	techch	pech	sech	tfpch
陕 西	0.931	0.988	0.945	0.986	0.92
甘 肃	0.977	0.998	0.997	0.98	0.975
青 海	0.993	1.046	1.037	0.958	1.038
宁 夏	2.11	1.054	1.181	1.786	2.224
新 疆	0.981	0.992	0.988	0.993	0.973
均 值	1.005	1.026	0.982	1.024	1.031

从表3-9中可以看出，2008年的地方财政社会保障支出效率平均值较2007年下降22.5%，均值为0.775，原因是纯技术效率和规模效率均有下降。2009年较之2008年上升19.9%，原因是纯技术效率提高，且规模效率也上升。2010年效率均值为1.111，较之2009年上升11.1%，原因是纯技术效率和规模效率均有所上升。2011年较之2010年下降了15.4%，其主要是由于纯技术效率和规模效率都有下降。2012年较之2011年小幅上升0.5%，其中纯技术效率下降，而规模效率上升。2008年财政支出的全要素生产力为1.134，表明较之2007年有所上升，虽然纯技术效率和规模效率均有所下降，但生产技术有很大幅度提高。2009年的全要素生产力较2008年有所提高，但生产技术却有所下降。2010年的全要素生产力有小幅提升，达到1.071，但生产技术也有所下降。2011年的全要素生产力达到0.888，较2010年有所下降，但生产技术却有小幅提升。2012年的全要素生产力为1.031，与2011年比较，其生产技术也有所提高。

四 交通运输财政支出效率评估

（一）三阶段 Bootstrapped DEA 效率计算

1. 利用初始投入产出数据计算效率得分

利用投入导向型 BCC-DEA 模型，计算得到不变报酬技术效率（CRSTE），可变报酬技术效率（VRSTE），规模效率（Scale Efficiency），规模报酬类型（Return）。

2. 环境调整后 DEA 计算效率得分

以第一阶段 DEA 计算的交通运输投入松弛量为解释变量，以外生环境变量为解释变量构建 Tobit 模型，估计结果见表 3-10。

表 3-10　　　　交通运输投入松弛量的面板 Tobit 模型回归结果

交通运输投入松弛量	系数估计值
decentralization	—
	—
d_1	−100738.5
	(−0.96)
d_2	—
	—
gdpch	−50566
	(−1.42)
density	278784.4**
	(2.41)
常数项	5194.545
	(0.05)
/sigma	438492
Log likelihood	−1571.1993
Number of obs	186
LR chi2 (5)	7.66
Prob > chi2	0.0536
Pseudo R^2	0.0024

注：***、**、*，分别表示在 1%、5%、10% 水平下拒绝原假设；括号内为 t 统计值。

在 Tobit 模型的估计过程中，由于财政分权与中部地区哑变量没有通过 10% 水平下的显著性检验，予以剔除。剔除后模型的估计结果表 3-10 可以看出，所有外生环境变量中，仅有人口密度（density）变量通过了通过显著性检验，系数估计值为 278784.4，表明人口密度越高越不利于投入松弛量的减少，越不利于效率的提高。

3. 重新计算 DEA 效率得分

利用交通运输松弛量的拟合值对原始投入量进行调整，调整之后重新运用DEA计算交通运输财政支出效率，计算结果见表3-11。

4. 控制随机因素的Bootstrapped DEA

表3-11　　2007—2012年交通运输财政支出效率DEA计算结果

地区	年份	初始DEA				环境调整后DEA		Bootstrapped DEA		
		crste	vrste	scale	re	vrste	排名	偏差（bias）	纠偏估计值	排名
北京	2007	0.225	0.330	0.683	irs	0.453	31	0.037	0.416	31
天津	2007	1.000	1.000	1.000	-	1.000	1	0.177	0.823	12
河北	2007	1.000	1.000	1.000	-	1.000	1	0.182	0.818	13
山西	2007	0.846	0.859	0.986	irs	0.935	12	0.103	0.832	4
内蒙古	2007	0.884	1.000	0.884	drs	1.000	1	0.173	0.827	7
辽宁	2007	1.000	1.000	1.000	-	1.000	1	0.118	0.882	2
吉林	2007	0.989	1.000	0.989	irs	0.914	13	0.052	0.862	3
黑龙江	2007	0.873	0.963	0.907	drs	1.000	1	0.115	0.885	1
上海	2007	0.761	1.000	0.761	drs	1.000	1	0.176	0.824	10
江苏	2007	0.515	0.640	0.806	drs	0.838	16	0.093	0.745	16
浙江	2007	0.918	1.000	0.918	drs	1.000	1	0.173	0.827	8
安徽	2007	0.482	0.495	0.974	irs	0.747	18	0.069	0.678	20
福建	2007	0.521	0.595	0.874	irs	0.623	28	0.045	0.578	28
江西	2007	0.629	0.670	0.938	irs	0.774	17	0.064	0.710	17
山东	2007	1.000	1.000	1.000	-	1.000	1	0.172	0.828	5
河南	2007	0.799	1.000	0.799	drs	1.000	1	0.177	0.823	11
湖北	2007	0.774	0.803	0.964	irs	0.884	14	0.079	0.805	14
湖南	2007	0.596	0.622	0.958	drs	0.856	15	0.074	0.782	15
广东	2007	0.799	1.000	0.799	drs	1.000	1	0.175	0.825	9
广西	2007	0.467	0.508	0.919	irs	0.705	22	0.050	0.654	22
海南	2007	0.963	1.000	0.963	irs	0.648	26	0.053	0.595	27
重庆	2007	0.464	0.473	0.981	irs	0.733	19	0.042	0.691	19
四川	2007	0.617	1.000	0.617	drs	1.000	1	0.172	0.828	6

续表

地区	年份	初始DEA				环境调整后DEA		Bootstrapped DEA		
		crste	vrste	scale	re	vrste	排名	偏差(bias)	纠偏估计值	排名
贵州	2007	0.335	0.379	0.884	irs	0.643	27	0.046	0.597	26
云南	2007	0.413	0.419	0.986	irs	0.669	24	0.061	0.607	25
西藏	2007	0.191	0.345	0.553	irs	0.470	30	0.042	0.428	30
陕西	2007	0.460	0.471	0.976	irs	0.690	23	0.042	0.648	23
甘肃	2007	0.624	0.672	0.928	irs	0.733	19	0.040	0.693	18
青海	2007	0.700	0.846	0.827	irs	0.669	24	0.037	0.632	24
宁夏	2007	0.607	1.000	0.607	irs	0.593	29	0.053	0.540	29
新疆	2007	0.618	0.642	0.962	irs	0.711	21	0.051	0.659	21
均值		0.680	0.766	0.885		0.816		0.095	0.721	
标准差		0.237	0.246	0.127		0.173		0.056	0.128	
北京	2008	0.218	0.255	0.854	irs	0.462	31	0.043	0.418	31
天津	2008	0.463	0.878	0.528	irs	0.488	29	0.065	0.424	29
河北	2008	1.000	1.000	1.000	-	1.000	1	0.176	0.824	1
山西	2008	0.680	0.701	0.969	irs	0.834	10	0.093	0.741	10
内蒙古	2008	0.823	1.000	0.823	drs	1.000	1	0.220	0.780	6
辽宁	2008	0.724	0.728	0.995	irs	0.890	8	0.122	0.768	9
吉林	2008	0.771	0.784	0.983	irs	0.879	9	0.079	0.800	2
黑龙江	2008	0.651	0.736	0.885	drs	0.928	7	0.144	0.784	5
上海	2008	1.000	1.000	1.000	-	1.000	1	0.216	0.784	4
江苏	2008	0.228	0.236	0.966	irs	0.492	28	0.067	0.425	28
浙江	2008	0.512	0.520	0.984	drs	0.733	13	0.095	0.638	15
安徽	2008	0.485	0.513	0.945	irs	0.804	12	0.128	0.677	12
福建	2008	0.275	0.346	0.793	irs	0.473	30	0.054	0.419	30
江西	2008	0.530	0.557	0.951	irs	0.731	14	0.079	0.652	13
山东	2008	1.000	1.000	1.000	-	1.000	1	0.224	0.776	8

续表

地区	年份	初始 DEA				环境调整后 DEA		Bootstrapped DEA		
		crste	vrste	scale	re	vrste	排名	偏差 (bias)	纠偏估计值	排名
河 南	2008	0.778	1.000	0.778	drs	1.000	1	0.214	0.786	3
湖 北	2008	0.676	0.690	0.979	irs	0.826	11	0.096	0.730	11
湖 南	2008	0.452	0.474	0.953	irs	0.728	15	0.096	0.631	16
广 东	2008	0.633	1.000	0.633	drs	1.000	1	0.221	0.779	7
广 西	2008	0.320	0.355	0.902	irs	0.604	24	0.058	0.546	22
海 南	2008	0.474	1.000	0.474	irs	0.518	27	0.064	0.454	27
重 庆	2008	0.314	0.397	0.791	irs	0.607	22	0.069	0.537	23
四 川	2008	0.289	0.370	0.783	drs	0.618	21	0.103	0.515	24
贵 州	2008	0.353	0.388	0.911	irs	0.607	22	0.059	0.548	21
云 南	2008	0.458	0.463	0.989	irs	0.696	17	0.083	0.613	19
西 藏	2008	0.425	0.439	0.968	irs	0.639	20	0.051	0.589	20
陕 西	2008	0.332	0.361	0.920	irs	0.565	25	0.059	0.506	25
甘 肃	2008	0.496	0.501	0.990	irs	0.680	18	0.056	0.624	17
青 海	2008	0.975	1.000	0.975	irs	0.680	18	0.058	0.622	18
宁 夏	2008	0.534	1.000	0.534	irs	0.535	26	0.064	0.471	26
新 疆	2008	0.642	0.646	0.994	irs	0.717	16	0.068	0.649	14
均值		0.565	0.656	0.879		0.733		0.104	0.629	
标准差		0.235	0.269	0.151		0.181		0.059	0.133	
北 京	2009	0.497	0.502	0.991	drs	0.617	29	0.041	0.575	29
天 津	2009	1.000	1.000	1.000	-	0.846	23	0.059	0.788	23
河 北	2009	0.735	0.841	0.874	drs	0.875	21	0.058	0.817	22
山 西	2009	0.908	0.953	0.952	drs	1.000	1	0.047	0.953	1
内蒙古	2009	1.000	1.000	1.000	-	1.000	1	0.117	0.883	15
辽 宁	2009	1.000	1.000	1.000	-	1.000	1	0.090	0.910	7
吉 林	2009	1.000	1.000	1.000	-	1.000	1	0.098	0.902	12

续表

地区	年份	初始DEA				环境调整后DEA		Bootstrapped DEA		
		crste	vrste	scale	re	vrste	排名	偏差(bias)	纠偏估计值	排名
黑龙江	2009	0.851	0.982	0.866	drs	1.000	1	0.077	0.923	4
上 海	2009	0.993	1.000	0.993	drs	1.000	1	0.121	0.879	18
江 苏	2009	0.635	0.635	1.000	-	0.704	28	0.042	0.662	28
浙 江	2009	0.531	0.533	0.997	irs	0.611	30	0.038	0.572	30
安 徽	2009	0.944	0.945	0.999	irs	1.000	1	0.074	0.926	3
福 建	2009	0.445	0.459	0.969	irs	0.589	31	0.036	0.553	31
江 西	2009	0.685	0.687	0.997	irs	0.808	25	0.048	0.761	25
山 东	2009	1.000	1.000	1.000	-	1.000	1	0.118	0.882	16
河 南	2009	0.870	1.000	0.870	drs	1.000	1	0.118	0.882	17
湖 北	2009	1.000	1.000	1.000	-	1.000	1	0.104	0.896	13
湖 南	2009	1.000	1.000	1.000	-	1.000	1	0.093	0.907	9
广 东	2009	1.000	1.000	1.000	-	1.000	1	0.124	0.876	19
广 西	2009	1.000	1.000	1.000	-	1.000	1	0.063	0.937	2
海 南	2009	0.856	1.000	0.856	irs	0.973	19	0.064	0.909	8
重 庆	2009	1.000	1.000	1.000	-	1.000	1	0.097	0.903	10
四 川	2009	0.810	1.000	0.810	drs	1.000	1	0.116	0.884	14
贵 州	2009	0.509	0.534	0.954	irs	0.720	27	0.041	0.679	26
云 南	2009	0.551	0.625	0.881	drs	0.730	26	0.052	0.678	27
西 藏	2009	0.422	0.567	0.744	irs	0.813	24	0.042	0.771	24
陕 西	2009	0.763	0.763	1.000	-	0.865	22	0.042	0.823	21
甘 肃	2009	0.910	0.938	0.970	irs	0.981	18	0.059	0.922	5
青 海	2009	0.690	0.811	0.851	irs	0.924	20	0.059	0.865	20
宁 夏	2009	1.000	1.000	1.000	-	1.000	1	0.098	0.902	11
新 疆	2009	1.000	1.000	1.000	-	1.000	1	0.086	0.914	6
均值		0.826	0.864	0.954		0.905		0.075	0.830	

续表

地区	年份	初始 DEA				环境调整后 DEA		Bootstrapped DEA		
		crste	vrste	scale	re	vrste	排名	偏差(bias)	纠偏估计值	排名
标准差		0.199	0.190	0.071		0.137		0.030	0.116	
北京	2010	0.492	0.563	0.873	drs	0.667	29	0.032	0.636	29
天津	2010	1.000	1.000	1.000	-	0.753	27	0.041	0.712	27
河北	2010	0.844	0.910	0.928	drs	0.862	22	0.056	0.805	22
山西	2010	0.727	0.727	1.000	-	0.814	24	0.037	0.778	24
内蒙古	2010	1.000	1.000	1.000	-	1.000	1	0.103	0.897	15
辽宁	2010	0.819	0.891	0.919	drs	0.853	23	0.049	0.804	23
吉林	2010	0.880	0.909	0.967	drs	0.959	16	0.037	0.923	9
黑龙江	2010	0.673	0.693	0.971	drs	0.810	25	0.045	0.765	25
上海	2010	1.000	1.000	1.000	-	1.000	1	0.102	0.898	12
江苏	2010	0.573	0.610	0.939	drs	0.662	30	0.039	0.623	30
浙江	2010	0.628	0.729	0.862	drs	0.731	28	0.038	0.693	28
安徽	2010	1.000	1.000	1.000	-	1.000	1	0.103	0.897	14
福建	2010	0.517	0.520	0.993	drs	0.637	31	0.025	0.613	31
江西	2010	0.843	0.850	0.991	drs	0.909	19	0.043	0.866	19
山东	2010	0.843	1.000	0.843	drs	1.000	1	0.102	0.898	13
河南	2010	0.989	1.000	0.989	drs	1.000	1	0.104	0.896	16
湖北	2010	0.968	1.000	0.968	drs	1.000	1	0.059	0.941	3
湖南	2010	0.955	1.000	0.955	drs	0.994	13	0.054	0.940	4
广东	2010	0.879	1.000	0.879	drs	1.000	1	0.106	0.894	18
广西	2010	0.966	0.969	0.996	irs	0.978	15	0.043	0.935	6
海南	2010	1.000	1.000	1.000	-	0.984	14	0.048	0.936	5
重庆	2010	1.000	1.000	1.000	-	1.000	1	0.072	0.928	8
四川	2010	0.918	1.000	0.918	drs	1.000	1	0.104	0.896	17
贵州	2010	0.748	0.790	0.947	drs	0.897	20	0.042	0.855	20

续表

地区	年份	初始 DEA				环境调整后 DEA		Bootstrapped DEA		
		crste	vrste	scale	re	vrste	排名	偏差(bias)	纠偏估计值	排名
云南	2010	0.808	0.921	0.878	drs	0.947	17	0.041	0.905	10
西藏	2010	0.511	0.594	0.859	irs	0.781	26	0.039	0.742	26
陕西	2010	0.795	0.822	0.967	drs	0.882	21	0.039	0.843	21
甘肃	2010	1.000	1.000	1.000	-	1.000	1	0.069	0.931	7
青海	2010	0.858	0.920	0.933	irs	0.946	18	0.042	0.904	11
宁夏	2010	1.000	1.000	1.000	-	1.000	1	0.058	0.942	2
新疆	2010	1.000	1.000	1.000	-	1.000	1	0.055	0.945	1
均值		0.846	0.885	0.954		0.905		0.059	0.847	
标准差		0.164	0.153	0.051		0.117		0.026	0.102	
北京	2011	0.744	0.746	0.996	drs	0.830	23	0.029	0.801	23
天津	2011	0.976	1.000	0.976	irs	0.787	25	0.046	0.741	25
河北	2011	0.956	1.000	0.956	drs	0.967	14	0.059	0.908	7
山西	2011	0.967	0.976	0.991	drs	0.987	12	0.049	0.939	4
内蒙古	2011	1.000	1.000	1.000	-	1.000	1	0.107	0.893	16
辽宁	2011	0.953	0.994	0.958	drs	0.918	19	0.054	0.864	20
吉林	2011	0.943	1.000	0.943	drs	1.000	1	0.059	0.941	3
黑龙江	2011	0.894	0.911	0.981	drs	0.941	16	0.045	0.896	12
上海	2011	1.000	1.000	1.000	-	1.000	1	0.106	0.894	13
江苏	2011	0.713	0.714	0.999	-	0.736	28	0.039	0.697	28
浙江	2011	0.950	0.950	1.000	-	0.910	20	0.041	0.869	19
安徽	2011	1.000	1.000	1.000	-	1.000	1	0.093	0.907	8
福建	2011	0.468	0.472	0.991	irs	0.567	31	0.028	0.540	31
江西	2011	0.770	0.774	0.995	irs	0.828	24	0.034	0.794	24
山东	2011	1.000	1.000	1.000	-	1.000	1	0.106	0.894	14
河南	2011	1.000	1.000	1.000	-	1.000	1	0.106	0.894	15

续表

地区	年份	初始 DEA				环境调整后 DEA		Bootstrapped DEA		
		crste	vrste	scale	re	vrste	排名	偏差(bias)	纠偏估计值	排名
湖 北	2011	0.937	0.943	0.994	irs	0.930	17	0.034	0.896	11
湖 南	2011	0.865	0.867	0.998	irs	0.872	22	0.045	0.827	22
广 东	2011	1.000	1.000	1.000	-	1.000	1	0.103	0.897	10
广 西	2011	0.649	0.659	0.985	drs	0.738	27	0.034	0.704	27
海 南	2011	1.000	1.000	1.000	-	1.000	1	0.077	0.923	6
重 庆	2011	0.865	0.868	0.996	irs	0.925	18	0.039	0.887	18
四 川	2011	0.926	1.000	0.926	drs	1.000	1	0.108	0.892	17
贵 州	2011	0.580	0.591	0.981	irs	0.670	30	0.018	0.652	30
云 南	2011	0.875	0.880	0.995	irs	0.885	21	0.026	0.859	21
西 藏	2011	0.910	1.000	0.910	drs	1.000	1	0.046	0.954	2
陕 西	2011	0.624	0.639	0.977	drs	0.704	29	0.032	0.672	29
甘 肃	2011	0.947	0.959	0.987	irs	0.964	15	0.030	0.934	5
青 海	2011	0.613	0.613	1.000	-	0.740	26	0.034	0.706	26
宁 夏	2011	1.000	1.000	1.000	-	1.000	1	0.095	0.905	9
新 疆	2011	1.000	1.000	1.000	-	0.987	12	0.031	0.956	1
均值		0.875	0.889	0.985		0.900		0.057	0.843	
标准差		0.151	0.155	0.023		0.121		0.030	0.104	
北 京	2012	0.551	0.600	0.919	irs	0.700	28	0.031	0.669	27
天 津	2012	0.852	1.000	0.852	irs	0.761	24	0.054	0.707	25
河 北	2012	0.888	1.000	0.888	drs	1.000	1	0.127	0.873	15
山 西	2012	0.900	0.901	1.000	-	0.924	16	0.047	0.877	11
内蒙古	2012	1.000	1.000	1.000	-	1.000	1	0.122	0.878	9
辽 宁	2012	0.907	0.966	0.939	drs	0.902	18	0.072	0.830	20
吉 林	2012	1.000	1.000	1.000	-	1.000	1	0.106	0.894	7
黑龙江	2012	0.876	0.973	0.899	drs	0.995	13	0.069	0.926	1

续表

地区	年份	初始 DEA				环境调整后 DEA		Bootstrapped DEA		
		crste	vrste	scale	re	vrste	排名	偏差(bias)	纠偏估计值	排名
上 海	2012	1.000	1.000	1.000	-	1.000	1	0.123	0.877	13
江 苏	2012	0.623	0.629	0.991	irs	0.662	29	0.049	0.614	29
浙 江	2012	0.826	0.842	0.981	irs	0.809	23	0.048	0.762	23
安 徽	2012	1.000	1.000	1.000	-	1.000	1	0.114	0.886	8
福 建	2012	0.417	0.432	0.966	irs	0.524	31	0.030	0.494	31
江 西	2012	0.841	0.842	0.999	irs	0.887	19	0.048	0.838	18
山 东	2012	0.976	1.000	0.976	drs	1.000	1	0.122	0.878	10
河 南	2012	1.000	1.000	1.000	-	1.000	1	0.123	0.877	12
湖 北	2012	1.000	1.000	1.000	-	1.000	1	0.088	0.912	4
湖 南	2012	0.941	0.963	0.978	drs	0.962	15	0.064	0.898	6
广 东	2012	1.000	1.000	1.000	-	1.000	1	0.128	0.872	16
广 西	2012	0.662	0.675	0.980	irs	0.752	26	0.048	0.704	26
海 南	2012	0.781	1.000	0.781	irs	0.963	14	0.053	0.910	5
重 庆	2012	0.828	0.857	0.967	irs	0.882	20	0.045	0.837	19
四 川	2012	0.819	1.000	0.819	drs	1.000	1	0.125	0.875	14
贵 州	2012	0.529	0.539	0.982	drs	0.647	30	0.041	0.605	30
云 南	2012	0.652	0.695	0.938	drs	0.760	25	0.048	0.711	24
西 藏	2012	0.640	0.805	0.795	irs	0.879	21	0.051	0.827	21
陕 西	2012	0.779	0.781	0.997	drs	0.821	22	0.050	0.771	22
甘 肃	2012	1.000	1.000	1.000	-	1.000	1	0.085	0.915	3
青 海	2012	0.502	0.552	0.909	irs	0.706	27	0.045	0.661	28
宁 夏	2012	1.000	1.000	1.000	-	1.000	1	0.080	0.920	2
新 疆	2012	0.834	0.902	0.925	drs	0.924	16	0.052	0.871	17
均值		0.827	0.869	0.951		0.886		0.074	0.812	
标准差		0.173	0.172	0.065		0.135		0.034	0.112	

从表 3-11 可以得到以下几方面的信息：

第一，2007 年省级财政交通运输初始 DEA 效率平均值 0.766，经过环境调整之后，平均值上升为 0.816，而经过控制随机因素之后，平均值下降为 0.721，环境和随机因素调整后，标准差下降，表明地区间的效率差异在缩小。2008 年初始 DEA 效率平均值为 0.656，经过环境调整之后，平均值上升为 0.733，而经过控制随机因素之后，平均值下降为 0.629，而标准差由 0.269 下降为 0.133。2009 年初始 DEA 效率平均值为 0.864，经过环境调整之后，平均值上升为 0.905，而经过控制随机因素之后，平均值下降为 0.830，而标准差由 0.190 下降为 0.116。2010 年初始 DEA 效率平均值为 0.885，经过环境调整之后，平均值上升为 0.905，而经过控制随机因素之后，平均值下降为 0.847，而标准差由 0.153 下降为 0.102。2011 年初始 DEA 效率平均值为 0.889，经过环境调整之后，平均值上升为 0.9，而经过控制随机因素之后，平均值下降为 0.843，而标准差由 0.155 下降为 0.104。2012 年初始 DEA 效率平均值为 0.869，经过环境调整之后，平均值上升为 0.886，而经过控制随机因素之后，平均值下降为 0.812，而标准差由 0.172 下降为 0.112。这表明若不控制环境因素的干扰，财政交通运输支出效率会被低估，进一步控制了随机因素的冲击后，每年的财政支出效率会有所下降，且地区间效率得分差异下降了。总之，环境变量和随机因素对财政交通支出效率的影响是明显的。

第二，在保持当年产出一定的情况下，2007 年存在 27.9% 的投入浪费，2008 年存在 37.1% 的投入浪费，2009 年存在 17% 的投入浪费，2010 年存在 15.3% 的投入浪费，2011 年存在 15.7% 的投入浪费，2012 年存在 18.8% 的投入浪费。另外从规模报酬上看，多数省份的交通运输支出处于规模报酬递增的状态，这表明增加财政支出会大幅度提高交通运输的产出，但也有众多省份的交通运输支出已经处于规模报酬递减的状态，表明增加财政支出已经不会大幅提高交通运输的产出。从另一个角度也表明了我国地方交通运输供给量水平全国参差不齐。

第三，2007 年技术效率处于前五名的是黑龙江、辽宁、吉林、山西、山东，2008 年技术效率处于前五名的是河北、吉林、河南、上海、黑龙江，2009 年技术效率处于前五名的是山西、广西、安徽、黑龙江、甘肃，2010 年技术效率处于前五名的是新疆、宁夏、湖北、湖南、海南。2011 年技术效率处于前五名的是新疆、西藏、吉林、山西、甘肃。2012 年技术效率处于前五名的是黑龙江、宁夏、甘肃、湖北、海南。

(二) 效率变动的 Malmquist 指数分析

为反映社会保障财政支出技术效率及全要素生产力在 2008 年、2009 年、2010 年、2011 年、2012 年的变动情况,利用 DEA 计算出 Malmquist 指数,结果见表 3-12。

表 3-12　　　　交通运输财政支出效率的 Malmquist 指数

年份	2008				
地区	effch	techch	pech	sech	tfpch
北　京	1.526	1.275	1.019	1.498	1.947
天　津	0.426	1.096	0.488	0.873	0.467
河　北	1	1.037	1	1	1.037
山　西	0.848	1.089	0.892	0.95	0.923
内蒙古	1	1.013	1	1	1.013
辽　宁	0.88	1.063	0.89	0.989	0.935
吉　林	1.05	0.994	0.961	1.092	1.043
黑龙江	0.913	0.998	0.928	0.985	0.912
上　海	1	1.143	1	1	1.143
江　苏	0.574	1.282	0.587	0.977	0.736
浙　江	0.672	1.518	0.733	0.918	1.021
安　徽	1.13	1.208	1.077	1.048	1.364
福　建	0.725	1.245	0.758	0.956	0.903
江　西	0.971	1.038	0.944	1.028	1.007
山　东	1	1.279	1	1	1.279
河　南	1	1.096	1	1	1.096
湖　北	0.952	1.001	0.935	1.019	0.953
湖　南	0.843	1.185	0.851	0.992	0.999
广　东	1	1.382	1	1	1.382
广　西	0.882	1.041	0.857	1.029	0.918
海　南	0.58	1.581	0.799	0.726	0.918

续表

年份	2008				
地区	effch	techch	pech	sech	tfpch
重 庆	0.81	1.346	0.827	0.979	1.09
四 川	0.594	1.447	0.618	0.962	0.86
贵 州	0.922	1.05	0.944	0.977	0.969
云 南	1.053	0.996	1.041	1.011	1.049
西 藏	2.372	1.004	1.36	1.744	2.38
陕 西	0.769	1.05	0.818	0.939	0.807
甘 肃	0.96	1.007	0.928	1.035	0.967
青 海	1.079	1.007	1.016	1.062	1.087
宁 夏	1.092	1.027	0.903	1.209	1.122
新 疆	1.029	0.994	1.009	1.02	1.023
均 值	0.912	1.134	0.894	1.021	1.035
年份	2009				
北 京	1.483	0.479	1.336	1.11	0.71
天 津	2.98	0.409	1.734	1.718	1.22
河 北	0.866	0.512	0.875	0.989	0.443
山 西	1.157	0.537	1.199	0.964	0.621
内蒙古	1	0.685	1	1	0.685
辽 宁	1.137	0.541	1.124	1.011	0.615
吉 林	1.246	0.629	1.138	1.095	0.784
黑龙江	1.095	0.643	1.078	1.016	0.704
上 海	1	0.319	1	1	0.319
江 苏	1.463	0.455	1.43	1.023	0.665
浙 江	0.819	0.483	0.833	0.983	0.396
安 徽	1.279	0.458	1.243	1.029	0.586
福 建	1.416	0.49	1.247	1.136	0.694
江 西	1.181	0.488	1.106	1.068	0.576

续表

年份	2009				
地区	effch	techch	pech	sech	tfpch
山东	1	0.451	1	1	0.451
河南	1	0.448	1	1	0.448
湖北	1.32	0.534	1.21	1.09	0.704
湖南	1.458	0.481	1.374	1.061	0.702
广东	1	0.498	1	1	0.498
广西	1.81	0.514	1.657	1.093	0.931
海南	1.85	0.473	1.878	0.985	0.875
重庆	1.966	0.457	1.649	1.193	0.898
四川	1.683	0.469	1.619	1.04	0.789
贵州	1.273	0.532	1.186	1.073	0.677
云南	1.055	0.535	1.048	1.006	0.565
西藏	0.725	0.604	1.272	0.57	0.438
陕西	1.774	0.509	1.532	1.158	0.903
甘肃	1.487	0.551	1.443	1.031	0.82
青海	1.226	0.604	1.358	0.903	0.741
宁夏	1.71	0.566	1.867	0.916	0.968
新疆	1.631	0.558	1.394	1.17	0.911
均值	1.299	0.508	1.256	1.034	0.66
年份	2010				
北京	1.095	0.932	1.082	1.011	1.02
天津	0.763	1.386	0.889	0.858	1.058
河北	0.993	1.131	0.984	1.009	1.123
山西	0.81	1.083	0.814	0.994	0.878
内蒙古	1	1.175	1	1	1.175
辽宁	0.841	1.076	0.853	0.986	0.905
吉林	0.82	1.033	0.959	0.855	0.847

续表

年份	2010				
地区	effch	techch	pech	sech	tfpch
黑龙江	0.782	1.046	0.81	0.965	0.819
上海	1	1.535	1	1	1.535
江苏	0.937	1.062	0.941	0.996	0.995
浙江	1.292	0.952	1.197	1.079	1.229
安徽	1.021	1.202	1	1.021	1.227
福建	1.038	0.997	1.082	0.959	1.035
江西	1.084	1.018	1.125	0.964	1.104
山东	0.948	0.924	1	0.948	0.876
河南	1	1.104	1	1	1.104
湖北	1	0.865	1	1	0.865
湖南	0.978	0.983	0.994	0.984	0.962
广东	1	0.935	1	1	0.935
广西	0.903	1.111	0.978	0.923	1.003
海南	1.336	0.951	1.012	1.32	1.27
重庆	0.989	0.976	1	0.989	0.965
四川	1	1.005	1	1	1.005
贵州	1.373	0.833	1.246	1.103	1.145
云南	1.363	0.833	1.297	1.051	1.136
西藏	1.268	0.833	0.96	1.321	1.057
陕西	1.019	1.014	1.019	1	1.033
甘肃	1.099	0.911	1.019	1.078	1.001
青海	1.08	0.96	1.024	1.055	1.037
宁夏	1.032	1.16	1	1.032	1.197
新疆	0.972	0.934	1	0.972	0.908
均值	1.015	1.021	1.004	1.011	1.037

续表

年份	2011				
地区	effch	techch	pech	sech	tfpch
北京	1.19	0.758	1.244	0.956	0.901
天津	1.088	0.694	1.045	1.041	0.755
河北	1.107	0.705	1.123	0.986	0.781
山西	1.22	0.703	1.212	1.006	0.858
内蒙古	1	0.619	1	1	0.619
辽宁	1.091	0.703	1.077	1.014	0.767
吉林	1.126	0.674	1.042	1.08	0.758
黑龙江	1.145	0.636	1.161	0.987	0.729
上海	1	0.667	1	1	0.667
江苏	1.111	0.765	1.112	0.999	0.85
浙江	1.235	0.776	1.244	0.993	0.959
安徽	1	0.78	1	1	0.78
福建	0.914	0.745	0.89	1.027	0.681
江西	0.92	0.705	0.911	1.011	0.649
山东	1.055	0.822	1	1.055	0.866
河南	1	0.749	1	1	0.749
湖北	0.891	0.714	0.93	0.958	0.636
湖南	0.876	0.727	0.877	0.999	0.637
广东	1	0.756	1	1	0.756
广西	0.775	0.721	0.755	1.027	0.559
海南	1.069	0.78	1.016	1.052	0.834
重庆	0.884	0.741	0.925	0.955	0.655
四川	0.963	0.699	1	0.963	0.673
贵州	0.713	0.713	0.747	0.954	0.508
云南	0.899	0.713	0.935	0.962	0.641
西藏	1.347	0.713	1.281	1.052	0.96

续表

年份	2011				
地区	effch	techch	pech	sech	tfpch
陕 西	0.814	0.705	0.798	1.02	0.574
甘 肃	0.909	0.703	0.964	0.944	0.639
青 海	0.881	0.664	0.783	1.126	0.586
宁 夏	1.313	0.674	1	1.313	0.885
新 疆	0.936	0.671	0.987	0.948	0.627
均 值	1.004	0.715	0.993	1.012	0.718
年份	2012				
北 京	0.788	1.144	0.843	0.936	0.902
天 津	0.837	1.148	0.968	0.865	0.961
河 北	0.971	1.053	1.034	0.94	1.023
山 西	0.955	1.024	0.936	1.021	0.978
内蒙古	1	1.012	1	1	1.012
辽 宁	0.966	1.056	0.982	0.984	1.02
吉 林	1.083	1.11	1	1.083	1.202
黑龙江	1.095	1.02	1.057	1.035	1.116
上 海	1	1.243	1	1	1.243
江 苏	0.886	1.127	0.9	0.984	0.999
浙 江	0.852	1.168	0.89	0.958	0.995
安 徽	1	1.083	1	1	1.083
福 建	0.92	1.058	0.924	0.996	0.973
江 西	1.092	1.042	1.071	1.02	1.138
山 东	0.986	0.998	1	0.986	0.984
河 南	1	1.025	1	1	1.025
湖 北	1.122	1.068	1.075	1.044	1.198
湖 南	1.115	0.998	1.103	1.011	1.113
广 东	1	1.204	1	1	1.204

续表

年份	2012				
地区	effch	techch	pech	sech	tfpch
广　西	1.046	1.05	1.018	1.027	1.098
海　南	0.864	1.071	0.963	0.896	0.925
重　庆	0.968	1.044	0.953	1.015	1.01
四　川	0.917	1.009	1	0.917	0.925
贵　州	1.042	1.066	0.966	1.079	1.11
云　南	0.891	1.066	0.858	1.038	0.949
西　藏	0.887	1.066	0.879	1.009	0.945
陕　西	1.202	1.038	1.166	1.031	1.248
甘　肃	1.151	1.064	1.038	1.109	1.225
青　海	0.963	1.039	0.954	1.01	1.001
宁　夏	0.942	1.034	1	0.942	0.974
新　疆	0.998	1.04	0.936	1.066	1.037
均　值	0.981	1.068	0.982	0.999	1.048

从表 3-12 中可以看出，2008 年的地方财政交通运输支出效率平均值较 2007 年下降 8.8%，均值为 0.912，原因是纯技术效率有所下降。2009 年较之 2008 年上升 29.9%。原因是纯技术效率和规模效率均有所上升。2010 年较之 2009 年上升 1.5%，原因是纯技术效率和规模效率均有所上升。2011 年较之 2010 年上升 0.4%，纯技术效率虽有所下降，但规模效率却有所上升。2012 年较之 2011 年下降了 1.9%。原因是纯技术效率和规模效率均有所下降。再者，2008 年财政支出的全要素生产力为 1.035，表明较之 2007 年有提高，因为生产技术上升了。2009 年的全要素生产力大幅度下降，是因为生产技术大幅度下降。2010 年的全要素生产力达到 1.037，较于 2009 年有小幅提高，因生产技术也小幅提高。2011 年的全要素生产力再次因生产技术的大幅下降而下挫。2012 年的全要素生产力较 2010 年有 4.8% 的提高，因其生产技术也有所提高。

本章小结

财政支出技术效率是财政投入与产出间的对比关系,一定的财政投入所获得最大的公共服务产出,或者一定的公共服务产出所投入的财政资金最小化都称为技术效率。本章采用非参数数据包络分析(DEA)对教育、医疗卫生、社会保障和交通运输的2007—2012年的地方财政支出技术效率进行了实证评估。在方法上,本研究采用了比传统DEA方法更为科学的三阶段Bootstrapped DEA方法,考虑外生环境因素的干扰,同时也控制了随机因素的冲击。

总体上看,我国地方财政支出技术效率不高,且地区间的技术效率得分差异明显。在保持一定产出的情况下,存在大量的投入浪费。另外,绝大多数地区的财政投入存在规模报酬递增情况,进一步增加财政支出是必须的。通过Malmquist指数分析发现,不同的公共服务的效率变动和全要素生产力变动的方向和程度存在差异。就效率变动而言,只有不断提高纯技术效率和规模效率才能不断提高技术效率。

第四章 地方财政支出效率的空间外溢

第一节 地方财政支出和收入的空间关系性质

我国1994年的分税制改革拉开了实质性财政分权的序幕，分税制中规定了中央和地方各自的收入责任和支出责任。同时，地方政府官员特殊的升迁激励带来的锦标式竞争也渗透至地方政府的财政收支决策的方方面面。收入竞争方面主要以招商引资的税收优惠竞争为特征，主要目的就是尽可能将有限的外部资源吸纳到本辖区内以发展经济。支出竞争主要是以财政支出的外溢性为主要考虑依据，根据其他地方政府的支出决策来制定本辖区的支出决策。地方政府间的这两个方面的竞争可以用以下两个模型加以归纳：

模型一 外溢模型

外溢模型的主要特征是地方政府进行决策不仅是考虑本辖区的决定因素，同时还考虑其他辖区的决策，因此地方政府 i 的目标函数可以表述为：

$$V(z_i, z_{-i}; X_i) \tag{1}$$

其中，z_i 是 i 政府的决策变量，z_{-i} 是其他辖区政府的决策变量 z_i，X_i 是 i 政府的特征向量，决定着该辖区决策偏好。

政府 i 选择 z_i 来最大化其目标函数（1），即解 $\partial V/\partial z_i \equiv V z_i = 0$，因为该微分方程的解取决于 z_{-i} 和 X_i，因此 z_i 的解取决于其他地方政府的决策以及 i 的特征变量，该解可以写为：

$$z_i = R(z_{-i}; X_i) \tag{2}$$

函数 R 表示反应函数，代表了辖区 i 对于其他辖区选择的最佳反应。该反应函数的位置取决于辖区 i 的特征变量。

实际上，目前学界较为流行的标尺竞争模型也属于外溢模型的一种特定形式。在标尺竞争模型中，辖区选民通过比较本辖区的公共服务和税收与其他辖区的公共服务和税收以判断他们所在的辖区政府是否存在低效或寻租而浪费资源的情形，政府官员是否被赶下台。虽然 Besley and Case （1995）提出这个标尺竞争模型是运用了很复杂的信息理论框架，实际上该模型可以从以下模型来简单一点理解：

假设消费者效用为 $U(y_i - T_i, q_i; \tilde{X}_i)$，其中，$T_i$ 是税收，q_i 代表公共品的供给水平，税收能够满足公共品的提供成本和额外的资源浪费或寻租，这些浪费的资源，选民是无法观察不到的，但是这些资源的浪费选民可以通过与其他辖区的比较来标量。这里要特别假定这些比较会使得公共品最小供给水平与税收的比值（q_i/T_i）必须提供出来，以保证地方政府官员仍能在任。该要求的水平取决于观察到的公共品水平相对于其他辖区的税收水平，可以写成 $q_i/T_i = \varphi[(q_i/T_i)_{-i}]$，如果其他辖区的 q 和 T 的比值上升，即 $q_j/T_j, j \neq i$ 上升，这将迫使辖区 i 也提高 q_i/T_i（φ 由此也会上升），如果用 $T_i\varphi$ 来替代 q_i，则选民的偏好可以表示为：

$$U\{y_i - T_i, T_i\varphi[(q/T)_{-i}]; \tilde{X}_i\} \equiv V(T_i, T_{-i}; X_i) \qquad (3)$$

我们可以看到，其他辖区的产出效果变差，即 T_j 提高，而 q_j 不变会伤害到辖区 i 的居民，因为在既定的 T_i 下 q_i 也会下降，从而其他辖区的信息外溢会影响辖区 i 的公共服务的供给。依据该模型，Besley and Case （1995）实证估计了美国州一级的税收负担反应函数，Bivand and Szymansi（1997，2000）估计了公共部门成本的反应函数。

模型二 资源流动模型

资源流动模型，特定辖区并不直接受到其他辖区 z 水平的影响，但要受到其辖区内特定的"资源"的影响，因为这些资源在辖区间的分配受到所有辖区的 z 的影响，因此辖区 i 会间接地受到 z_{-i} 的影响，在该模型中，辖区 i 的目标函数为：

$$\tilde{V}(z_i, s_i; X_i) \qquad (4)$$

其中 s_i 是辖区 i 拥有的资源水平，资源分配取决于 z 向量以及辖区的特征变量。因此辖区 i 可用的资源可以表示为：

$$s_i = H(z_i, z_{-i}; X_i) \qquad (5)$$

为得到一个资源流动模型的简化形式，将式（5）代入式（4）可得到：

$$\tilde{V}[z_i, H(z_i, z_{-i}; X_i)] \equiv V(z_i, z_{-i}; X_i) \qquad (6)$$

可以看出，模型虽然表达不同，但目标函数函数形式与方程（1）相同，z_i，z_{-i} 和 X_i 都是函数的自变量，因此，最大化方程（6）可以得到如方程（2）的反应函数，只是这里的目标函数的特征更加复杂了，且其斜率由函数 H 和函数 $\bar{V}$ 共同决定。

以上两个模型最后都得出反应函数，该反应函数将每个辖区 z 的选择和它自己的特征变量和其他辖区的选择联系起来。在实证研究中，学者们主要估计的就是这样的反应函数，估计的函数形式一般可以表述为以下形式：

$$z_i = \beta \sum_{j \neq 1} \omega_{ij} z_j + X_i \theta + \varepsilon_i$$

式中，β 和 θ 是未知参数（向量），ε_i 是残差项，ω_{ij} 是事先确定的非负矩阵。

一 空间计量模型介绍

（一）空间自相关和集群分析方法

检验区域创新及创新集群现象的空间相关性存在与否，在实际的空间相关分析应用研究中，空间统计学较常使用空间自相关指数 Moran's I（吴玉鸣，2005），以下介绍 Moran's I 的基本计算原理及在中国区域创新集群中的应用。

Moran's I 定义如下：

$$\text{Moran's I} = \frac{\sum_{i=1}^{n} \sum_{j=1}^{n} W_{ij} (Y_i - \bar{Y})(Y_j - \bar{Y})}{S^2 \sum_{i=1}^{n} \sum_{j=1}^{n} W_{ij}} \quad (4)$$

式中，$S^2 = \frac{1}{n} \sum_{i=1}^{n} (Y_i - \bar{Y})$，$\bar{Y} = \frac{1}{n} \sum_{i=1}^{n} Y_i$，$Y_i$ 表示第 i 地区的观测值（如专利数），n 为地区总数（如省域），W_{ij} 为二进制的邻接空间权值矩阵，表示其中的任一元素，采用邻接标准或距离标准，其目的是定义空间对象的相互邻接关系。一般邻接标准的 W_{ij} 为：

$$W_{ij} = \begin{cases} 1 & \text{当区域 } i \text{ 和区域 } j \text{ 相邻;} \\ 0 & \text{当区域 } i \text{ 和区域 } j \text{ 不相邻;} \end{cases}$$

式中：$i = 1, 2, \cdots, n$；$j = 1, 2, \cdots, m$；$m = n$ 或 $m \neq n$。

Moran's I 的取值范围为 $[-1, 1]$。若辖区间的财政支出行为是：空间正相关，Maran's I 值大于零；空间负相关则该值小于零。当属性值的分布与区位数据的分布相互独立时，则财政支出效率表现为零空间自相关性，即 Moran's I 等于零。对于地方政府间支出效率的空间依赖性特征：当财政支出效率在空间区位上相似，同时也有相似的属性值时，则它在空间模式整体上就显示出正的空间自相关性；而当在空间上邻接的财政支出效率具有不相似的属性值时，就呈现为空间负自相关性。

通过绘制的空间相关系数的 Moran's I 散点图可将地方政府的财政支出效率分为四个象限的集群模式，分别识别一个辖区及其与邻近辖区的关系：若点位于第一象限，则表示财政支出效率高的地区被支出效率高的其他地区包围（HH）；若点位于第二象限，表示财政支出效率低的地区被财政支出效率高的其他地区所包围（LH）；若点位于第三象限，表示财政支出效率低的地区被财政支出效率低的其他地区所包围（LL）；若点位于第四象限，表示财政支出效率高的地区被财政支出效率低的其他地区所包围（HL）。第一、第三象限正的空间自相关关系表示相似观测值之间的空间联系；而第二、第四象限负的空间自相关关系表示不同观测值之间的空间联系。如果观测值均匀地分布在四个象限，则表明地区之间不存在空间自相关性。

（二）空间计量经济模型及估计技术

如前面的理论模型指出的那样，财政支出效率存在显著的外部性，导致地区之间存在竞争性外溢，即一个辖区的财政支出效率不仅受到本地区的公共服务投入产出的影响，还受到其他临近辖区的投入产出的影响，地方政府间可能会存在策略上的博弈关系。因此，地方财政支出效率可以通过检验一个代表地区间考虑交互作用的支出效率反应函数，即该地区的财政支出效率的高低及其自身的特征与其他地区的财政效率的关系，来考察地方政府支出效率的集群行为。运用国内外学者（Anselin，1988；吴玉明，2005）提出的空间计量模型，通过纳入了空间效应（空间相关和空间差异）可以考察地方政府间财政支出效率的空间互动性质及强度问题，一般认为，空间计量模型包含空间滞后模型和空间误差模型两类，接下来简单介绍一下这两类空间计量模型及其估计。

1. 空间滞后模型

空间滞后模型（Spatial Lag Model，SLM）是在传统的基本回归模型 $Y = X\beta + \varepsilon$ 的基础上引入了加权内生变量得到，该模型主要探讨一个变量在地区间是否存在扩散现象（溢出效应），其基本表达式为：

$$Y = \rho WY + X\beta + \varepsilon \qquad (5)$$

式中：Y 为被解释变量；X 为 $n \times k$ 阶的外生解释变量矩阵；ρ 为空间回归系数，反映了样本观测值中的空间依赖作用，即相邻辖区的观测值 WY 对本地区观测值 Y 的影响"方向"和"程度"。$\rho > 0$ 则表明地方政府财政支出效率存在互补的、相互模仿的效应，反之，$\rho < 0$ 则表明财政支出效率是相互替代的。W 为 $n \times n$ 阶的空间权值矩阵，一般用邻接矩阵（Contiguity Matrix）和距离矩阵，它的作用在于刻画变量在空间上的相互邻近关系性质，基于简单的二进制邻接矩阵可以表示为：

$$w_{ij} = \begin{cases} 1 & \text{当区域 } i \text{ 和 } j \text{ 相邻接} \\ 0 & \text{其他} \end{cases}$$

基于距离的二进制空间权重矩阵可以表示为：

$$w_{ij} = \begin{cases} 1 & \text{当区域 } i \text{ 和 } j \text{ 的距离小于 } d \text{ 时} \\ 0 & \text{其他} \end{cases}$$

WY 为空间滞后因变量；ε 为随机误差项向量。

参数 β 反映了外生解释变量 X 对被解释变量 Y 的影响，空间滞后因变量 WY 是一内生变量，反映了空间距离对地方财政支出效率的作用。空间滞后模型与时间序列中自回归模型相似，所以空间滞后模型也被称作空间自回归模型（Spatial Autoregressive Model，SAR）。

2. 空间误差模型

空间误差模型（Spatial Error Model，SEM）是在传统基本回归模型中引入剩余项，该模型的数学表达式为：

$$y = X\beta + \varepsilon$$
$$\varepsilon = \lambda W\varepsilon + \mu$$

其中，ε 为随机误差项向量，λ 为 $n \times 1$ 阶的截面被解释变量向量的空间误差系数，μ 为正态分布的随机误差向量。

SEM 中参数 β 反映了外生解释变量 X 对被解释变量 Y 的影响。参数 λ 衡量了样本观察值中的空间依赖作用，即相邻地区的观察值 Y 对本地区观察值 Y 的影响方向和程度，存在于扰动误差项之中的空间依赖作用度量了邻接地区关于因变量的误差冲击对本地区观察值的影响程度。由于空间误差模型与时间序列中的序列相关问题类似，也被称为空间自相关模型（Spatial Autocorrelation Model，SAC）。

对于上述两种模型的估计如果仍采用最小二乘法（OLS），系数估计值会有偏或者无效,需要通过工具变量法(IV)、极大似然法(ML)或广义最小二乘法估计(GLS)等其他方法来进行估计。Anselin(1988),Anselin 和 Rey(2004)提出应采用极大似然法估计 SLM 和 SEM 的参数。

(三) 空间自相关检验的方法及 SLM 和 SEM 的选择

前面通过理论分析认为地方政府财政支出间可能存在空间相关性,那么在实证研究中该如何对之加以判断,且如何判断 SLM 和 SEM 哪个更为恰当呢?学者们通常通过包括 Moran's I、拉格朗日乘数(Lagrange Multiplier)形式的 LMERR、LMLAG 和稳健(Robust)的 R-LMERR、R-LMLAG 等来实现。由于事先无法根据先验经验推断在 SLM 和 SEM 模型中是否存在空间依赖性,有必要构建一种判别准则,以决定哪种空间模型更加符合客观实际。Anselin and Florax(1995)提出了如下判别准则:如果在空间依赖性的检验中发现,LMLAG 较之 LMERR 在统计上更加显著,且 R-LMLAG 显著,而 R-LMERR 不显著,则可以断定适合的模型是空间滞后模型;相反,如果 LMERR 比 LMLAG 在统计上更加显著,且 R-LMERR 显著而 R-LMLAG 不显著,则可以断定空间误差模型是恰当的模型。除了拟合优度 R^2 检验以外,常用的检验准则还有:自然对数似然函数值(Log likelihood, Log L)、似然比率(Likelihood Ratio, LR)、赤池信息准则(Akaike information criterion, AIC)、施瓦茨准则(Schwartz criterion, SC)。对数似然值越大,AIC 和 SC 值越小,模型拟合效果越好。这几个指标也用来比较 OLS 估计的经典线性回归模型和 SLM、SEM,似然值的自然对数最大的模型最好。

二 空间面板 Durbin 模型

(一) 实证模型的构建

从上面的理论模型中,我们知道地方政府间税收竞争,是否存在以及竞争的类型最终归结到对地方政府税收政策的反应函数上,因此学者们的实证研究就是估计该函数,依据方程,反应函数的基本模型可以设定为:

$$Y = \beta WY + X\theta + \varepsilon$$

式中,Y 为地方政府的税收决策,β 和 θ 为待估参数向量,ε 为残差项,W 为事先确定的非负权值矩阵,这些权值反映了辖区间的相关性,捕获的是辖区的空间位置。通常情况下,学者们使用的权值矩阵是基于邻近性确定的,$w_{ij}=1$ 表示辖区 i 和 j 有共同边界,$w_{ij}=0$ 则表示没有共同边界。一旦辖区间的互动关系确定，则权值矩阵的行之和将标准化为 1。

通常定义一个二元对称空间权重矩阵 W，来表达 n 个位置的空间区域的邻近关系，其形式如下：

$$W = \begin{bmatrix} W_{11} & W_{12} & \cdots & W_{1n} \\ W_{21} & W_{22} & \cdots & W_{2n} \\ \vdots & \vdots & & \vdots \\ W_{n1} & W_{n2} & \cdots & W_{nn} \end{bmatrix}$$

式中，W_{ij} 表示区域 i 与 j 的临近关系，它可以根据邻接标准或距离标准来度量。

β 反映了辖区间互动关系的方向和强度，根据数据估计。辖区间的互动关系的方向是相同的，由 β 的符号决定，符号为正，则辖区互动关系类型为策略互补；符号为负，则互动关系类型为策略替代，但是这种效应的程度，则由相关权值决定，即 $\partial t_i / \partial t_{-i} = \beta w_{ij}$（Lee and Yu，2010a）。

本研究运用中国省级 2007—2012 年的面板数据分析地方政府间税收竞争，因此，可构建空间面板模型，这里我们设定了与以往学者不同的空间面板模型——空间德宾模型（Spatial Durbin Model），该模型表达式为：

$$y_{it} = \alpha + \beta \sum_{j=1}^{N} w_{ij} y_{jt} + x_{it} \theta + \sum_{j=1}^{N} w_{ij} x_{ijt} \gamma + \mu_i + \lambda_t + \varepsilon_{it}$$

式中，y_{it} 为 i 省在 t 年的财政支出效率，x 是一组影响 i 省支出效率的控制变量，权值矩阵 W 为邻近矩阵，α 为常数项，μ_i、λ_t 分别捕获个体和时期固定效应或随机效应。如果 β 显著异于 0，则表明地方政府间存在税收竞争；反之，如果 β 不显著，则表明地方政府间不存在税收竞争。

为什么要设定为空间德宾模型而非以往学者设定的模型？原因在于，Anselin（2010）曾指出，在刻画观测变量的空间依赖性时，空间面板模型可能会包含空间滞后因变量，或可能在残差项中包含空间自回归过程，前者称为空间滞后模型，后者称为空间误差模型，LeSage and Pace（2009）提出了第三个模型——空间德宾模型，该模型包含了空间滞后因变量和空间滞后自变量。

在式（10）中，θ 和 γ 均为 $K \times 1$ 参数向量，该模型需要用来检验两个假设：$H_0: \gamma = 0$ 和 $H_0: \gamma + \beta\theta = 0$，第一个假设检验该空间德宾模型是否可简化为空间滞后模型，第二个假设检验是否可简化为空间误差模型（Burridge，1981）。两个检验服从 $\chi^2(K)$ 分布。如果 $H_0: \gamma = 0$ 和 $H_0: \gamma + \beta\theta = 0$

两个假设同时被拒绝,则空间德宾模型能够最恰当地描述数据集。相反,如果第一个假设无法被拒绝,且如果(稳健)拉格朗日乘子(LM)检验也支持空间滞后模型,则空间滞后模型能够最恰当地描述数据集;如果第二个假设无法被拒绝,且如果(稳健)拉格朗日乘子(LM)检验也支持空间误差模型,则空间误差模型能够最恰当地描述数据集。如果这些条件中任一条件没能得到满足,则需要采用空间德宾模型来描述数据集,因为该模型综合了空间滞后模型和空间误差模型。

(二)直接效应和间接效应

在以往的实证研究中,学者在空间回归模型中,采用的是点估计来检验观测变量间是否存在依赖。但是,LeSage and Pace(2009)指出该方法会造成错误的结论,并指出采用不同模型设定的变量变动影响的偏微分解释对检验假设更有效,他们使用截面空间计量经济模型对此进行了说明,下面我们在空间德宾面板模型下来提出解释变量的边际效应概念。

空间德宾模型可改写为:

$$Y = (I - \beta W)^{-1}\alpha \iota_N + (I - \beta W)^{-1}(X\theta + WX\gamma) + (I - \beta W)^{-1}\varepsilon \quad (11)$$

那么,Y 关于第 k 个解释变量 X 的偏微分矩阵为:

$$\left[\frac{\partial Y}{\partial x_{1k}} \cdot \frac{\partial Y}{\partial x_{Nk}}\right] = \begin{bmatrix} \frac{\partial y_1}{\partial x_{1k}} \cdot \frac{\partial y_1}{\partial x_{Nk}} \\ \cdots \\ \frac{\partial y_N}{\partial x_{1k}} \cdot \frac{\partial y_N}{\partial x_{Nk}} \end{bmatrix} = (I - \beta W)^{-1} \begin{bmatrix} \theta_k & w_{12}\gamma_k & \cdot & w_{1N}\gamma_k \\ w_{21}\gamma_k & \theta_k & \cdot & w_{2N}\gamma_k \\ \cdots & & & \\ w_{N1}\gamma_k & w_{N2}\gamma_k & \cdot & \theta_k \end{bmatrix} \quad (12)$$

式中,w_{ij} 是权值矩阵 W 的 (i, j) 元素。LeSage 和 Pace 将式(12)右边矩阵中对角线上元素值的平均值定义为直接效应,将矩阵非对角线的行和或列和的平均值①定义为间接效应。在空间误差模型中,$\gamma = -\beta\theta$,式(12)右边矩阵简化为一个对角矩阵,对角线上的元素等于 θ_k,这表明空间误差变量中得第 k 个解释变量的直接效应为 θ_k 且间接效应为 0,这和非空间计量模型的解释是一致的。在空间滞后模型中,$\gamma = 0$,虽然非对角线上的元素都为 0,但是空间滞后模型中解释变量的直接和间接效应并不简化为如空间误差模型中的一个系数或 0。可以看出,直接效应是不同于解释变量的系数估计值的,间接效应从另一个角度说明了解释变量的空间外

---

① 因为这两种计算方法的值相同,因此无所谓行和或列和。

溢效应，即不仅对本地区的因变量影响，也从空间上影响其他地区的该因变量。因此，利用上述矩阵来计算直接效应和间接效应是必要的，并且也只能用解释变量的这两个效应来解释它们对因变量的影响。

第二节 地方财政支出效率空间格局与集群特征

为了描述地方财政支出效率的空间格局和分布模式，本节首先以31个省的2007—2012年的各个公共服务财政支出效率值作为空间观测单元，采用空间自相关指数Moran's I及局域Moran's I散点图，来刻画地方财政支出在空间上是否存在自相关及集群现象。

根据前面的理论分析，空间距离对辖区间的地方支出效率有着重要影响，因此，这里可以通过空间自相关的显著性检验Moran's I值来判断财政支出效率是否在空间上有显著的集群特征。

假定地方财政支出效率是非正态分布，空间自相关指数Moran's I值可在随机性假设下计算。表4-1给出了2007—2012年31个省的5个公共服务财政支出效率的空间自相关Moran's I的计算结果。

表4-1　　　　　　　Moran's I 统计值（2007—2012）

年份	2007	2008	2009	2010	2011	2012
教育	0.1629	0.1579	0.2472	0.1516	0.0514	0.0578
公共卫生	0.1219	-0.0931	0.0654	0.1316	-0.1413	-0.0671
社会保障	-0.0299	0.0994	0.2191	0.3510	0.3192	0.2134
交通运输	0.1583	0.0016	0.0855	0.1712	-0.1534	-0.0605

注：采用了K-nearest neighbor空间权重矩阵，k=2。

表4-1中汇报的结果显示地方财政支出效率的Moran's I统计值介于[-1，1]之间，且均不为零，表明地方财政支出效率具有空间依赖性和自相关性。其中，教育支出的Moran's I统计值均为正值，显示出地方政府间的教育支出行为具有空间正相关性；与教育支出不同，公共卫生支出、社会保障支出和交通运输支出的Moran's I统计值并不固定为正值或者负值，显示出地方政府的此类支出效率可能存在空间正相关性，也可能存在空间负相关性。

此外，根据各类公共服务支出效率的Moran散点图判断，空间依赖性与自相关性在样本期间（虽然只有六年期）内呈现一种集群现象，财政支出效率高的地区倾向于与其他财政支出效率高的地区邻近，而财政支出效率低的地区倾向于与其他财政支出效率低的地区邻近。由此，我们难以将地方财政支出效率视为一个独立的观测变量。这些散点图由软件 Matlab7.11.0R2010b 汇报给出。

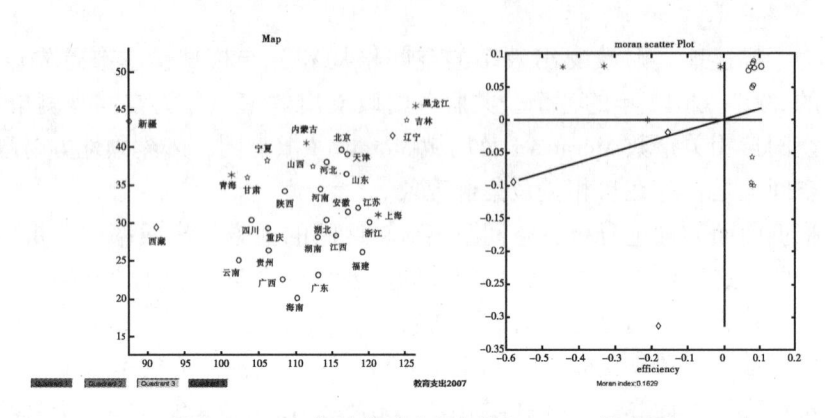

图 4-1　2007 年教育财政支出效率 Moran 散点图

从图 4-1 2007 年教育财政支出效率 Moran 散点图可以看出：位于第一象限（Quadrant 1）的省（市、区）有：北京、天津、河北、山东、河南、江苏、安徽、浙江、湖北、湖南、江西、福建、广东、海南、广西、云南、贵州、重庆、四川、陕西、甘肃，这些省（市、区）属于高—高的正自相关关系的集群（HH）；上海、内蒙古、黑龙江和青海位于第二象限（Quadrant 2），属于低—高的负空间自相关关系集群（LH）；辽宁、新疆和西藏位于第三象限（Quadrant 3），属于低—低的空间自相关关系的集群（LL）；吉林、宁夏和甘肃位于第四象限（Quadrant 4），属于高—低的空间自相关关系集群（HL）。

从图 4-2 2008 年教育财政支出效率 Moran 散点图来看：北京、天津、河北、山东、河南、陕西、湖北、安徽、四川、重庆、湖南、江西、贵州、广东、云南、广西、海南、宁夏、甘肃和青海省（市、区）位于第一象限，属于高—高的正自相关关系的集群（HH）；内蒙古、上海和西藏位于第二象限，属于低—高的负空间自相关关系集群（LH）；黑龙江、吉林、辽宁和新疆位于第三象限，属于低—低的空间自相关关系的集群（LL）；山西、江苏、浙江和福建位于第四象限，属于高—低的空间自相关

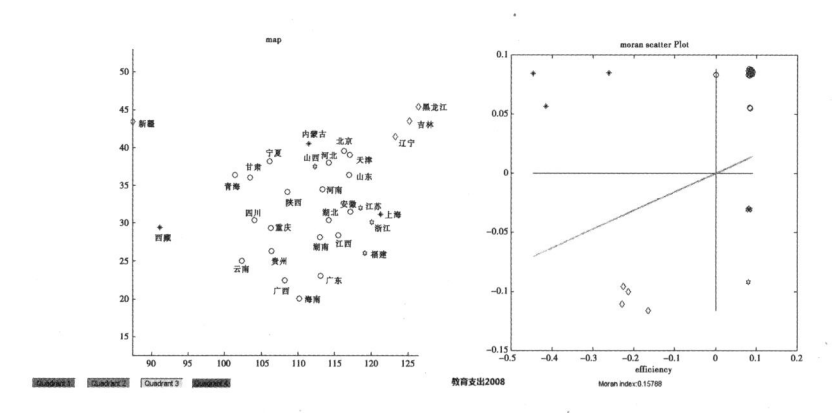

图 4-2 2008 年教育财政支出效率 Moran 散点图

关系集群（HL）。

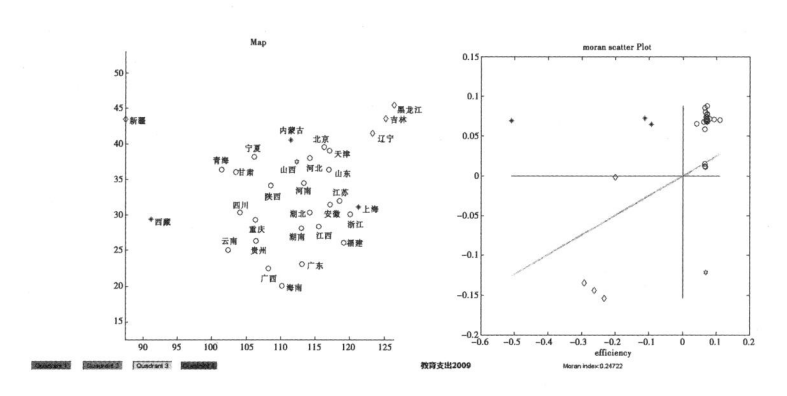

图 4-3 2009 年教育财政支出效率 Moran 散点图

从图 4-3 2009 年教育财政支出效率 Moran 散点图来看，北京、天津、河北、山东、河南、江苏、安徽、湖北、湖南、江西、浙江、福建、广东、海南、广西、云南、贵州、重庆、四川、陕西、宁夏、甘肃和青海省份位于第一象限，这些省份属于高—高的正自相关关系的集群（HH）；内蒙古、上海和西藏位于第二象限，属于低—高的负空间自相关关系集群（LH）；黑龙江、吉林辽宁和新疆位于第三象限，属于低—低的空间自相关关系的集群（LL）；山西位于第四象限，属于高—低的空间自相关关系集群（HL）。

从 2010 年教育财政支出效率 Moran 散点图来看，北京、天津、河北、山东、河南、江苏、上海、安徽、湖北、湖南、江西、浙江、福建、广

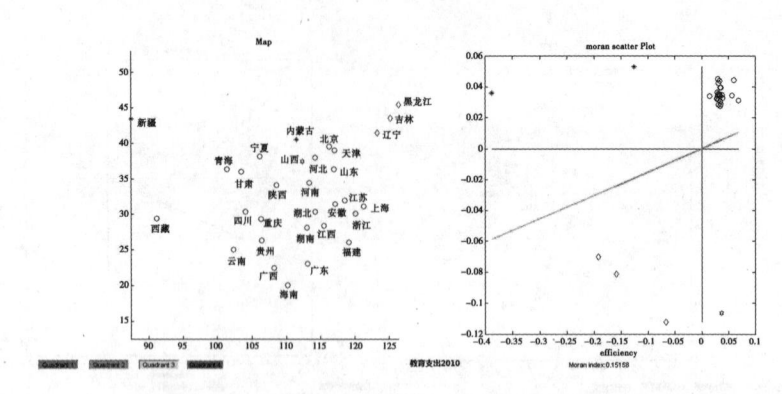

图 4-4　2010 年教育财政支出效率 Moran 散点图

东、海南、广西、云南、贵州、重庆、四川、陕西、宁夏、甘肃、西藏和青海省（市、区）位于第一象限，属于高—高的正自相关关系的集群（HH）；内蒙古和新疆位于第二象限，属于低—高的负空间自相关关系集群（LH）；黑龙江、吉林和辽宁位于第三象限，属于低—低的空间自相关关系的集群（LL）；山西位于第四象限，属于高—低的空间自相关关系集群（HL）。

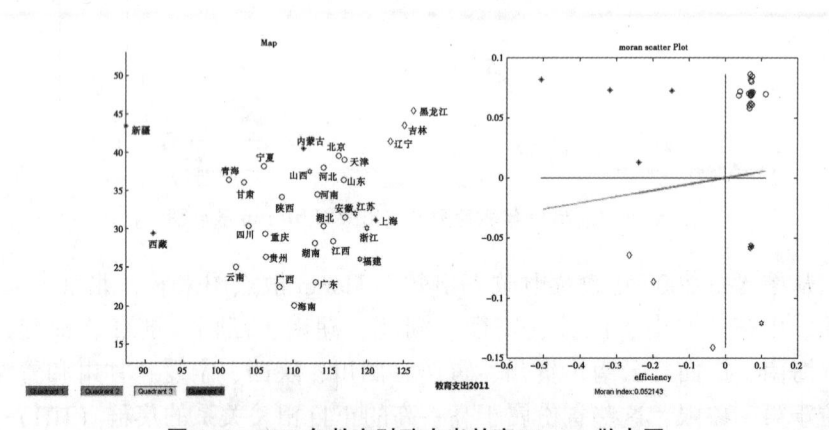

图 4-5　2011 年教育财政支出效率 Moran 散点图

从 2011 年教育财政支出效率 Moran 散点图来看，北京、天津、河北、山东、河南、安徽、湖北、湖南、江西、福建、广东、海南、广西、云南、贵州、重庆、四川、陕西、宁夏、甘肃和青海省份位于第一象限，这些省份属于高—高的正自相关关系的集群（HH）；上海、内蒙古、西藏和新疆位于第二象限，属于低—高的负空间自相关关系集群（LH）；黑龙江、吉林和辽宁位于第三象限,属于低—低的空间自相关关系的集群(LL);山西、江苏和浙江位于第四象限,属于高—低的空间自相关关系集群(HL)。

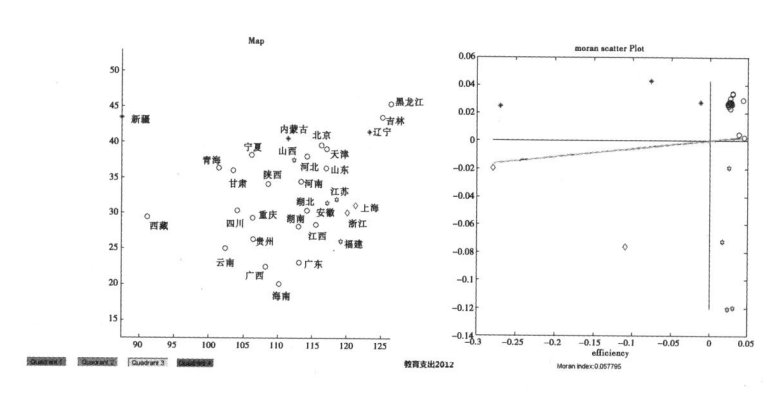

图 4-6　2012 年教育财政支出效率 Moran 散点图

从 2012 年教育财政支出效率 Moran 散点图来看,黑龙江、吉林、北京、天津、河北、山东、河南、湖北、湖南、江西、广东、海南、广西、云南、贵州、重庆、四川、陕西、宁夏、甘肃、西藏和青海省份位于第一象限,这些省份属于高—高的正自相关关系的集群(HH);辽宁、内蒙古和新疆位于第二象限,属于低—高的负空间自相关关系集群(LH);上海和浙江位于第三象限,属于低—低的空间自相关关系的集群(LL);山西、江苏、福建和安徽位于第四象限,属于高—低的空间自相关关系集群(HL)。

从动态上看,教育财政支出效率绝大多数省(市、区)呈现了相似值的正向空间相关,其中大约71%的省(市、区)位于第一象限(HH:高效率—高空间滞后),大约10%的省(市、区)位于第三象限(LL:低效率—低空间滞后)。另外,通过散点图可以判断出空间不稳定性和非典型的区域,即某些省份偏离了全域正自相关的省份,大约有10%的省(市、区)位于第二象限(LH:低效率—高空间滞后),大约9%的省(市、区)位于第四象限(HL:高效率—低空间滞后)。

从 2007 年公共卫生财政支出效率 Moran 散点图看:黑龙江、吉林、辽宁、山西、河南、湖北、湖南、江苏、上海、浙江和江西位于第一象限,属于高—高的正自相关关系的集群(HH);北京、安徽、陕西和福建位于第二象限,属于低—高的负空间自相关关系集群(LH);重庆、贵州、云

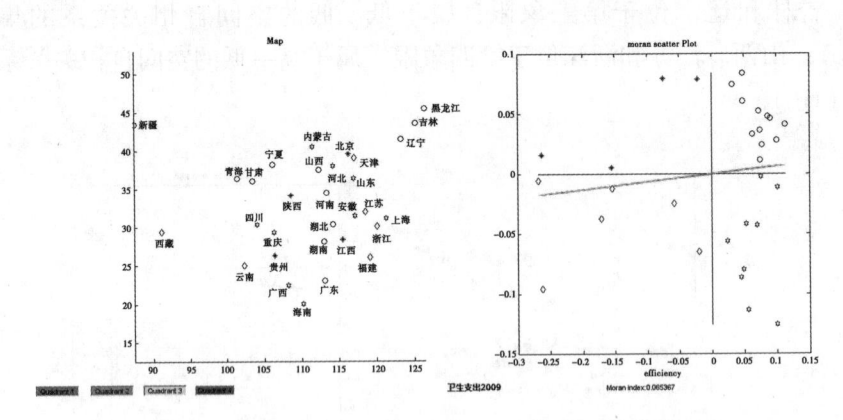

图 4-7　2007 年公共卫生财政支出效率 Moran 散点图

南、广西、海南、宁夏、甘肃、青海、西藏和新疆位于第三象限，属于低—低的空间自相关关系的集群（LL）；河北、天津、山东、广东、内蒙古和四川位于第四象限，属于高—低的空间自相关关系集群（HL）。

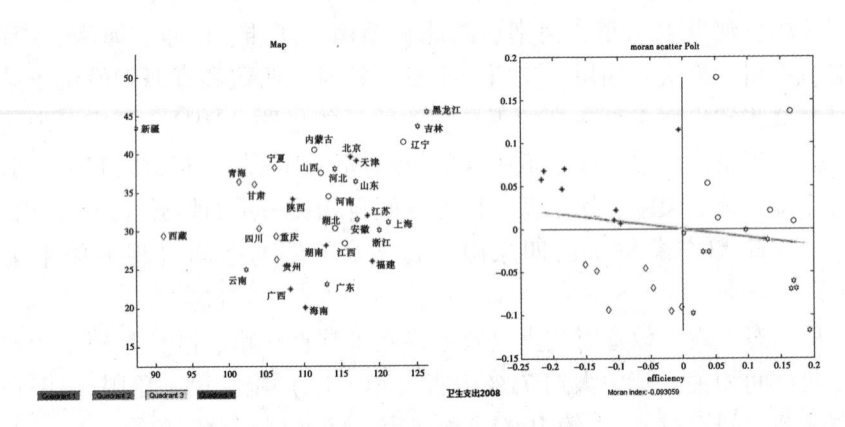

图 4-8　2008 年公共卫生财政支出效率 Moran 散点图

从 2008 年公共卫生财政支出效率 Moran 散点图看：辽宁、内蒙古、山西、河南、湖北和江西位于第一象限，属于高—高的正自相关关系的集群（HH）；北京、天津、陕西、江苏、湖南、福建、广西和海南位于第二象限，属于低—高的负空间自相关关系集群（LH）；宁夏、青海、甘肃、四川、重庆、贵州和西藏位于第三象限，属于低—低的空间自相关关系的集群（LL）；黑龙江、吉林、河北、山东、安徽、上海、浙江、云南、广东和新疆位于第四象限，属于高—低的空间自相关关系集群（HL）。

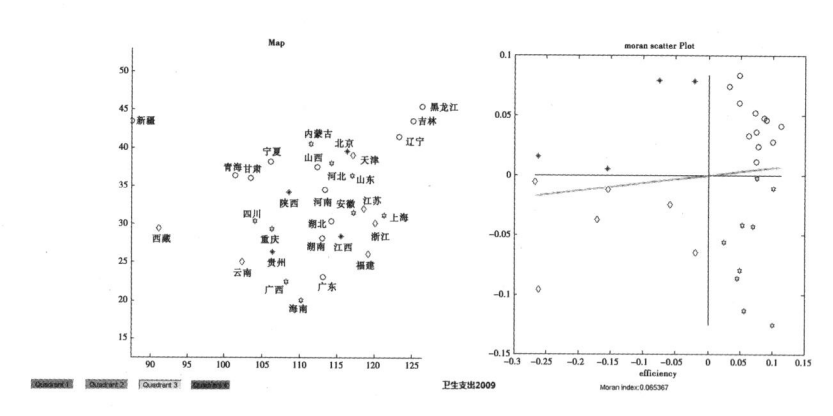

图 4-9　2009 年公共卫生财政支出效率 Moran 散点图

从 2009 年公共卫生财政支出效率 Moran 散点图看：黑龙江、吉林、辽宁、山西、河南、湖北、湖南、宁夏、甘肃、青海、新疆和广东位于第一象限，属于高—高的正自相关关系的集群（HH）；北京、陕西、江西和贵州位于第二象限，属于低—高的负空间自相关关系集群（LH）；天津、江苏、浙江、福建、云南、西藏位于第三象限，属于低—低的空间自相关关系的集群（LL）；内蒙古、河北、山东、安徽、上海、海南、广西、四川和重庆位于第四象限，属于高—低的空间自相关关系集群（HL）。

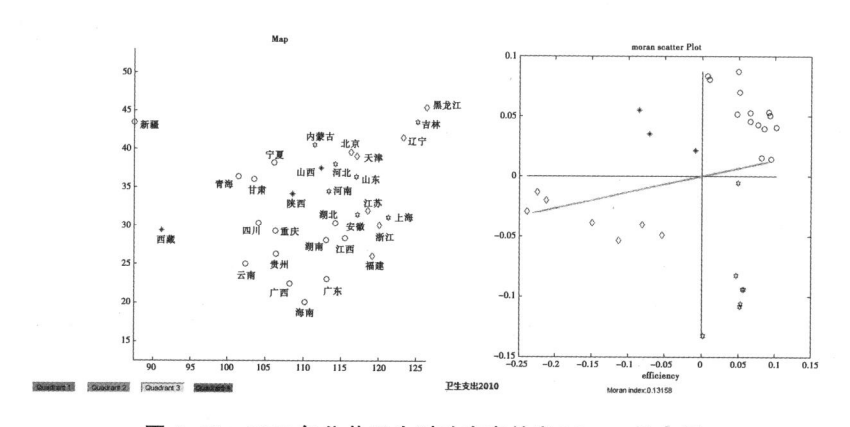

图 4-10　2010 年公共卫生财政支出效率 Moran 散点图

从 2010 年公共卫生财政支出效率 Moran 散点图看：湖北、湖南、江西、宁夏、甘肃、青海、新疆、四川、重庆、云南、贵州、广西、海南和广东位于第一象限，属于高—高的正自相关关系的集群（HH）；山西、陕西和西藏位于第二象限,属于低—高的负空间自相关关系集群(LH);黑龙江、辽宁、北京、天津、江苏、浙江和福建位于第三象限,属于低—低的空间自相关关系的集群(LL);吉林、内蒙古、河北、山东、河南、安徽和上海位于第四象限,属于高—低的空间自相关关系集群(HL)。

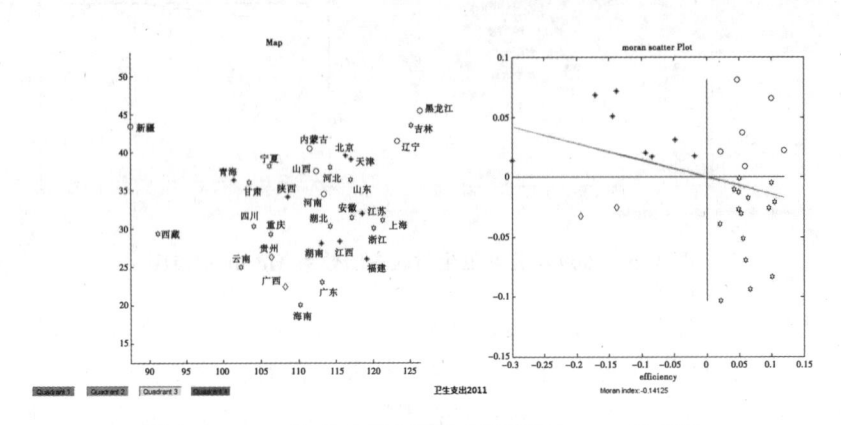

图 4-11 2011 年公共卫生财政支出效率 Moran 散点图

从 2011 年公共卫生财政支出效率 Moran 散点图看:北京、天津、河北、山东、河南、安徽、湖北、湖南、江西、陕西、宁夏、甘肃、青海、四川、重庆、云南、贵州、广西、海南和广东位于第一象限,属于高—高的正自相关关系的集群(HH);内蒙古、上海、新疆和西藏位于第二象限,属于低—高的负空间自相关关系集群(LH);黑龙江、吉林和辽宁位于第三象限,属于低—低的空间自相关关系的集群(LL);陕西、江苏、浙江和福建位于第四象限,属于高—低的空间自相关关系集群(HL)。

从 2012 年公共卫生财政支出效率 Moran 散点图看:黑龙江、吉林、辽宁、河南、山西、湖北、湖南、江西和四川广东位于第一象限,属于高—高的正自相关关系的集群(HH);北京、陕西、福建、江苏和青海位于第二象限,属于低—高的负空间自相关关系集群(LH);天津、浙江、云南、贵州和广西位于第三象限,属于低—低的空间自相关关系的集群(LL);内蒙古、河北、山东、安徽、上海、海南、四川、重庆、宁夏、甘肃、新疆和西藏位于第四象限,属于高—低的空间自相关关系集群(HL)。

从 2007 年社会保障财政支出效率 Moran 散点图看:北京、天津、河北、山东、江苏、浙江、福建和广东位于第一象限,属于高—高的正自相

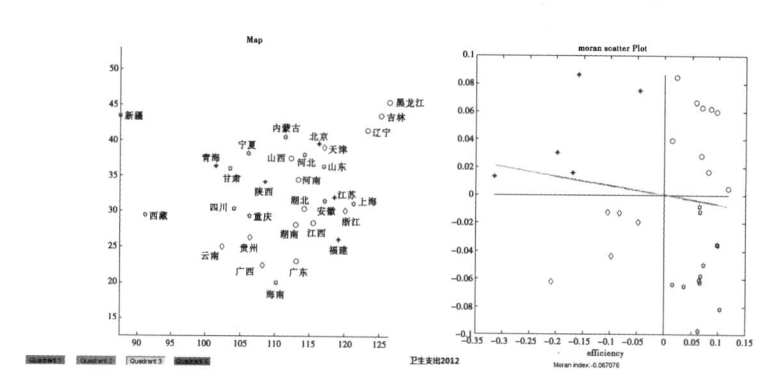

图 4-12 2012 年公共卫生财政支出效率 Moran 散点图

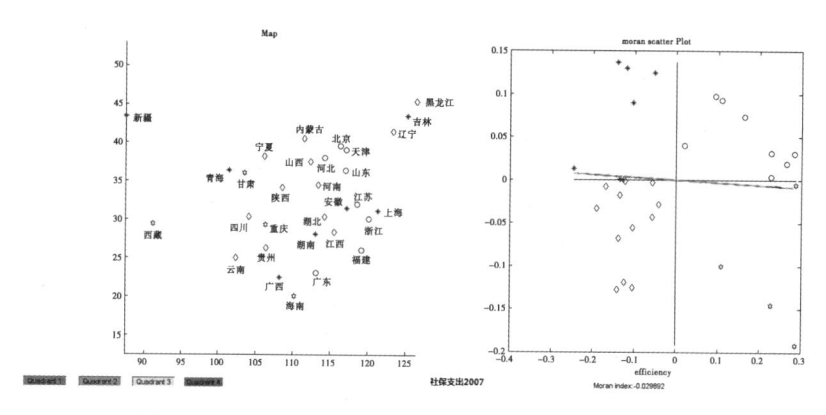

图 4-13 2007 年社会保障财政支出效率 Moran 散点图

关关系的集群（HH）；吉林、上海、安徽、湖南、广西和青海位于第二象限，属于低—高的负空间自相关关系集群（LH）；黑龙江、辽宁、内蒙古、宁夏、山西、河南、陕西、湖北、江西、云南、贵州和四川位于第三象限，属于低—低的空间自相关关系的集群（LL）；甘肃、西藏、重庆和海南位于第四象限，属于高—低的空间自相关关系集群（HL）。

从 2008 年社会保障财政支出效率 Moran 散点图看：北京、天津、江苏、浙江、湖北、湖南和福建位于第一象限，属于高—高的正自相关关系的集群（HH）；河北、山东、上海、安徽、江西、贵州、广东和海南位于第二象限，属于低—高的负空间自相关关系集群（LH）；黑龙江、吉林、辽宁、内蒙古、山西、陕西、河南、云南、宁夏、甘肃、青海、西藏、新疆、重庆和四川位于第三象限，属于低—低的空间自相关关系的集群

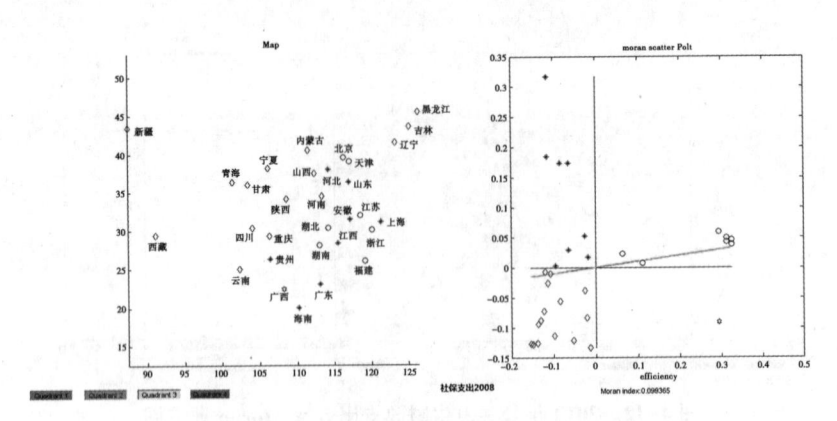

图 4-14 2008 年社会保障财政支出效率 Moran 散点图

(LL)；广西位于第四象限，属于高—低的空间自相关关系集群（HL）。

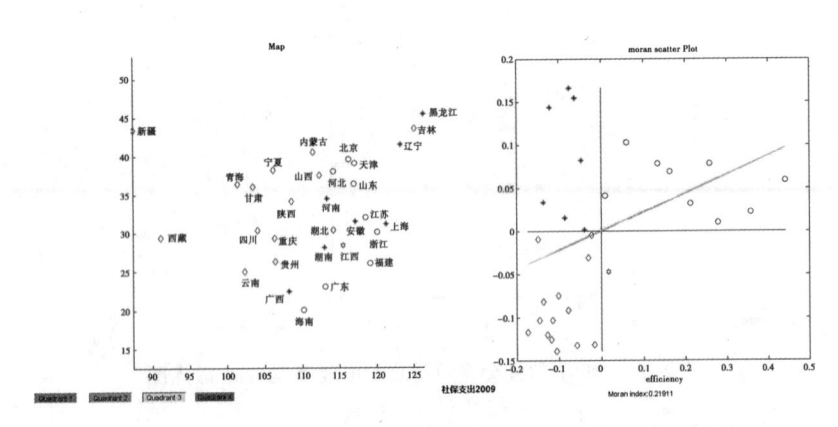

图 4-15 2009 年社会保障财政支出效率 Moran 散点图

从 2009 年社会保障财政支出效率 Moran 散点图看：北京、天津、河北、山东、江苏、浙江、福建、广东和海南位于第一象限，属于高—高的正自相关关系的集群（HH）；黑龙江、辽宁、河南、上海、安徽、湖南和广西位于第二象限，属于低—高的负空间自相关关系集群（LH）；吉林、内蒙古、山西、陕西、湖北、云南、贵州、新疆、西藏、宁夏、甘肃、青海、重庆和四川位于第三象限，属于低—低的空间自相关关系的集群（LL）；江西位于第四象限，属于高—低的空间自相关关系集群（HL）。

从 2010 年社会保障财政支出效率 Moran 散点图看：吉林、北京、天津、山东、江苏、浙江、福建、广东和海南位于第一象限，属于高—高的

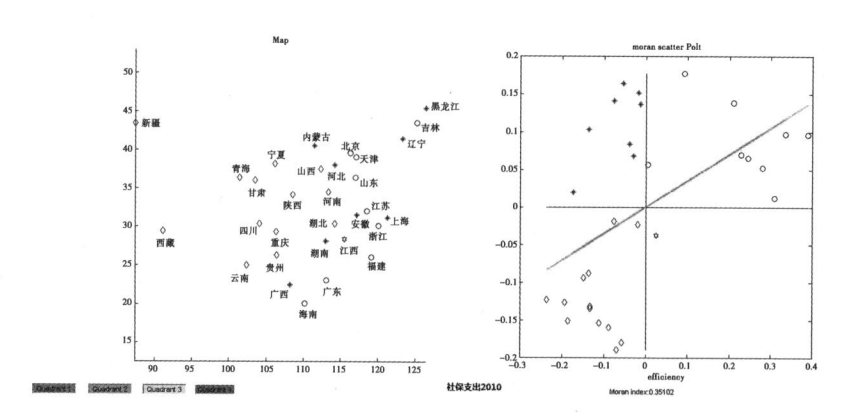

图 4-16　2010 年社会保障财政支出效率 Moran 散点图

正自相关关系的集群（HH）；黑龙江、辽宁、内蒙古、河北、上海、安徽、湖南和广西位于第二象限，属于低—高的负空间自相关关系集群（LH）；山西、河南、陕西、湖北、云南、贵州、新疆、西藏、宁夏、甘肃、青海、重庆和四川位于第三象限，属于低—低的空间自相关关系的集群（LL）；江西位于第四象限，属于高—低的空间自相关关系集群（HL）。

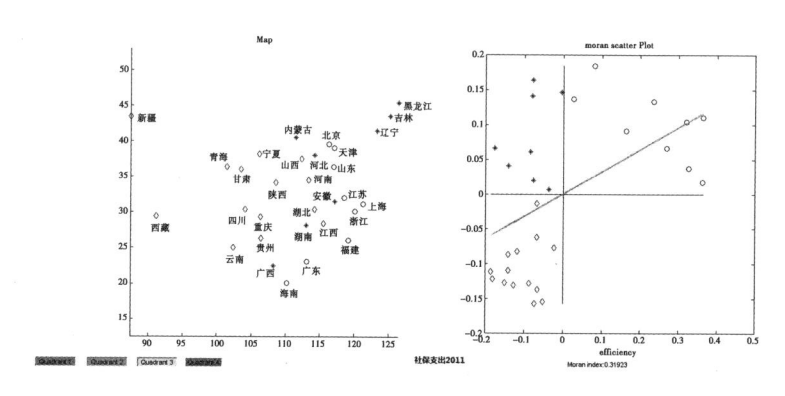

图 4-17　2011 年社会保障财政支出效率 Moran 散点图

从 2011 年社会保障财政支出效率 Moran 散点图看：北京、天津、山东、江苏、上海、浙江、福建、广东和海南位于第一象限，属于高—高的正自相关关系的集群（HH）；黑龙江、吉林、辽宁、内蒙古、河北、安徽、湖南和广西位于第二象限，属于低—高的负空间自相关关系集群（LH）；山西、河南、陕西、湖北、江西、云南、贵州、新疆、西藏、宁夏、甘肃、青海、重庆和四川位于第三象限，属于低—低的空间自相关关系的集群（LL）。

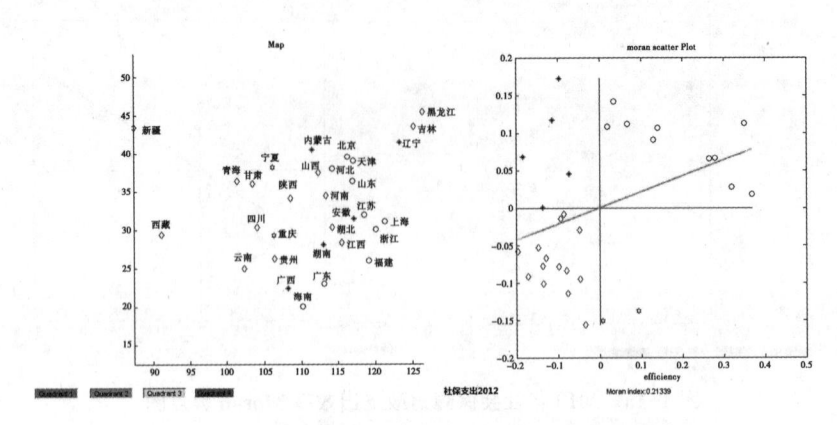

图 4-18　2012 年社会保障财政支出效率 Moran 散点图

从 2012 年社会保障财政支出效率 Moran 散点图看：北京、天津、河北、山东、江苏、上海、浙江、福建、广东和海南位于第一象限，属于高—高的正自相关关系的集群（HH）；辽宁、内蒙古、安徽、湖南和广西位于第二象限，属于低—高的负空间自相关关系集群（LH）；黑龙江、吉林、山西、河南、陕西、湖北、江西、云南、贵州、新疆、西藏、甘肃、青海和四川位于第三象限，属于低—低的空间自相关关系的集群（LL）；宁夏和重庆位于第四象限，属于高—低的空间自相关关系集群（HL）。

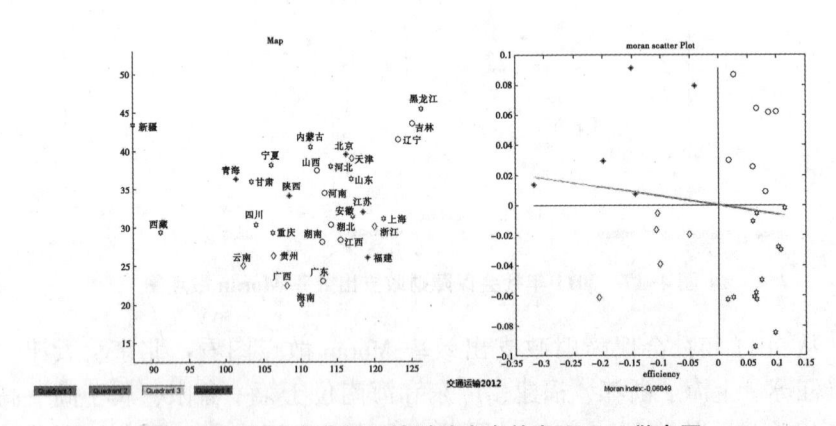

图 4-19　2007 年交通运输财政支出效率 Moran 散点图

从 2007 年交通运输财政支出效率 Moran 散点图看：黑龙江、吉林、辽宁、山西、河南、江苏、上海、浙江、湖北、湖南位于第一象限，属于高—高的正自相关关系的集群（HH）；北京、福建、安徽、江西、陕西位于第二象限，属于低—高的负空间自相关关系集群（LH）；广西、海南、贵州、云南、重庆、宁夏、青海、甘肃、新疆和西藏位于第三象限，属于低—低的空间自相关关系的集群（LL）；内蒙古、天津、河北、山东、广东、四川位于第四象限，属于高—低的空间自相关关系集群（HL）。

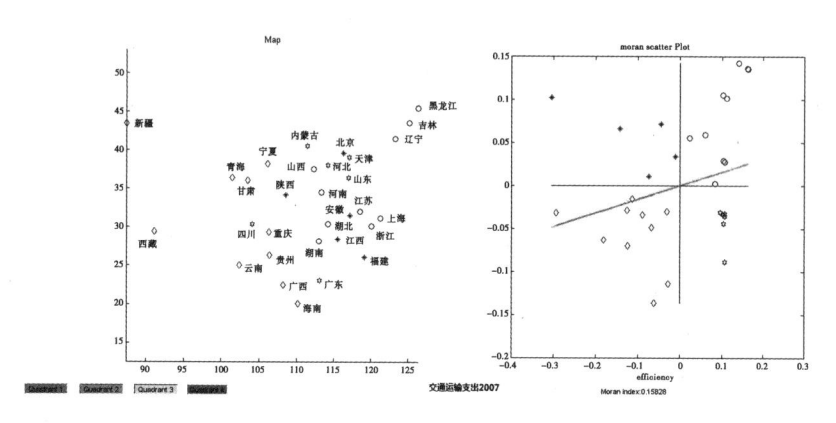

图 4-20　2008 年交通运输财政支出效率 Moran 散点图

从 2008 年交通运输财政支出效率 Moran 散点图看：黑龙江、吉林、辽宁、河南、山西、内蒙古、湖北、湖南、江西位于第一象限，属于高—高的正自相关关系的集群（HH）；北京、天津、江苏、福建、陕西位于第二象限，属于低—高的负空间自相关关系集群（LH）；广西、贵州、云南、重庆、四川、宁夏、甘肃、青海、海南和西藏位于第三象限，属于低—低的空间自相关关系的集群（LL）；河北、山东、安徽、上海、浙江、广东、新疆位于第四象限，属于高—低的空间自相关关系集群（HL）。

从 2009 年交通运输财政支出效率 Moran 散点图看：黑龙江、吉林、辽宁、河南、山西、湖北、湖南、广东、海南、宁夏、甘肃、青海、新疆位于第一象限，属于高—高的正自相关关系的集群（HH）；江西、贵州、陕西位于第二象限，属于低—高的负空间自相关关系集群（LH）；北京、天津、河北、江苏、浙江、福建、云南、西藏位于第三象限，属于低—低的空间自相关关系的集群（LL）；内蒙古、山东、上海、安徽、广西、四川、重庆位于第四象限，属于高—低的空间自相关关系集群（HL）。

从 2010 年交通运输财政支出效率 Moran 散点图看：湖北、湖南、江西、广东、海南、广西、云南、贵州、四川、重庆、宁夏、甘肃、青海、

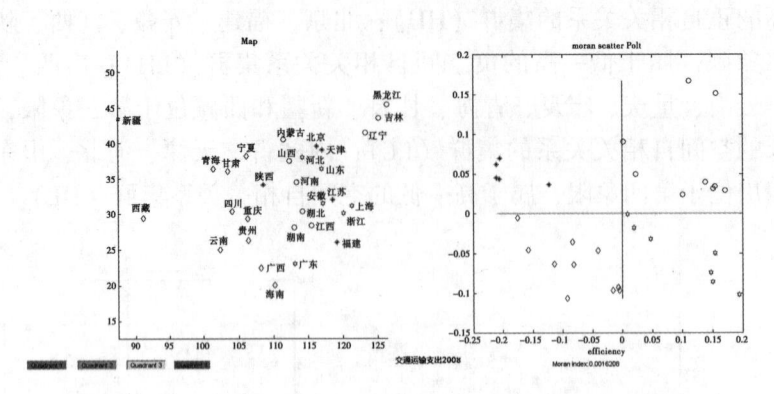

图 4-21　2009 年交通运输财政支出效率 Moran 散点图

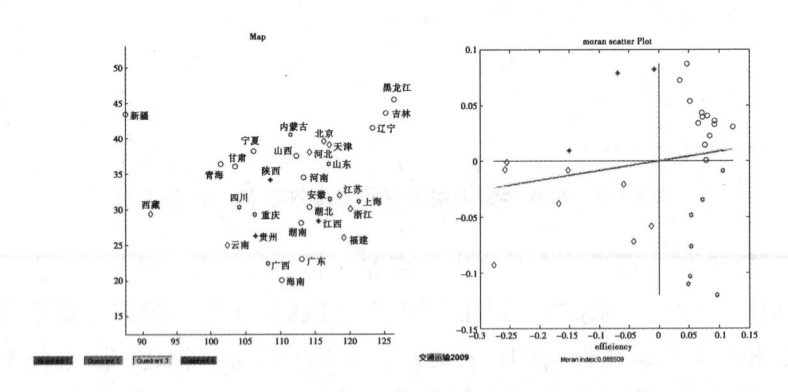

图 4-22　2010 年交通运输财政支出效率 Moran 散点图

新疆位于第一象限，属于高—高的正自相关关系的集群（HH）；山西、陕西、西藏位于第二象限，属于低—高的负空间自相关关系集群（LH）；北京、天津、河北、江苏、浙江、福建、黑龙江、辽宁位于第三象限，属于低—低的空间自相关关系的集群（LL）；内蒙古、山东、河南、上海、安徽、吉林位于第四象限，属于高—低的空间自相关关系集群（HL）。

从 2011 年交通运输财政支出效率 Moran 散点图看：黑龙江、辽宁、内蒙古、山西、河南、新疆位于第一象限，属于高—高的正自相关关系的集群（HH）；北京、天津、江苏、陕西、湖南、江西、福建、青海位于第二象限，属于低—高的负空间自相关关系集群（LH）；贵州、广西位于第三象限，属于低—低的空间自相关关系的集群（LL）；河北、山东、安徽、浙江、上海、湖北、广东、海南、云南、重庆、四川、甘肃、宁夏、西

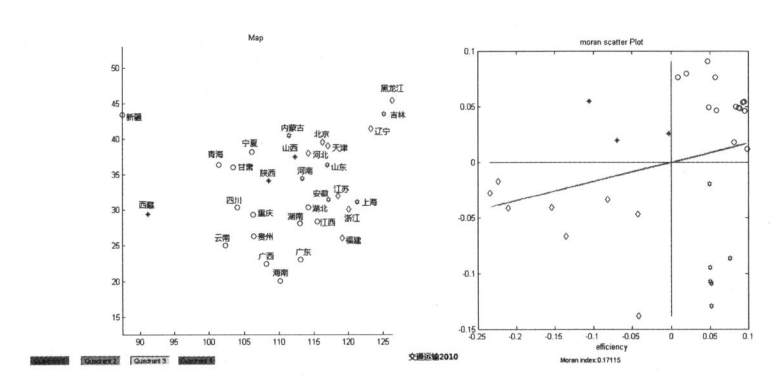

图 4-23　2011 年交通运输财政支出效率 Moran 散点图

藏、吉林位于第四象限，属于高—低的空间自相关关系集群（HL）。

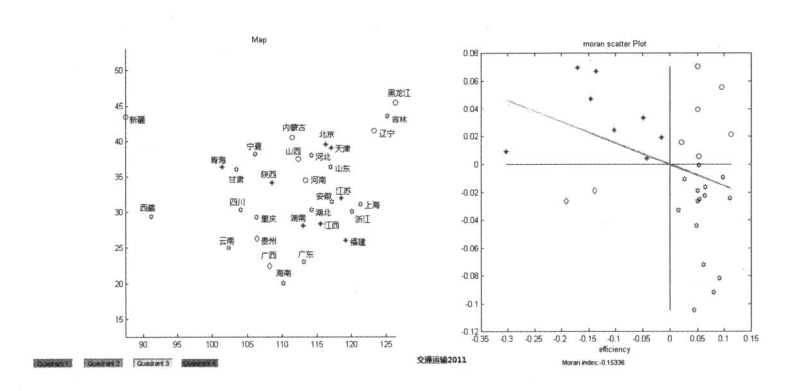

图 4-24　2012 年交通运输财政支出效率 Moran 散点图

从 2012 年交通运输财政支出效率 Moran 散点图看：吉林、辽宁、山西、河南、湖北、湖南、广东位于第一象限，属于高—高的正自相关关系的集群（HH）；北京、江苏、陕西、福建、青海位于第二象限，属于低—高的负空间自相关关系集群（LH）；天津、浙江、云南、贵州、广西位于第三象限，属于低—低的空间自相关关系的集群（LL）；内蒙古、黑龙江、河北、山东、安徽、上海、海南、重庆、四川、甘肃、宁夏、西藏、新疆位于第四象限，属于高—低的空间自相关关系集群（HL）。

第三节 地方财政支出效率空间计量分析

上一节讨论了地方财政支出效率的空间依赖性和集聚特征。本节将对地方政府间财政支出效率的空间特征进一步研究，研究的重点是地方财政支出效率空间影响的方向和程度，以及影响地方财政支出的因素有哪些。

一 实证模型设定

在空间计量分析过程中，空间误差模型和空间滞后模型的选择标准比较模糊，因此，学者建议用空间 Durbin 模型来描述数据集，因为空间 Durbin 模型是空间误差模型和空间滞后模型的综合，根据 Durbin 模型的极大似然估计结果的两个似然比（LR）建议，来判断哪一个模型更恰当。本书设定的空间面板 Durbin 模型的基本形式为：

$$y_{it} = \alpha + \beta\sum_{j=1}^{N} w_{ij}y_{jt} + x_{it}\theta + \sum_{j=1}^{N} w_{ij}x_{ijt}\gamma + \mu_i + \lambda_t + \varepsilon_{it}$$

式中：y_{it} 为第 i 地方政府 t 期的效率得分，它代表了教育支出效率、医疗卫生支出效率、社会保障支出效率和交通运输支出效率。x 是一组影响 i 省支出效率的控制变量，这些控制变量有 $gdpch_{it}$ 为人均实际国内生产总值，用来衡量经济发展水平，$density_{it}$ 为人口密度，$college\ level_{it}$ 为受过大专以上教育的人口比，用来衡量当地的教育水平和人员素质；$dencentralization_{it}$ 为财政分权；$burden_{it}$ 为财政负担率，衡量财政资源多寡；$openness_{it}$ 为地区开放程度；$market_{it}$ 为市场化程度；$township_{it}$ 为城镇化程度。权值矩阵 W 为邻近矩阵，α 为常数项，μ_i、λ_t 分别捕获个体和时期固定效应或随机效应。在运用此模型时，需要检验固定效应是否同时显著，或者是随机效应是否更合适。

如果 β 显著异于 0，则表明地方政府的财政支出效率存在空间依赖；反之，如果 β 不显著，则表明地方政府间不存在财政支出效率的互动关系。

二 数据来源及描述

待估模型中的地方财政支出效率得分数据，来自本书第三章通过三阶段 Bootstrapped DEA 计算的各公共商品财政支出效率得分。各外生控制变量数据来自历年《中国统计年鉴》《中国财政年鉴》及各省统计年鉴，原始数据及其统计描述见附表 11 和表 4-2。本部分借助了计量软件 Matlab（R 2010b）。

表 4-2　　外生变量统计描述

变量名称	含义	均值	标准差	最小值	最大值
gdpch	实际人均国内生产总值	10.14946	0.509042	8.9446	11.2902
density	人口密度（人/平方公里）	5.27199	1.484032	0.8381	8.2307
college level	教育水平（大专以上的人数/总人数）	-2.56603	0.530727	-4.4789	-1.0294
decentralization	财政分权（省级财政支出/中央财政支出）	-3.79184	0.59923	-5.3271	-2.7572
burden	财政负担率（财政收入/GDP）	-2.39061	0.272423	-2.8825	-1.6847
openness	开放度（进出口/GDP）	-1.6783	1.002372	-3.3319	0.544
market	市场化程度（第三产业产值/GDP）	-0.92503	0.182915	-1.2512	-0.2685
township	城镇化程度	-0.72908	0.285878	-1.5371	-0.1131

注：表中的各个外生变量均已进行了自然对数处理。

三　实证估计及结果解释[①]

（一）社会保障财政支出效率空间计量分析

根据 LM 检验结果判断空间滞后模型或空间误差模型比非空间面板模型更适合，根据 LR 检验结果判读空间固定效应和时效固定效应模型。

[①] 本部分采用的空间面板模型的基础理论可参见：http://www.regroningen.nl/elhorst/doc/Spatial%20Panel%20Data%20Models.pdf。

表 4-3　无空间互动的面板数据模型的估计（OLS）结果

解释变量	解释变量：社会保障财政支出效率			
	模型 1	模型 2	模型 3	模型 4
	混合 OLS	空间固定效应	时间固定效应	空间和时间固定效应
gdpch	0.434*** (2.9932)	0.452*** (2.5086)	0.326** (2.2901)	0.2562 (0.1528)
density	0.048* (1.9487)	1.784* (1.9575)	0.044* (-2.4790)	-1.702 (-0.8650)
college level	-0.057 (-1.2697)	0.003 (0.3363)	-0.0584 (-3.1791)	-0.071 (-0.2316)
decentralization	-0.264*** (-4.353)	-0.015* (-1.9447)	-0.272*** (-4.8702)	-0.022 (-1.5054)
burden	-0.395*** (-2.9621)	-0.111*** (-2.1320)	-0.4335*** (-3.1712)	-0.126 (-1.5822)
openness	0.274*** (6.5803)	-0.095*** (6.74714)	0.324*** (6.7709)	0.018 (1.7513)
market	0.083 (1.0439)	-0.542 (-1.4007)	0.009 (0.4828)	-0.77*** (-2.5218)
township	-0.826*** (-2.7210)	0.20** (2.6373)	-0.737*** (-1.8150)	-0.474 (-0.0303)
常数项	-3.360*** (5.3487)			
R-squared	0.5733	0.6006	0.5972	0.1568
Rbar-squared	0.5326	0.5990	0.5641	0.0874
LM spatial lag	0.4299	1.5003	0.9156	0.6522
Robust LM spatial lag	5.4395**	2.0712	1.6030	0.0203
LM spatial error	0.5493	2.2748	0.0647	0.7421
Robust LM spatial error	5.5589**	2.8457*	0.7521	0.1103
LR test for spatial fixed effect	LR：203.1683, DOF：31, Prob.：0.0000			

续表

解释变量	解释变量：社会保障财政支出效率			
	模型 1	模型 2	模型 3	模型 4
	混合 OLS	空间固定效应	时间固定效应	空间和时间固定效应
LR test for time-period fixed effect	LR：4.9462，DOF：3，Prob.：0.1758			

注：被解释变量和解释变量已取对数，(·)为 t 统计值。

表 4-3 汇报的结果可以分为两个部分：第一部分是普通面板数据模型的估计结果；第二部分是判断空间滞后模型和空间误差模型哪一个模型更合适的检验结果。本书主要关注第二部分的检验结果。

第二部分是通过经典 LM 检验来判断应该采用空间滞后模型还是空间误差模型，个体固定效应 R-squared 和 Rbar-squared Robust LM spatial lag 和 Robust LM spatial error 的检验，在混合面板模型估计结果无法判断哪一个更合适，而在空间个体固定效应模型中 Robust LM spatial error 的检验表明个体固定效应的空间面板误差模型更合适。另外，LR test for spatial fixed effect 检验拒绝了原假设，但是 LR test for time-period fixed effect 无法拒绝原假设，因此应该采用空间个体固定效应模型。个体固定效应 R-squared 和 Rbar-squared 要比 OLS 估计的结果要大，因此，采用空间个体固定效应的空间误差模型对数据集进行估计更恰当。

表 4-4　　　　　　　社会保障支出效率影响因素估计

解释变量	个体固定效应+空间误差模型		
	Coefficient	Asymptot t-stat.	z-probability
constant	-3.434694	-5.087526	0
gdpch	0.446019	3.540345	0.0004
density	0.046281	1.783585	0.07449
college level	-0.047053	-0.588521	0.55618
decentralization	-0.271083	-6.407721	0
burden	-0.406784	-2.922346	0.00347
openness	0.278404	6.968593	0

续表

解释变量	个体固定效应+空间误差模型		
	Coefficient	Asymptot t-stat.	z-probability
market	0.060719	0.328201	0.74276
township	-0.853298	-3.304005	0.00095
spat. aut. (λ)	0.110956	3.825809	0.00891
R-squared	0.5771		
Rbar-squared	0.5368		
Log L	88.987578		

从表4-4社会保障支出效率影响因素估计结果看，变量 gdpch 在0.01的水平下通过了显著性检验，表明人均国内生产总值对地方政府社会保障财政支出效率有显著性的影响，弹性系数为0.446，证实了经济发展程度越高的地方，社会保障支出效率越高。变量 density 在0.1的水平下通过了显著性检验，表明人口密度对地方社会保障支出效率有显著性影响，其弹性系数为0.046，所以人口密度对支出效率的影响强度有限。财政分权变量 decentralization 通过了0.01水平下的显著性检验，表明财政分权程度高低对地方社会保障支出效率有显著性影响，系数估计值（弹性值）为-0.271，表明财政分权程度对社会保障支出效率是负效应，即财政分权每增加1%，社会保障支出效率将降低0.271%。财政负担率变量 burden 在0.01的水平下通过了显著性检验，弹性系数估计值为-0.406，表明了财政资源的增加不能带来财政支出效率，相反会降低该效率。对外开放性变量 openness 的系数估计值为0.278，且在0.01的水平下通过了显著性检验，表明对方开放程度越高其社会保障的支出效率也越高。城镇化水平 township 的系数估计值为-0.853，且通过了显著性检验，弹性系数为负值表明了城镇化水平提高却对财政支出效率没有正向的效应。λ 的系数估计值为0.111，表明了地方辖区间的社会保障支出效率没有空间上的溢出效应，而是通过邻近省（市、区）财政支出效率的误差冲击，对本地区的支出效率产生影响的。

(二) 医疗卫生效率的空间计量分析

表 4-5　无空间互动的面板数据模型的估计（OLS）结果

解释变量	解释变量：医疗卫生财政支出效率			
	模型 1	模型 2	模型 3	模型 4
	混合 OLS	空间固定效应	时间固定效应	空间和时间固定效应
gdpch	-0.0806 (-0.8646)	-0.3041 (-1.7373)	-0.1383 (-1.3314)	-1.2575*** (-3.2987)
density	0.00237 (0.1256)	4.86873 (4.2632)	0.00196 (0.1061)	4.00907*** (3.6172)
college level	-0.0337 (-0.5482)	0.04786 (0.5102)	-0.0275 (-0.4592)	0.15996* (1.7010)
decentralization	-0.0197 (-0.6088)	0.1147 (2.52218)	-0.0183 (-0.5789)	0.1498*** (3.4992)
burden	-0.3586*** (-3.3941)	-0.2572 (-0.8441)	-0.3929*** (-3.7223)	-0.4641 (-1.4998)
openness	0.0129 (0.4396)	0.1849 (2.5792)	0.0185 (0.5551)	-0.0398 (-0.4758)
market	-0.3310** (-2.316)	-0.0715 (-0.2396)	-0.2829** (-1.9834)	0.3228 (1.1049)
township	0.0768 (0.4023)	-0.0398 (-0.0774)	0.1485 (0.7701)	0.5701 (1.1902)
常数项	-0.3707 (-0.7349)			
R-squared	0.4890	0.3336	0.4926	0.3528
Rbar-squared	0.4404	0.2787	0.4508	0.2995
Log L	118.6424	181.3616	120.6323	191.7448
LM spatial lag	5.5218**	9.5923***	4.2491**	4.3640**
LM spatial error	4.3589**	3.8849**	3.1335*	0.9965
Robust LM spatial lag	1.1652	10.261***	1.1528	7.7208***
Robust LM spatial error	0.0023	4.5540**	0.0372	4.3533**
LR test for spatial fixed effect	LR: 142.225, DOF: 31, Prob.: 0.0000			

解释变量	解释变量：医疗卫生财政支出效率			
	模型1	模型2	模型3	模型4
	混合OLS	空间固定效应	时间固定效应	空间和时间固定效应
LR test for time-period fixed effect	LR：20.7665，DOF：3，Prob.：0.0001			

注：同表4-3。

从表4-5中汇报的估计结果：看R-squared最大的是时间固定效应面板模型，即0.4926，Log L最大的是时间固定效应和个体固定效应面板模型，即191.7448，因此至少可以判断固定效应模型比混合面板模型更能拟合数据集。再看（Robust）LM spatial lag 和 LM spatial error 的检验结果，均拒绝了不存空间互动效应的原假设，因此可以认为医疗卫生财政支出效率在地区间存在空间依赖性，因此应该采用空间滞后模型或空间误差模型，最后 LR test for spatial fixed effect 和 LR test for time-period fixed effect 的检验结果表明应该采取双固定效应的面板模型来估计。因此，接下来本研究采用双固定效应空间 Durbin 模型进行估计，结果见表4-6。

表4-6　医疗卫生效率双固定效应空间滞后 Durbin 模型

解释变量	被解释变量：医疗卫生财政支出效率		
	Coefficient	Asymptot t-stat	z-probability
gdpch	-1.560553	-4.497234	0.000007
density	2.710926	1.767576	0.077132
college level	0.143148	1.671562	0.094611
decentralization	0.112990	2.34055	0.019255
burden	-0.60734	-2.05450	0.039927
openness	-0.086584	-1.13585	0.256019
market	0.33089	1.26830	0.20469
township	0.41276	0.95935	0.33738
W * gdpch	-3.09965	-4.02992	0.00005
W * density	-1.990031	-0.63997	0.52218

续表

	被解释变量：医疗卫生财政支出效率		
W * college level	-0.005247	-0.02237	0.98214
W * decentralization	0.22001	2.33487	0.01955
W * burden	-1.40998	-1.74060	0.08175
W * openness	-0.15409	-0.98457	0.32483
W * market	-0.92930	-1.41323	0.15758
W * township	1.44128	1.4551	0.14562
W * dep. var.	0.0199	1.741	0.0775
R-squared	0.9027		
corr-squared	0.372		
Siga 2	0.0013		
Log L	194.25966		
Wald test spatial lag	24.6502 P=0.0018		
Wald test spatial error	29.8798 P=2.2197e-004		

注：dep. var. 表示被解释变量，下同。

从估计的结果看，R-squared 为 0.9027，能够很好地拟合本数据集，同时 Siga 2 较小，Log L 的值较大，都表明本模型的拟合是优良的。Wald test spatial lag 和 Wald test spatial error 检验结果，表明了无法拒绝空间滞后和空间误差同时不存在的原假设，因此采用空间 Durbin 模型是合理的，恰当的。

W * dep. var 的系数估计值 0.0199，且通过了 10% 水平下的显著性检验，这表明，一个地区的医疗卫生财政支出效率受到相邻地区该效率正向影响，即相邻辖区的该支出效率每增加 1%，本地区的效率增加 0.0199%。

注意，在解释空间 Durbin 模型估计结果时，要特别注意外生解释变量的效应，如前所述，空间 Durbin 模型解释变量系数估计值，不能像空间误差或滞后模型那样的系数估计值那样解释为对被解释变量的边际效应，而必须用直接效应和间接效应来解释，各个解释变量的直接效应和间接效应。见表 4-7。

表 4-7　　外生变量直接效应与间接效应 Direct-indirect effect

	direct effect	t-stat	indirect effect	t-stat	feedback effect	Ind./d.①	proportion
gdpch	-1.5655	-4.5212	-3.2061	-4.2521	0.0049	2.0480	0.4883
density	2.7466	1.8087	-2.0197	-0.6209	-0.0357		
college level	0.1414	1.6411	0.0027	0.0109	0.0017		
decentralization	0.1151	2.4413	0.2262	2.4882	-0.0021	1.9652	0.5088
burden	-0.6213	-2.1818	-1.4562	-1.7596	0.0140	2.3438	0.4267
openness	-0.0858	-1.107	-0.1521	-0.9363	-0.0008		
market	0.3276	1.3254	-0.9564	-1.4467	0.0033		
township	0.4014	0.9114	1.4639	1.4305	0.0114		

注：t-stat 是通过 1000 组模拟参数值得到；Ind./d. 表示间接效应与直接效应之比，下同。

解释变量 gdpch 的直接效应为-1.5655，表明了在非空间模型中的系数估计值-1.2575 是高估了，在空间 Durbin 模型中 gdpch 的系数估计值为-1.5605，从而它的反馈效应为 0.005，换句话说，其反馈效应是很小的。该变量的间接效应为-3.2061，是直接效应的 2.048 倍，且该间接效应是高度显著的，这表明，如果某地方人均 GDP 增加，它本地的医疗卫生支出效率会变动，它相邻的该效率也会变动。具体来讲，相邻地区变动与本地区效率变动比为 1:0.48。

根据 gdpch 的解释方式，可以得到其他解释变量估计结果的含义。人口密度变量 density 的直接效应为 2.766，表明了人口密度较高的地方，医疗财政支出效率也倾向于高效率。它的间接效应没有通过显著性检验，表明该变量没有空间外溢效应。反映辖区居民受教育程度的 college level 的直接效应为 0.1414，表明随着居民受到的教育水平的提高，公共卫生支出效率也随之提高。财政分权 decentralization 变量的直接效应为 0.1151，表明了财政分权越高越有利本地的财政医疗卫生支出效率，同时财政分权的间接效应为 0.2262，即相邻地方财政分权的变动会对本地的效率值有显著影响，影响的比例为 1:0.5088。财政负担率 burden 的直接效应对公共卫生

---

① 该值反映了该解释变量的单位变动对本地区的效应与对相邻地区的效应的比例关系。

的支出效率有显著的负效应，这与前面的 gdpch 的情形是呼应的，其该变量有显著的外溢效应。开放性、市场化程度以及城镇化水平对卫生财政支出效率没有显著的影响。

（三）教育效率非空间（non-spatial）模型

根据 LM 检验结果判断空间滞后模型或空间误差模型比非空间面板模型更适合，根据 LR 检验结果判断空间固定效应和时效固定效应模型。非空间面板模型估计结果见表 4-8。

表 4-8　　　　非空间面板模型估计（OLS）结果

解释变量	模型 1 混合 OLS	模型 2 空间固定效应	模型 3 时间固定效应	模型 4 空间和时间固定效应
gdpch	-0.0529 (-1.0643)	-0.0575 (-0.6514)	-0.1428*** (-2.726)	-0.7718*** (-3.9818)
density	0.03094*** (3.0625)	1.09870** (1.9044)	0.02839*** (3.0509)	0.15278 (0.2711)
college level	0.044355 (1.3479)	0.05349 (1.1291)	0.04646 (1.534524)	-0.01306 (-0.2733)
decentralization	-0.02990* (-1.7251)	-0.0084 (-0.3667)	-0.0345* (-2.1587)	0.01946 (0.8939)
burden	-0.1799*** (-3.1894)	-0.1183 (-0.7690)	-0.2177*** (-4.0921)	-0.4490*** (-2.854)
openness	0.0253* (1.6089)	0.0119 (0.3290)	0.0583*** (3.4581)	0.0407 (0.9571)
market	0.1386* (1.8170)	0.3346* (2.2174)	0.1135* (1.5789)	0.1915 (1.2895)
township	-0.1988* (-1.9513)	0.0954 (0.3670)	-0.11455 (-1.1781)	0.1464 (0.6012)
常数项	-0.0662 (-0.2458)			
R-squared	0.3315	0.1693	0.4207	0.2710
Rbar-squared	0.2678	0.1009	0.3730	0.2110
Log L	177.0043	244.8700	184.3366	254.6521
LM spatial lag	0.0196	0.3938	0.1192	0.2256
Robust LM spatial lag	0.1833	1.1053	3.1429*	2.1918

续表

解释变量	模型1 混合 OLS	模型2 空间固定效应	模型3 时间固定效应	模型4 空间和时间固定效应
LM spatial error	0.0066	0.7735	0.6098	0.0347
Robust LM spatial error	0.1703	1.4850	3.6335*	2.0008
LR test for spatial fixed effect	LR: 140.6309, DOF: 31, Prob.: 0.0000			
LR test for time-period fixed effect	LR: 19.5641, DOF: 3, Prob.: 0.0002			

注：同表4-3。

从表4-8中汇报的估计结果看：R-squared 最大的是时间固定效应面板模型，即0.3730；Log L 最大的是时间固定效应和个体固定效应面板模型，即254.6521；另外两个 LR 检验表明双向固定效应混合面板模型更能拟合数据集。再看（Robust）LM spatial lag 和 LM spatial error 的检验结果，均拒绝了不存空间互动效应的原假设，因此可以认为，教育财政支出效率在地区间存在空间依赖性，因此应该采用空间滞后模型或空间误差模型，最后 LR test for spatial fixed effect 和 LR test for time-period fixed effect 的检验结果表明，应该采取双向固定效应的面板模型来估计。因此，接下来本研究采用时间固定效应空间 Durbin 模型进行估计。估计结果见表4-9。

表4-9　　　　教育效率双向固定效应空间滞后 Durbin 模型

Determinants	coefficient	Asymptot t-stat	z-probability
gdpch	-1.0342	-6.9362	0.0000
density	1.4449	2.0867	0.0369
college level	-0.0668	-1.7164	0.0861
decentralization	0.0584	2.7341	0.0063
burden	-0.8188	-6.1752	0.0000
openness	-0.0415	-1.2248	0.2206

续表

Determinants	coefficient	Asymptot t-stat	z-probability
market	0.0944	0.8168	0.4140
township	−0.0169	−0.0869	0.9307
W * gdpch	−0.2638	−0.7616	0.4462
W * density	−4.5513	−3.3101	0.0009
W * college level	−0.4283	−4.1005	0.0000
W * decentralization	−0.0533	−1.3424	0.1795
W * burden	−1.5195	−4.1360	0.0000
W * openness	−0.0476	−0.6908	0.4896
W * market	−0.4850	−1.6629	0.0963
W * township	−2.5191	−5.7522	0.0000
W * dep. var.	−0.1810	−1.9975	0.0244
R-squared		0.9282	
corr-squared		0.5759	
Siga2		0.0001	
Log L		280.3391	
Wald test spatial lag		67.9401P = 1.2619e-011	
Wald test spatial error		68.9924P = 7.7972e-012	

首先，两个 Wald 检验结果表明，使用空间面板 Durbin 模型来描述本数据集是恰当的。拟合优度和对数似然值也都表明模型拟合的较好。W * dep. var. 的系数估计值为-0.181，且通过了 5% 水平下的显著性检验，表明相邻地方的教育财政支出效率平均变动 1%，本地区的教育支出效率会反向 0.181%。这种教育支出效率的负外部效应引人深思，这实际上反映了地方政府间在教育供给效率上的策略替代行为，而引起地方政府采取这种策略行为的原因是需要深入研究的。①

在对外生解释变量估计结果给出解释时，必须借助它们各自的直接效

---

① 地方政府间财政支出效率的策略互补行为较为容易理解，但策略替代行为的内在机制是个理论难点，目前，国内外鲜见相关研究。

应和间接效应。见表 4-10。

表 4-10　教育支出效率 Durbin 模型中解释变量的直接和间接效应

	direct effect	t-stat	indirect effect	t-stat	feedback effect	ind./d.	proportion
gdpch	-1.0251	-7.0390	-0.0577	-0.2075	-0.0091	0.0563	17.77
density	1.6030	2.2060	-4.2012	-3.1875	-0.1581	-2.6208	0.38
college level	-0.0499	-1.3339	-0.3698	-3.7553			
decentralization	0.0612	2.7057	-0.0579	-1.5485			
burden	-0.7646	-6.1018	-1.2114	-3.7242	-0.0542	1.5844	0.63
openness	-0.0391	-1.1492	-0.0344	-0.5517			
market	-1.0251	-7.0390	-0.0577	-0.2075			
township	1.6030	2.2060	-4.2012	-3.1875	-1.6199	-2.6208	-0.38

外生变量 gdpch 的直接效应为-1.0251，高于它的系数估计值，所以直接效应中包含反馈效应 0.0091，另外该变量的间接效应为-0.0577，且通过显著性检验，表明人均 GDP 变量有显著的空间溢出效应，某地区人均 GDP 变动不仅会影响本地区的教育效率，也会影响到其他相邻地区的教育支出效率。而其他地区的变动量与本地区的变动量的比例为 1：17.77。外生变量 density 的直接效应为 1.603，高于它的系数估计值，所以直接效应中包含反馈效应 0.1581，另外该变量的间接效应为-4.2012，且通过显著性检验，表明人口密度变量有显著的空间溢出效应，某地区人口密度变动不仅会影响本地区的教育效率，也会影响到其他相邻地区的教育支出效率。而其他地区的变动量与本地区的变动量的比例为-1：0.38。外生变量 burden 的直接效应为-0.7646，高于它的系数估计值，所以直接效应中包含反馈效应 0.0542，另外该变量的间接效应为-1.2114，且通过显著性检验，表明财政负担变量有显著的空间溢出效应，某地区财政负担变动不仅会影响本地区的教育效率，也会影响到其他相邻地区的教育支出效率。而其他地区的变动量与本地区的变动量的比例为 1：0.63。外生变量 township 的直接效应为 1.6030，高于它的系数估计值，所以直接效应中包含反馈效应 1.6199，另外该变量的间接效应为-4.2012，且通过显著性检验，表明城镇化变量有显著的空间溢出效应，某地区城镇化变动不仅会影

响本地区的教育效率,也会影响到其他相邻地区的教育支出效率。而其他地区的变动量与本地区的变动量的比例为-1∶0.38。

(四)交通运输效率

根据 LM 检验结果判断空间滞后模型或空间误差模型比非空间面板模型更适合,根据 LR 检验结果判断空间固定效应和时效固定效应模型。非空间面板模型估计结果见表4-11。

表 4-11　　　　　交通运输效率非空间面板估计(OLS)结果

解释变量	模型 1 混合 OLS	模型 2 空间固定效应	模型 3 时间固定效应	模型 4 空间和时间固定效应
gdpch	0.14199 (1.0031)	-0.3452 (-1.2742)	-0.069140 (-0.4802)	-0.12308 (-0.2051)
density	-0.02116 (-0.7363)	2.23556 (1.2644)	-0.029053 (-1.1360)	1.971588 (1.1301)
college level	-0.03911 (-0.4179)	-0.0391 (-0.2699)	-0.041745 (-0.5018)	-0.296725** (-2.0046)
decentralization	-0.00410 (-0.0833)	0.10466 (1.4866)	-0.021759 (-0.4953)	0.098901 (1.4673)
burden	-0.0881 (-0.5493)	1.1304 (2.3967)	-0.161439 (-1.1041)	0.90858* (1.8652)
openness	-0.1107** (-2.4706)	-0.4534 (-4.0852)	-0.008671 (-0.1869)	-0.09796 (-0.7433)
market	-0.8832*** (-4.0686)	-1.1316 (-2.4468)	-1.042654*** (-5.2772)	-1.89774*** (-4.1261)
township	0.7394** (2.55101)	0.9732 (1.2212)	0.910214*** (3.407)	0.20709 (0.2746)
常数项	-1.0998 (-1.4357)			
R-squared	0.4333	0.4275	0.4976	0.2390
Rbar-squared	0.3793	0.3803	0.4562	0.1763
Log L	79.7959	140.7167	90.3466	149.5566
LM spatial lag	3.8841**	11.3793***	0.1470	3.0027*
Robust LM spatial lag	0.8724	6.9484***	0.6581	6.3500***
LM spatial error	3.0893*	6.6853***	0.0144	1.2086

续表

解释变量	模型1 混合OLS	模型2 空间固定效应	模型3 时间固定效应	模型4 空间和时间固定效应
Robust LM spatial error	0.0776	2.2544	0.5255	4.5560**
LR test for spatial fixed effect	LR：118.4200，DOF：31，Prob.：0.0000			
LR test for time-period fixed effect	LR：17.6798，DOF：3，Prob.：0.0005			

注：同表4-3。

根据表4-11汇报的结果，两个LR检验表明应该采用双向固定效应，又根据两个（Robust）LM检验结果，采用空间面板Durbin模型比空间误差模型和空间滞后模型能更好描述这个数据集。因此，接下来，本文采用空间Durbin模型，来描述交通运输财政支出效率在地方间的互动关系。估计结果见表4-12。

表4-12　　交通运输财政支出效率Durbin模型估计结果

Determinants	Coefficient	Asymptot t-stat	z-probability
gdpch	-0.36295	-0.76794	0.442523
density	3.380158	1.54945	0.121274
college level	-0.515950	-4.105020	0.000040
decentralization	0.011106	0.162838	0.870646
burden	0.72385	1.75612	0.079067
openness	-0.227660	-2.099509	0.035772
market	-1.97402	-5.37126	0.000000
township	-0.447503	-0.733996	0.462951
W * gdpch	0.267015	0.26923	0.787753
W * density	5.44317	1.24043	0.214815
W * college level	-2.29089	-6.73640	0.000000
W * decentralization	0.46369	3.61812	0.000297
W * burden	-1.6781	-1.4836	0.137909

续表

Determinants	Coefficient	Asymptot t-stat	z-probability
W * openness	-0.31012	-1.41150	0.158095
W * market	-0.5761	-0.5986	0.549433
W * township	0.0679	0.0480	0.961668
W * dep. var.	0.09396	1.81023	0.077560
R-squared		0.9234	
corr-squared		0.5375	
sigma^2		0.0014	
Log L		172.76424	
Wald test spatial lag		54.3986, P=5.7775e-009	
Wald test spatial error		58.2130, P=1.0435e-009	

首先，两个 Wald 检验证明了空间 Durbin 模型描述数据更恰当。其次，W * dep. var. 的系数估计值 0.09396，通过了 10% 水平下的显著性检验，表明交通运输财政支出效率在地区间存在空间互动，相邻地区的交通运输财政支出效率提高 1%，本地区的效率也会提高 0.09396。交通运输属于基础设施，提高交通运输的供给效率，有利于外部资本的流入，从而有利于本地区经济的发展，在此背景下，地方政府间竞相提高交通运输的财政支出效率就不足为怪了。

对外生变量估计结果的解释依然需要借助于直接效应和间接效应，结果见表 4-13。

表 4-13　交通运输支出效率 Durbin 模型解释变量的直接和间接效应

	direct effect	t-stat	indirect effect	t-stat	Feedback effect	ind./d.	proportion
gdpch	-0.3642	-0.7279	0.2674	0.2331			
density	3.6314	1.7015	6.2398	1.3258			
college level	-0.5731	-4.2712	-2.6060	-4.9578	0.0572	4.5472	0.2199
decentralization	0.0215	0.3148	0.5138	3.4740			

续表

	direct effect	t-stat	indirect effect	t-stat	Feedback effect	ind./d.	proportion
burden	0.6840	1.5121	−1.8078	−1.3229			
openness	−0.2340	−2.1114	−0.3850	−1.4251	0.0063		
market	−1.9994	−5.0209	−0.8515	−0.8144	0.0254		
township	−0.4471	−0.7301	−0.0581	−0.0356			

外生变量 college level 的直接效应为 −0.5731，低于它的系数估计值，所以直接效应中包含反馈效应 0.0572，另外该变量的间接效应为 −2.6060，且通过显著性检验，表明受过高等教育的人口比例变量有显著的空间溢出效应，某地区 college level 变动不仅会影响本地区的交通效率，也会影响到其他相邻地区的交通运输支出效率。而其他地区的变动量与本地区的变动量的比例为 1∶0.2199。

本章小结

中国特有的财政分权体制是一个鼓励投资的投资，在这种体制和相关制度安排下，每一个地方政府官员在经济上思考更多的是吸引投资，而资本是很容易跨区流动的，因此，地方政府间为竞争有限的资本，地区财政间的竞争就可能由此展开。

本章对地方财政支出效率的空间依赖性进行了实证研究，使用的计量方法是空间计量分析。研究结果表明，教育、医疗卫生、社会保障、交通运输财政支出效率在空间上存在集聚现象，财政支出效率高的地区集中在一起，财政支出效率低的地区也较为集中。继而利用空间面板 Durbin 模型实证研究影响地方政府财政支出效率的因素，研究结果表明了不仅相邻地方的财政支出效率具有空间外溢效应，同时一些外生解释变量除了对本地区的财政支出效率有影响外，还对其他地区的财政支出效率有空间溢出效应。

第五章 研究结论及政策建议

中国式财政分权体制改革，地方政府很大程度上获得了财政支出自主权，地方政府根据地方经济社会发展的实际情况，适时作出财政支出规模和结构的决策。根据发展经济学的一般理论，中国处于经济发展的起飞阶段，政府为市场提供大量基础设施，财政支出中有大量的经济建设支出是合理的；同时，根据公共财政的基本理论，财政支出必须满足公共需求，为选民提供符合他们偏好的公共商品和服务。这就决定了中国的地方财政支出的结构。但是，可预见的是经济建设支出占总支出的比例会不断下降，"公共性"支出的比重会不断上升[①]。基于此，本研究着重研究了地方财政支出中的"公共性"的支出——教育、公共医疗卫生、社会保障和交通运输及其效率问题。

第一节 本研究主要内容和结论

总体上来说，本研究的主要贡献是对我国地方财政支出效率的实证分析，即对财政支出配置效率、技术效率以及财政支出效率在地区间的互动问题进行了研究，时间跨度为2007年至2012年，样本个体为我国大陆31个省级地方政府的财政支出活动。研究的主要内容和结论包括以下几个方面：

一 我国地方财政支出配置效率

财政支出配置效率是指财政支出满足辖区居民偏好，实现公共商品的供求均衡。在民主社会，财政支出决策是公共选择的结果，在多数票制下，财政支出最终由中间投票人的偏好决定。因此，财政支出配置效率的评估路径，就是估计中间投票人的财政支出偏好量或需求量（一般而言，

---

① 这是我国公共财政框架建立过程中的必然趋势。

决定公共支出需求的因素有地方经济发展水平、税收价格、人口数量以及人口年龄结构），根据实际财政支出与公共需求量的匹配程度，来评估财政支出配置效率。

估计公共商品的需求量的理论模型是借鉴了 Borcherding and Deacon (1972)，以及 Bergstom and Goodman (1973) 经典的估计公共商品需求量的"中间投票人"模型，实证估计了 4 种公共商品的需求量，并通过偏好匹配指数的引入来判断财政支出的配置效率。结果表明：

教育服务在 2007 年有 74.19% 的省（市、区）属于供求平衡的情况，另外 26% 的供求失衡省（市、区）中有 12.9% 来自于供给过度。2008 年，教育服务供给平衡的情况得到了稍许改善，达到 77.42%。之所以实现供求平衡有效率的配置，是因为供给过度比例有所下降，由 2007 年的 12.9% 减少到 9.68%。而到了 2009 年教育服务供给平衡出现了小幅下滑，供求平衡的省（市、区）由 2008 年的 24 个下滑至 22 个，供求平衡的比例占 70.97%，而同时，供给不足的省（市、区）由 4 个增加到 8 个。2010 年教育服务供给平衡进一步下滑，仅 17 个省（市、区）达到供求平衡，比例下挫到 54.84%，供给不足和供给过多都有所增加。2011 年供求平衡比例再次回弹到 68%，而供给不足比例则下跌至不足 7%，供给过多省（市、区）增加到 8 个。2012 年供给过多的省（市、区）达到 9 个，占比 29.03%，供求平衡省（市、区）的个数回到 18 个。

社会保障服务在 2007 年供求平衡的省（市、区）有 24 个，比例为 77.42%，造成供求失衡的主要原因是供给不足，比例占到了 12.9%。2008 年，供给不足与供给过多比例同时出现提升，分别由 2007 年的 12.9%、9.78%，增至 19.35%、29.03%，供求失衡的主要原因逆转为供给过多。而到了 2009 年和 2010 年，供求平衡比例再次回升，达到了 87%，供给不足和供给过多比例都有所下降，尤其是没有一个省（市、区）发生供给过多情况。但到了 2011 年、2012 年，供给过多情况再次发生，且比例增至 32.26%、29.03%，成为社会保障服务失衡的主要原因。

公共医疗卫生服务在 2007 年供求平衡的省（市、区）仅 15 个，占到 48.39%，供给不足和供给过度的省（市、区）个数各为 8 个。2008 年、2009 年的供给情况得到进一步改善，达到供求平衡的省（市、区）分别达到 22 个、21 个，分别占比 70.97%、67.74%，供求不足情况基本没有缓解，但供给过度的省（市、区）个数减少至 1 个和 3 个。而到了 2010

年，医疗卫生服务的供求平衡状态出现较大程度的恶化，重新回到2008年48.39%，但供给不足和供给过度却有明显的上升，供给不足的省（市、区）增至10个，占比32.26%，供给过度增至6个省（市、区）。2011年、2012年供给不足的情况得到改善，不足省（市、区）下降为2个，供求平衡和供给过多比重均有所提高。

交通运输服务在2007年，供求平衡的省（市、区）也仅为15个，占比48.39%，供给不足和供给过度均是造成供求平衡低下的主要原因。2008年、2009年交通运输服务的供给平衡水平得到提高，分别达到64.52%和77.42%，供给过多现象减少，供给不足成为供给不平衡的主要因素。但2010年、2011年、2012年交通运输服务的供给平衡水平变化不大，维持在64%—68%之间，而供给不足和供给过多也同时存在。总体而言，2007—2012年期间，地方公共商品支出供求平衡的省（市、区）经历了先升后降的过程。

接下来对影响地方财政支出的财政支出配置效率的因素进行了实证研究。地方政府能否实现财政支出配置效率实际上取决于它的选择行为，因此，可以把地方财政支出配置效率的实现情况看成是地方政府的选择。为确定外生解释变量，本研究采用多项选择Logit模型进行了实证研究。实证结果表明：决定地方财政教育支出配置效率的因素主要是地方财政负担率、人口密度。财政负担率越高，越可能出现配置效率低下，人口密度越高则配置效率会显著提高。决定地方财政社会保障支出配置效率的主要因素是财政分权程度，财政分权程度会显著提高社会保障配置效率的可能。决定地方财政医疗卫生支出配置效率的因素主要有人均GDP、财政负担率、对外开放程度、人口密度和政府雇员比例等。决定地方财政交通运输支出效率的因素主要包括财政分权、人均GDP、财政负担率等，财政分权程度越高越有助于交通运输支出配置效率提高的可能。

二 我国地方财政支出技术效率

财政支出技术效率是财政投入与产出间的对比关系。一定的财政投入所获得最大的公共商品产出，或者一定的公共商品产出所投入的财政资金最小化都称为技术效率。本节采用非参数数据包络分析（DEA）对教育、医疗卫生、社会保障和交通运输的2007—2012年地方财政支出技术效率进行了实证评估。在方法上，本研究采用了比传统DEA方法更为科学的三阶段 Bootstrapped DEA 方法，考虑外生环境因素的干扰，同时也控制了随机因素的冲击。研究结果显示：

第一，就教育财政支出效率而言，2007 年存在 26.3% 的投入浪费；2008 年存在 27.3% 的投入浪费；2009 年存在 21.8% 的投入浪费；2010 年存在 11% 的投入浪费；2011 年存在 22.7% 的投入浪费；2012 年存在 8.8% 的投入浪费。另外从规模报酬上看，绝大多数省（市、区）的教育支出处于规模报酬递减的状态，这表明增加财政支出不会大幅度提高教育的产出。从另一个角度也表明了我国地方教育支出供给的质量有待提高。2007 年技术效率处于前五名的是广西、北京、河北、甘肃和四川，2008 年技术效率处于前五名的是广东、天津、云南、北京和安徽，2009 年技术效率处于前五名的是云南、天津、广西、山东和贵州，2010 年技术效率处于前五名的是青海、西藏、广西、浙江和安徽，2011 年技术效率处于前五名的是青海、山西、安徽、北京和甘肃，2012 年技术效率处于前五名的是黑龙江、天津、吉林、福建和山东。

第二，就医疗卫生支出效率而言，在地方保持当年产出一定的情况下，2007 年存在 27.4% 的投入浪费，2008 年存在 20.4% 的投入浪费，2009 年存在 7.1% 的投入浪费。另外从规模报酬上看，绝大多数省（市、区）的医疗卫生支出处于规模报酬递增的状态，这表明增加财政支出会大幅度提高医疗卫生的产出。从另一个角度也表明了我国地方医疗卫生供给量是有待提高的。2007 年技术效率处于前五名的是黑龙江、辽宁、浙江、山东、天津，2008 年技术效率处于前五名的是河北、广东、上海、内蒙古、山东，2009 年技术效率处于前五名的是山西、广西、安徽、甘肃、黑龙江。

第三，就社会保障支出效率而言，在保持当年产出一定的情况下，2007 年存在 57.2% 的投入浪费，2008 年存在 57.3% 的投入浪费，2009 年存在 56.1% 的投入浪费。另外从规模报酬上看，绝大多数省（市、区）的社会保障支出处于规模报酬递增的状态，这表明增加财政支出会大幅度提高社会保障的产出。从另一个角度也表明了我国地方社会保障供给量是有待提高的。2007 年技术效率处于前五名的是海南、甘肃、福建、浙江、广东、西藏，2008 年技术效率处于前五名的是浙江、湖南、江苏、湖北、福建、广西，2009 年技术效率处于前五名的是福建、海南、浙江、广东、江苏。

第四，就交通运输财政支出效率而言，在保持当年产出一定的情况下，2007 年存在 35.4% 的投入浪费，2008 年存在 45.6% 的投入浪费，2009 年存在 10.6% 的投入浪费。另外从规模报酬上看，绝大多数省（市、区）的交通运输支出处于规模报酬递增的状态，这表明增加财政支出会大幅度提高交通运输的产出。从另一个角度也表明了我国地方交通运输供给量是有待提高的。2007 年技术效率处于前五名的是黑龙江、辽宁、吉林、山西、山东，2008 年技术效率处于前五名的是河北、吉林、河南、上海、黑龙江，2009 年技术效率处于前五名的是山西、广西、安徽、黑龙江、甘肃。

总体上看，我国地方财政支出技术效率不高，且地区间的技术效率得分差异明显。处于前五名的省（市、区）主要是中西部地区。在保持一定产出的情况下，存在大量的投入浪费。另外，绝大多数地区的财政投入存在规模报酬递增情况，进一步增加财政支出是必须的。通过 Malmquist 指数分析发现，不同的公共商品的效率变动和全要素生产力变动方向和程度存在差异。就效率变动而言，只有不断提高纯技术效率和规模效率才能不断提高技术效率。

三　地方财政支出效率的空间外溢问题

中国特有的财政分权体制是一个鼓励投资的投资，在这种体制和相关制度安排下，每一个地方政府领导人在经济上思考更多的是吸引投资，而资本是很容易跨区流动的，因此，地方政府间为竞争有限的资本，地区财政间的竞争就可能由此展开。

本研究对地方财政支出效率的空间依赖性进行了实证研究，使用的计量方法是空间计量分析[①]。研究结果表明，教育、医疗卫生、社会保障、交通运输财政支出效率在空间上存在集聚现象，财政支出效率高的地区集中在一起，财政支出效率低的地区也较为集中。继而利用空间面板 Durbin 模型实证研究影响地方政府财政支出效率的因素，研究结果表明，不仅相邻地方的财政支出效率具有空间外溢效应，同时一些外生解释变量除了对本地区的财政支出效率有影响外，还对其他地区的财政支出效率有空间溢出效应。具体的研究结果显示：

第一，就教育财政支出效率的空间效应而言，相邻地区的教育效率有策略替代行为，即如果一个地区的教育财政支出效率增加，则其相邻地区

---

① 地方财政支出效率空间互动的理论基础值得深入研究，目前尚无完整的理论体系。

的教育支出效率会减小。解释变量如人均国内生产总值、人口密度、财政负担率以及城镇化不仅对本地区的教育财政支出效率有影响，而且对相邻地区的效率有显著的空间外溢效应。

第二，就医疗卫生财政支出效率的空间效应而言，相邻地方政府间的支出效率存在策略互补行为，即如果一个地区的医疗卫生支出效率增加，则其相邻地区的医疗卫生支出效率也会增加。地区经济发展水平、财政分权以及财政负担，对财政医疗卫生支出效率有显著的直接效应和空间间接效应。

第三，就社会保障财政支出效率的空间效应而言，相邻地方政府间的支出效率存在策略互补行为，即如果一个地区的社会保障支出效率增加，则其相邻地区的社会保障支出效率也增加。经济发展水平、人口规模、人口密度、财政负担、地区经济开放性以及城镇化水平等变量，都对社会保障支出效率有显著性影响。

第四，就交通运输财政支出效率而言，相邻地方政府间的支出效率存在策略互补行为，即如果地区的交通运输财政支出效率增加，则其相邻地区的交通运输支出效率也增加。地区教育水平对交通运输支出效率既有显著的直接效应，也有显著的空间间接效应，地区经济开放性和市场化程度变量对交通运输效率有显著的直接效应。

总之，本书的实证结果表明，财政分权体制下省级地方政府间的财政支出效率并不是孤立的，存在着地方政府间的相互依赖。本研究对地区彼此间的互动关系选择了一些外生变量进行了考察，比如经济发展水平、人口因素、地区经济开放性、城镇化率等，结果表明，这些变量对于特定的支出效率有显著的直接效应和间接效应。

第二节 进一步的讨论

地方财政支出效率研究是一个既重大而又重要、同时也是很复杂的课题。公共效率低下是世界各国普遍面临的问题，研究评价我国财政支出的效率对于进一步提高效率起着基础性的作用。但要全面科学认识财政支出效率却非易事，仅就其概念的界定和理解就各有千秋，本研究将财政支出效率分为两个密不可分的方面：配置效率和技术效率。

本研究对配置效率的研究是，围绕着地方的财政支出与辖区居民的偏好间的匹配程度展开的,因此研究的关键是如何确定居民的偏好,本研究以"中间投票人"的理论模型为基础实证估计出居民的偏好。在实证估计中,作出一个重要假设是各地区居民是同质的,从而其偏好是同质的。实际上,这个假设往往会遭受学者的质疑,因为不同地区居民对特定公共商品的偏好程度是不同的。以公共安全为例,一般而言,经济发达地区的人口密度比经济欠发达地区的人口密度要大,由此带来的公共安全威胁要更大些,那么发达地区的居民对公共安全的偏好强度比欠发达地区要强。而本研究假定这种偏好强度都主要由辖区内居民的收入水平、人口数量和公共商品价格三个因素来决定,这虽然不能完全解释现状,但依然不失一般性。

  财政支出技术效率是指财政投入与公共商品产出间的对比关系,本研究利用数据包络分析法,通过构造效率前沿面的方式来评估研究财政支出的技术效率。评估财政支出技术效率的关键就是合理选择公共商品的产出指标,在选取公共商品产出指标时,遵循的原则是数据科学性和可得性。本研究中的公共商品大多属于准公共商品,其供给成本弥补往往由市场和政府共同承担。因此就公共商品的产出指标而言,要想弄清楚公共商品产出当中多少是由政府提供的、多少是由市场提供的绝非易事,本研究中所选取的产出指标也可能会遭到学者的质疑,幸运的是,在研究财政支出的技术效率时本研究采用了"比较"的方法,即通过构建一个效率前沿面,根据其他决策单位与该效率前沿的距离,来衡量每一个决策单位的效率情况,这种非参数方法在评估效率时回避了绝对准确的产出指标,因而得到的效率得分是相对效率得分。

  实际上,财政支出效率更应该从整体上去评价,因为公共部门的行为具有外部流动性,即一个部门的行为受到其他部门的影响。譬如,武汉市的交通拥堵现象,如果单从部门效率评价的角度看,那么市交通部门的效率是很低的,但若这样评价就有问题了,因为交通拥堵并不是交通部门一家所能解决的。另外,目前学者评估财政支出效率时,也逐渐采用了"平衡计分卡"的方法。这种方法的思路就是从政府公共部门的战略出发,设定产出与成果指标,透过财务构面、顾客构面、内部流程构面以及学习与成长构面四个构面来考核组织的绩效,并强调四大构面环环相扣与衡量指针间的平衡关系(Kaplan and Norton,1996)。平衡计分卡从组织的策略出发,希望协助组织透过策略的落实,建立组织持续提升绩效的机制。这种方法为进一步的研究提供了一种很好的思路和方法。

第三节 政策建议

基于本研究的结果，笔者认为，提高地方财政支出效率应做好以下几个方面的工作。

一 推进民主进程，改进公共商品的供给决策机制

政府提供公共商品的出发点和落脚点是要满足公共需求，在这一宗旨和目标指引下，政府需要探索提高满足公共需求的制度和技术路径。从制度上看，需要完善党内民主机制，进一步完善人民代表大会制度和政治协商制度。人民代表大会讨论之事是公共之事，是公共商品或服务的供给，事关社会成员的切身利益，因此，只有人民代表充分代表人民，才能保证公共商品的配置更有效率。要实现财政支出配置有效率，关键在于人民代表和政协委员从群众中来，到群众中去，综合人民群众的意见和建议，尽量做到信息完全地在政府预算中得以表达。而政府行为必须以公共预算为依据，从而对人民的意愿和偏好进行充分的回应。

二 进一步改革现行财政体制，优化地方财政支出结构

1994年的分税制改革是为了适应社会主义市场经济进行的财政体制安排，根据分税制的制度安排，流转税中的增值税是共享税，中央分成75%，地方分成25%，但增值税税收收入却是地方财政主要的收入来源，为追求更多的税收剩余，地方政府唯一能够做的是吸引资本，追加投资，只有在投资上超过其他地区，经济增长才能超越。在以GDP为主要的政绩考核制度下，一场地方政府横向和纵向间的竞争逐渐展开，这种竞争包括了财政支出的竞争，也包括了税收的竞争。已有众多文献表明，中国地方政府在为经济增长而相互竞争的过程中，导致了财政支出结构的扭曲，这种结构的扭曲必然伴随着公共资源配置整体的低效率，同时还可能伴随着地方财政收支失衡引发的财政风险问题。

公共商品和服务的受益范围是有限度的，因此，公共商品的供给主体确定依据就是公共商品的受益范围，全国性公共商品的供给主体应是中央政府，地方性公共商品供给主体应是地方。在此基础上，必须确定与公共

商品供给责任相对应的税收权。事实上,现状是中央与地方在事权和财权上并不匹配,中央政府将事权下划到地方,却同时将大部分的税收划归中央财政,这就造成地方财政尤其是省级以下的政府财力紧张,县乡一级财政被迫沦为"吃饭"财政,公共商品和服务只能靠上级财政的转移支付来保证,而在现行的转移支付制度安排下,地方政府没有足够的自由裁量权来安排资金的使用方向[①],公共需求的满足只能是纸上谈兵。

三 完善财政内部管理制度,减少环境因素的干扰和冲击

财政支出技术效率体现在公共商品的财政投入与产出的对比关系,要求最小的成本以及最大的产出。评价财政支出技术效率的方法有很多,但本研究采用的是一种"比较"的手段来评价各个地方财政支出效率,利用数据包络分析法通过构建"效率前沿面"来实现评价的目的。实际上,单纯从投入和产出的实际数据来评价效率存在一定的问题,那就是环境因素干扰的问题。

对地方财政支出效率的影响可以分为内因和外因。外生环境因素干扰和冲击固然重要,但更重要的是内因,即内生影响因素。外生因素,比如运气好坏、地理环境等在效率评价中是可以控制的,如本研究采用三阶段 Bootstrapped DEA 方法对外生环境因素进行了控制。但内生影响因素是很难控制的,比如管理效率,而这却是财政支出技术效率的核心决定因素。财政内部管理效率越高,则财政的技术效率就越高。近些年内,我国财政领域的改革:部门预算,政府采购制度和国库集中支付。这些改革在很大程度上规范了政府的财政支出行为,加强了财政内部管理,从而朝着财政支出效率的目标迈出了一大步。

四 构建以绩效预算为核心的财政管理制度

绩效预算的推行,对于推进政府职能和行政模式转型、提高政府效能、治理腐败,以及促进公共资源使用过程的科学化和民主化,都有十分重要的意义。绩效预算的实施需要从以下几个方面着手:第一,实行部门预算,将每一个公共部门的预算,无论是预算内还是预算外,统一纳入到财政预算当中,并对财政有直接拨付关系的部门和单位都进行绩效考核。

[①] 不过,我国个别地方政府挪用专项转移支付资金也时有发生。

第二，研究评估部门绩效的指标、评估标准及计量方法。第三，推行权责发生制的政府预算会计制度。权责发生制有助于了解财政资金的现状和使用效率，有助于各个公共部门科学决策，有助于增加财政预算的完整性、可靠性以及公开透明。权责发生制的政府会计能够对提供的公共产品和服务结果与成本、费用进行对比，以加强预算成本计量与政府业绩考核，使政府的业绩透明化，从而有利于广大纳税人及社会公众对政府部门的行为以及它们的工作效率进行评价。构建以绩效预算为导向的公共预算管理制度，从预算的编制到最终的决算，都应提高预算透明度，减少预算中的交易成本，广泛吸收公众参与，提高预算支出与社会成员的公共需求的一致性和预算支出的有效性，从而提高财政支出的配置效率和技术效率。

最后，必须认识到，我国地方财政支出的决定有其区别于西方财政支出实践的特点。这就决定了研究我国地方财政支出效率除了借鉴西方国家现有的基础理论外，必须结合中国的财政实践，才能通过研究提出符合我国现实的政策。

参考文献

中文参考文献

[1] 白景明:《应从投入产出关系角度分析政府运行成本高低》,《中国财政》2008年第19期。

[2] [美] 詹姆斯·M. 布坎南:《民主财政论》,穆怀朋译,商务印书馆1993年版。

[3] 蔡卫红、王燕武:《地方政府财政支出效率与影响因素分析——以福建省为例的实证研究》,《福建论坛(人文社会科学版)》2009年第12期。

[4] 陈冬红:《基于DEA的财政支出效率分析——以宁夏为案例的研究》,《宁夏社会科学》2010年第2期。

[5] 陈平:《文明分岔、经济混沌和演化经济动力学》,北京大学出版社2004年版。

[6] 陈诗一、张军:《中国地方政府财政支出效率研究:1978—2005》,《中国社会科学》2008年第4期。

[7] 陈志勇、张明喜:《地方财政支出结构优化:理论模型与实证分析》,《财政研究》2006年第9期。

[8] 董明志:《企业财务分析评价初探》,《会计研究》2000年第5期。

[9] 杜方:《完善公共预算决策程序 提高财政支出效率》,《中央财经大学学报》2009年第7期。

[10] 杜智民、雷晓康、赵铁山:《财政分权体制下的地方财政支出效率》,《长安大学学报(社会科学版)》2008年第2期。

[11] 冯兴元:《强化预算规则约束,提高财政支出效率》,第一财经日报,2006年12月21日A07版。

[12] 傅道忠:《我国财政支出效率分析与提升应策》,《现代财经-天津财经学院学报》2003年第5期。

［13］龚锋：《地方公共安全服务供给效率评估——基于四阶段 DEA 和 Bootstrapped DEA 的实证研究》，《管理世界》2008 年第 4 期。

［14］龚锋、卢洪友：《公共支出结构、偏好匹配与财政分权》，《管理世界》2009 年第 1 期。

［15］郭长林：《财政支出效率管理：理论分析》，《合作经济与科技》2007 年第 8 期。

［16］郭杰、李涛：《中国地方政府间税收竞争研究——基于中国省级面板数据的经验证据》，《管理世界》2009 年第 11 期。

［17］郭亚军、何延芳：《我国 1994—2001 年财政支出状况的综合评价》，《财经研究》2003 年第 9 期。

［18］郭玉清、刘红、郭庆旺：《中国财政科教支出动态经济效应分析》，《财经研究》2006 年第 5 期。

［19］［美］哈维·S. 罗森、［美］特德·盖亚：《财政学（第八版）》，清华大学出版社 2008 年版。

［20］韩海平：《创新财政支出效率管理机制》，《财税与会计》2003 年第 1 期。

［21］韩清、朱平芳、郭蓉：《企业技术效率的影响分析》，《统计研究》2011 年第 10 期。

［22］侯石安：《中国财政对农业投入的社会效益与生态效益评价》，《中南财经政法大学学报》2005 年第 6 期。

［23］黄仁宇：《资本主义与二十一世纪》，生活·读书·新知三联书店 1997 年版。

［24］黄衍电：《我国财政支出效率问题初探》，《集美大学学报（哲学社会科学版）》2001 年第 2 期。

［25］黄彦：《模拟市场机制，提高财政支出效率》，《中国财政》2002 年第 2 期。

［26］黄彦：《提高财政支出效率的思路与途径》，《税务研究》2002 年第 6 期。

［27］蒋炜：《地方财政支出效益的实证研究》，四川大学出版社 2007 年版。

［28］［澳］蒂莫西·J·科埃利等：《效率与生产率分析引论（第二版）》，王忠玉译，中国人民大学出版社 2008 年版。

［29］［美］R·科斯：《财产权利与制度变迁——产权学派与新制度学派

译文集》，上海三联书店1991年版。

[30] 李建军：《税收征管效率评估分析：1997—2007》，《中国经济问题》2011年第5期。

[31] 李俊生：《财政效率论》，东北财经大学出版社1994年版。

[32] 李森：《论财政支出效率的三个层次及其实现》，《西安财经学院学报》2005年第3期。

[33] 李涛、黄纯纯、周业安：《税收、税收竞争与中国经济增长》，《世界经济》2011年第4期。

[34] 李祥云、陈建伟：《财政分权视角下中国县级义务教育财政支出不足的原因分析》，《教育与经济》2010年第2期。

[35] 李永友、沈坤荣：《辖区间竞争、策略性财政政策与FDI增长绩效的区域特征》，《经济研究》2008年第5期。

[36] [美] 理查德·A. 马斯格雷夫、[美] 佩吉·B. 马斯格雷夫：《财政理论与实践》，邓子基、邓力平译，中国财政经济出版社2003年版。

[37] 梁东黎：《提高财政支出效率的结构因素》，《南京审计学院学报》2004年第3期。

[38] 刘红梅：《地方财政支出效率研究》，山东大学出版社2009年版。

[39] 刘京焕、陈志勇、李景友：《财政学原理》，高等教育出版社2011年版。

[40] 刘京焕：《财政支出的效率意义研究》，《湖北财税》1998年第12期。

[41] 刘振亚、唐滔、杨武：《省级财政支出效率的DEA评价》，《经济理论与经济管理》2009年第7期。

[42] 娄洪：《长期经济增长中的公共投资政策——包含一般拥挤性公共基础设施资本存量的动态经济增长模型》，《经济研究》2004年第3期。

[43] 娄峥嵘：《我国公共商品财政支出效率研究》，中国矿业大学出版社2008年版。

[44] 陆根尧、朱省娥：《中国教育对经济增长影响的研究》，《数量经济技术经济研究》2004年第1期。

[45] [美] 罗伯特·J. 巴罗、[美] 哈维尔·萨拉伊马丁：《经济增长》，何晖、刘明兴译，中国社会科学出版社2000年版。

[46] [美] 曼库尔·奥尔森：《国家兴衰探源——经济增长、滞胀与社会僵化》，吕应中译，商务印书馆1999年版。

[47] [美] 道格拉斯·诺斯、[美] 罗伯斯·托马斯：《西方世界的兴起》，厉以平、蔡磊译，华夏出版社2009年版。

[48] [美] 道格拉斯·C. 诺斯：《制度、制度变迁与经济绩效》，刘守英译，上海三联书店1994年版。

[49] 欧阳志刚：《我国政府支出对经济增长贡献的经验研究》，《数量经济技术经济研究》2004年第5期。

[50] 潘士远、史晋川：《内生经济增长理论：一个文献综述》，《经济学（季刊）》2002年第3期。

[51] 庞凤喜：《国际金融危机、国内经济环境与我国税收政策选择》，《中南财经政法大学学报》2009年第3期。

[52] 平新乔、白洁：《中国财政分权与地方公共商品的供给》，《财贸经济》2006年第2期。

[53] [美] 保罗·萨缪尔森、[美] 威廉·诺德豪斯：《经济学（第18版）》，萧琛译，人民邮电出版社2008年版。

[54] 邵冰、姜竹：《完善公共预算决策程序，提升财政支出效率》，《北京工商大学学报（社会科学版）》2009年第2期。

[55] 沈坤荣、付文林：《税收竞争、地区博弈及其增长绩效》，《经济研究》2006年第6期。

[56] 施安银、王跃宁、郭晓风、吴振芳：《财政支出管理与效率研究——兼论公共支出框架的建立及政策设计》，《财政研究》2000年第10期。

[57] 史晓龙：《绩效预算有助提高财政支出效率》，《中国税务报》2007年8月。

[58] 宋丙涛：《财政制度变迁与现代经济发展——英国之谜的财政效率解释》，河南大学出版社2007年版。

[59] 唐滔：《财政支出效率影响因素分析》，《求索》2010年第7期。

[60] 田晓、卜强：《政府采购制度：强化财政支出效率的关键一环》，《经济经纬》2000年第5期。

[61] 汪柱旺、谭安华：《基于DEA的财政支出效率评价研究》，《当代财经》2007年第10期。

[62] 王宝顺、刘京焕：《中国地方公共卫生财政支出效率研究——基于DEA-Malmquist指数的实证分析》，《经济经纬》2011年第6期。

[63] 王宝顺：《财政支出与经济增长：瓦格纳法则的中国证据》，《广东商学院学报》2010年第4期。

[64] 王宝顺、刘京焕：《公共资本性支出、经常性支出与内生经济增长》，《中南财经政法大学学报》2011年第3期。

[65] 王宝顺、刘京焕：《中国地方城市环境治理财政支出效率评估研究》，《城市发展研究》2011年第4期。

[66] 王宝顺：《财政支出与经济增长：基于VAR模型的跨国研究》，《贵州财经学院学报》2011年第5期。

[67] 王宝顺、刘京焕：《中国公共商品投入与产出的动态关系研究——以教育和公共卫生为例》，《统计与信息论坛》2011年第11期。

[68] 王宝顺、刘京焕：《地方政府公共支出空间外溢效应对区域经济增长的影响》，《现代财经》2011年第10期。

[69] 王宝顺、于海峰：《我国税收征管效率评价问题实证研究》，《税务研究》2012年第3期。

[70] 王春元：《我国政府财政支出结构与经济增长关系实证分析》，《财经研究》2009年第6期。

[71] 王金秀、陈志勇：《国家预算管理》，中国人民大学出版社2007年版。

[72] 王志刚、龚六堂、陈玉宇：《地区间生产效率与全要素生产率增长率分解：1978—2003》，《中国社会科学》2006年第2期。

[73] 吴俊培、王宝顺：《我国省际间税收竞争的实证研究》，《当代财经》2012年第4期。

[74] 吴俊培：《财政支出效益评价问题研究》，《财政研究》2003年第1期。

[75] 吴玉鸣：《中国区域研发、知识溢出与创新的空间计量经济研究》，人民出版社2007年版。

[76] 颜鹏飞、王兵：《技术效率、技术进步与生产率增长：基于DEA的实证分析》，《经济研究》2004年第12期。

[77] 杨灿明：《地方政府行为与区域市场结构》，《经济研究》2000年第11期。

[78] 杨灿明、白志远：《政府采购问题研究》，经济科学出版社 2004 年版。

[79] 杨冠琼、蔡芸：《中国地方政府生产率相对有效性的实证研究》，《经济管理》2005 年第 22 期。

[80] 杨猛猛：《我国基础教育财政支出效率研究》，厦门大学出版社 2007 年版。

[81] 杨琼：《我国财政支出效率化简论》，《辽宁财税》2001 年第 7 期。

[82] 杨正良、管昕：《西部大开发必须重视财政支出效率问题》，《学术探索》2001 年第 1 期。

[83] 尹恒、朱虹：《县级财政生产性支出偏向研究》，《中国社会科学》2011 年第 1 期。

[84] 于维洋、王宏：《提高财政支出效率的思路与途径》，《经济论坛》2007 年第 20 期。

[85] 于海峰：《中央政府在地方横向税收竞争中的作用机制分析》，《税务研究》2008 年第 10 期。

[86] 于海峰、谢颖：《公共商品供给与公共部门改革》，《财政研究》2008 年第 10 期。

[87] 张馨：《部门预算改革研究——中国政府预算制度改革剖析》，经济科学出版社 2001 年版。

[88] 张馨：《公共财政论纲》，经济科学出版社 1999 年版。

[89] 张宇燕、张帆：《由财政压力引起的制度变迁》；盛洪、张宇燕：《市场逻辑与制度变迁》，中国财政经济出版社 1998 年版。

[90] 赵术高：《科学发展观指导下的公共财政支出效率问题及改善途径研究》，重庆大学出版社 2006 年版。

[91] 赵文哲：《财政分权与前沿技术进步、技术效率关系研究》，《管理世界》2008 年第 7 期。

[92] 郑录军、曹廷求：《我国商业银行效率及其影响因素的实证分析》，《金融研究》2005 年第 1 期。

[93] 钟水映、李魁：《地方财政投入效率的人口因素分析》，《人口与发展》2009 年第 2 期。

[94] 朱文奇：《提高我国财政支出效率和效益的策略探析》，《广西社会科学》2009 年第 10 期。

[95] 邹贤启:《财政支出效率初步研究》,《财政研究》2000年第11期。

英文参考文献

[1] Afonso A., L. Schuknecht, V. Tanzi, Public sector efficiency: An international comparison, Public Choice, Vol. 123, 2005, pp. 321-347.

[2] Afonso A., L. Schuknecht, V. Tanzi, Public sector efficiency: Evidence for new EU member states and emerging markets, ECB Working Paper, No. 581. 2006.

[3] Afonso, A., Fernandes, S., Local government spending efficiency: DEA evidence for the Lisbon Region, Regional Studies, Vol. 401, 2005, pp. 39-53.

[4] Afonso, A., M. St. Aubyn, Non-parametric approaches to education and health expenditure efficiency in OECD countries, Journal of Applied Economics, Vol. 82, 2005, pp. 227-246.

[5] Afonso, A., St. Aubyn, Cross-country Efficiency of Secondary Education Provision: a Semi-parametric Analysis with Non-discretionary Inputs, Economic Modelling, Vol. 23, No. 3, 2006a, pp. 476-491.

[6] Afonso, A., St. Aubyn, Cross-country Efficiency of Secondary Education Provision: a Semi-parametric Analysis with Non-discretionary Inputs, European Central Bank, Working Paper n. 494. May 2005.

[7] Afonso, A., St. Aubyn, M., Non-parametric Approaches to Public Education and Health Expenditure Efficiency in OECD countries, ISEG/UTL Technical University of Lisbon, Economics Department, Working Paper 1/2004/DE/CISEP/UECE. 2004.

[8] Afonso, A., Ebert, W., Schuknecht, L., M Thöne, Quality of public Finances and Growth, European Central Bank, Working Paper Series No. 438, 2005.

[9] Agell J., H. Ohlsson, P. S. Thoursie, Growth effects of government expenditure and taxation in rich countries: A comment, European Economic Review, Vol. 50, 2006, pp. 211-218.

[10] Angelopoulos K., G. Economides, P. Kammas, Tax-spending policies and economic growth: Theoretical predictions and evidence from the

OECD, European Journal of Political Economy, Vol. 23, 2007, pp. 885-902.

[11] Angelopoulos K., Apostolis Philippopoulos, Efthymios Tsionas, Does public sector efficiency matter? Revisiting the relation between fiscal size and economic growth in a world sample, Public Choice, Springer, Vol. 137 (1), 2008, pp. 245-278.

[12] Anselin, L., Thirty years of spatial econometrics, Regional Science, Vol. 89, 2010, pp. 3-25.

[13] Balaguer-Coll, M. T., Prior, D., Tortosa-Ausina, E., On the determinants of local government performance: A two-stage nonparametric approach. European Economic Review, Vol. 51, 2007, pp. 425-451.

[14] Balcombe, K., I. Fraser, J. H. Kim, Estimating technical efficiency of Australian dairy farms using alternative frontier methodologies, Applied Economics, Vol. 38, No. 19, 2006, pp. 2221-2236.

[15] Barankay, I., Lockwood, B., Decentralization and the productive efficiency of government: Evidence from Swiss cantons. Journal of Public Economics Vol. 91, 2007, pp. 1197-1218.

[16] Barro, R. J., Government spending in a simple model of endogenous growth, Journal of Political Economy, Vol. 985, 1990, pp. 103-125.

[17] Bassanini, A., Scarpetta, S., Does human capital matter for growth in OECD countries? Evidence from pooled mean-group estimates, OECD Economics Department Working Paper 282, 2001.

[18] Battese, G. E., Coelli, T. J., A Model for Technical Inefficiency Effects in a Stochastic Frontier Production Function for Panel Data, Empirical Economics, No. 20, 1995, pp. 325-332.

[19] Behrman, J. R., Deolalikar, A. B., Soon, L-Y, Conceptual Issues in the Role of Education Decentralization in Promoting Effective Schooling in Asian Developing Countries, ERD Working Paper Series No. 22, Asian Development Bank, 2002.

[20] Bergstrom T., Goodman R. Private Demands for Public Goods, American Economic Review, Vol. 63, 1973, pp. 280-296.

[21] Besley, T., A. Case. Incumbent Behavior: Vote Seeking, Tax Setting

and Yardstick Competition, AmericanEconomic Review, Vol. 85, 1995, pp. 25-45.

[22] Borcherding T., Deacon R., The Demand for The Services of Non-federal Governments, American Economic Review, Vol. 62, 1972, pp. 891-901.

[23] Borge, L.-E., T. Falch, P. Tovmo, Public Sector Efficiency: The Impact of Political and Budgetary Institutions, Fiscal Capacity and Democratic Participation. Public Choice, Vol. 136, 2008, pp. 475-495.

[24] Brett, C., J. Pinkse. The Determinants of Municipal Tax Rates in British Columbia, Canadian Journal of Economics, Vol. 33, 2000, pp. 695-714.

[25] Brueckner, J. Strategic Interaction among Governments: An Overview of Empirical Studies, International Regional Science Review, Vol. 26, 2003, pp. 175-188.

[26] Buettner, T. Local Business Taxation and Competition for Capital: The Choice of the Tax Rate, Regional Science and Urban Economics, Vol. 31, 2001, pp. 215-245.

[27] Burridge, Testing For a Common Factor in A Spatial Autoregression Model, Environment and Planning, No. 13, 1981, pp. 795-800.

[28] Case, A., J. Hines, H. Rosen. Budget Spillovers and Fiscal Policy Interdependence, Journal of Public Economics, Vol. 52, 1993, pp. 285-307.

[29] Cashin, P. Government spending, taxes and economic growth, IMF Staff Papers, Vol. 42, 1995, pp. 237-269.

[30] Chang-Sheng Liao, Chao-Hsiang Yang, Dick Liu. Efficiency, Productivity and Ownership Structure for Securities Firms in Taiwan Journal of Money, Investment and Banking, No. 14, 2010.

[31] Charnes, A. W. Cooper, E. Rhodes, measuring efficiency of decision-making units European Journal of Operational Research, No. 3, 1978, pp. 429-444.

[32] Cherchye, L., T. Kuosmanen, T. Post, What is the economic meaning of FDH? A reply to Thrall, Journal of Productivity Analysis, Vol. 13, 2000, pp. 263-267.

[33] Clark, X., D. Dollar, A. Micco, Maritime transport costs and port effi-

ciency Policy Research Working Paper 2781, The World Bank, February, 2002.

[34] Clements, B., Efficiency of education expenditure in Portugal, Working Paper 179/99, IMF, 1999.

[35] Clements, B., How Efficient is Education Spending in Europe? European Review of Economics and Finance, Vol. 11, 2002, pp. 3-26.

[36] Corsetti, Giancarlo, Roubini, Nouriel, Optimal Government Spending and Taxation in Endogenous Growth Models, NBER Working Paper 5851, 1996.

[37] Cullinane K., D. Song. A stochastic frontier model of the productive efficiency of Korean container terminals, Applied Economics, Vol. 35, 2003, pp. 251-267.

[38] Davoodi, H., Zou, H., Fiscal decentralization and economic growth: A cross country study. Journal of Urban Economics, Vol. 43, 1998, pp. 244-257.

[39] De Borger, B., Kerstens, K., Cost efficiency of Belgian local governments: A comparative analysis of FDH, DEA, and econometric approaches, Regional Science and Urban Economics, Vol. 26, 1996, pp. 145-170.

[40] De Borger, B., K. Kerstens, What is known about municipal efficiency? The Belgian case and beyond, in Public Provision and Performance: Contributions from Efficiency and Productivity Measurement Ed. J. Blank, Elsevier, Amsterdam, 2000, pp. 299-330.

[41] Devarajan S., Swaroop, V., Zoo H., The composition of public expenditure and economic growth, Journal of Monetary Economics, Vol. 37, 1996, pp. 313-344.

[42] Diez-Ticio, A., Mancebon, M., The efficiency of Spanish police service: Anapplication of the multiactivity DEA model, Applied Economics, Vol. 34, 2002, pp. 351-362.

[43] Edmark, K., Agren, H., Identifying Strategic Interactions in Swedish Local Income Tax Mimeo. University of Lausanne, 2008.

[44] Elhorst, J. P., Applied Spatial Econometrics: Raising the Bar, Spatial

Economic Analysis, No. 1, 2010b, pp. 9-28.

[45] Enikolopov, R., Zhuravskaya, E., Decentralization and political institutions. Journal of Public Economics, Vol. 91, 2007, pp. 2261-2290.

[46] Epstein, S. R., Freedom and Growth: The Rise of States and Markets in Europe, 2000, pp. 1300-1750.

[47] Eugster, B., Parchet, R., Culture and Taxes: Towards Identifying Tax Competition Policies, Journal of Urban Economics, Vol. 63, 2011, pp. 849-857.

[48] Evans, D., A. Tandon, C. Murray, J. Lauer, The Comparative Efficiency of National Health Systems in Producing Health: an Analysis of 191 Countries, GPE Discussion Paper Series, No. 29, World Health Organization, Genebra. 2000.

[49] Farrell, M., The measurement of productive efficiency, Journal of the Royal Statistical Society, Vol. 120, No. 3, 1957, pp. 253-290.

[50] Fiva, J., New evidence on the effects of fiscal decentralization on the size and the composition of government spending. Finanz Archiv, Vol. 62, 2006, pp. 250-280.

[51] Folster S., M. Henrekson, Growth effects of government expenditure and taxation in richcountries, European Economic Review, Vol. 45, 2001, pp. 1501-1520.

[52] Fried H. O., Schmidt S. S., Yaisawarng S., Incorporating the Operating Environment Into a Nonparametric Measure of Technical Efficiency. Journal of Productivity Analysis, Vol. 13, No. 3, 1999, pp. 249-267.

[53] Fried, H. O., C. A. K. Lovell, S. S. Schmidt, S. Yaisawarng, Accounting for Environmental Effects and Statistical Noise in Data Envelopment Analysis. Journal of Productivity Analysis, Vol. 17, No. 1-2, 2002, pp. 157-174.

[54] Futagami, Koichi, Yuichi Morita, Akihisa Shibata, Dynamic Analysis of an Endogenous Growth Model with Public Capital, Scandinavian Journal of Economics, Vol. 95, 1993, pp. 607-625.

[55] García-Sánchez, I., Efficiency measurement in Spanish local

government: The case of municipal water services, Review of Policy Research, Vol. 232, 2006, pp. 355-371.

[56] Gemmel N. , R. Kneller, The Impact of Fiscal Policy on Long-run Growth, European Economy, No. 1, 2001, pp. 98-129.

[57] Ghosh, S. , A. Gregoriou, On the Composition of Government Spending, Optimal Fiscal Policy, and Endogenous Growth: Theory and Evidence, Brunel University Discussion Paper No. 06—19 Middlesex, United Kingdom, 2006.

[58] Ghosh, Sugata, Udayan Roy, Fiscal Policy, Long-Run Growth, and Welfare in a Stock-Flow Model of Public Goods, Canadian Journal of Economics, Vol. 37, 2004, pp. 742-756.

[59] Greene W. H. , Efficiency of Public Spending in Developing Countries: A Stochastic Frontier Approach, May 2005, Mimeo.

[60] Gupta, S. , Verhoeven, M. , The Efficiency of Government Expenditure: Experiences from Africa. Journal of Policy Modelling, Vol. 23, 2001, pp. 433-467.

[61] Hanushek, E. , Luque, J. , Efficiency and equity in Schools Around the World, Economics of Education Review, Vol. 22, 2003, pp. 481-502.

[62] Hauner, D. 2005 Explaining Efficiency Differences Among German and Austrian Banks, Applied Economics, 379, 969-980.

[63] Hayashi Masayoshi, Robin Boadway. An Empirical Analysis of Intergovernmental Tax Interaction: the Case of Business Income Taxes in Canada, Canadian Journal of Economics, Vol. 34, 2001, pp. 481-503.

[64] Hemming, R. , Kell, M. , Mahfouz, S. , The Effectiveness of Fiscal Policy in Stimulating Economic Activity - A Review of the Literature, IMF Working Paper No. 02/208, 2002.

[65] Herrera, S. , Pang, G. , Efficiency of Public Spending in Developing Countries: An Efficiency Frontier Approach. World Bank Policy Research Working Papers, No. 3645, 2005.

[66] Heshmati A. , Productivity Growth, Efficiency and Outsourcing in Manufacturing and Services, Journal of Economic Surveys, Vol. 171, 2003, pp. 79-112.

[67] Heyndels, B., J. Vuchelen. Tax Mimicking Among Belgian Municipalities, National Tax Journal, Vol. 51, 1998, pp. 89-101.

[68] Hollingsworth, B., P. Dawson, N. Maniadakis, Efficiency Measurement of Health Care: A Review of Non-parametric Methods and Applications, Health Care Management Science, Vol. 23, 1999, pp. 161-172.

[69] Howcroft, B., A. Ataulah, Total Factor Productivity Change: An Examination of the Commercial Banking Industry in India and Pakistan, The Service Industries Journal, Vol. 26, 2006, pp. 189-202.

[70] Jin, J., Zou, H., 2002. How does fiscal decentralization affect aggregate, nationaland subnational government size? Journal of Urban Economics 52, 270-293.

[71] Jondrow, J., C. A. K. Lovell I. Materov, P. Schmidt, On the Estimation of Technical Inefficiency in the Stochastic Frontier Production Function Model, Journal of Econometrics, Vol. 19, 1982, pp. 233-238.

[72] Kanep, H., Assessing the efficiency of Estonian Secondary Schools: An Application of Data Envelopment Analysis, Working Paper, University of Tartu, 2004.

[73] Ladd, H. Mimicking of Local Tax Burdens Among Neighboring Counties, Public Finance Quarterly, Vol. 20, 1992, pp. 450-467.

[74] Lee, L. F., J. Yu. Estimation of Spatial Autoregressive Panel Data Models with Fixed Effects, Journal of Econometrics, Vol. 154, 2010a, pp. 165-185.

[75] LeSage, J. P., R. K. Pace. Introduction to Spatial Econometrics. Boca Raton, US: CRC Press Taylor & Francis Group, 2009.

[76] Lorenzo B., Massimiliano P., Gilberto TURATI. Fiscal Decentralization and Spending Efficiency of Local Governments An Empirical Investigation on a Sample of Italian Municipalities 2009. http://www.webssa.net/files/Paper_ BPT_ 29-08-09. pdf.

[77] Méon, P. -G., L. Weill, Does Better Governance Foster Efficiency? An Aggregate Frontier Analysis, Economics of Governance, Vol. 61, 2005, pp. 75-90.

[78] Mierau, J., Jong-A-Pin, R., de Haan, J., Do Political Variables

Affect Fiscal Policy Adjustment Decisions? New Empirical Evidence. Public Choice, Vol. 133, 2007, pp. 297-320.

[79] Miller S., F. Russek, Fiscal Structures and Economic Growth: International Evidence, Economic Inquiry, 1997, 35, 603-613.

[80] Mizala, A., P. Romaguera, D. Farren, The technical efficiency of schools in Chile, Applied Economics, Vol. 34, No. 12, 2002, 1533-1552.

[81] Mobley, L. R., J. Magnussen, An International Comparison of Hospital Efficiency: Does Institutional Environment Matter, Applied Economics, Vol. 30, 1998, pp. 1089-1100.

[82] Moore, A., J. Nolan, G. F. Segal, Putting out the trash: measuring municipal efficiency in US cities, Urban Affairs Review, Vol. 412, 2005, pp. 237-259.

[83] Murillo-Zamorano, L., Economic efficiency and frontier techniques, Journal of Economic Surveys, Vol. 18, No. 1, 2004, pp. 33-77.

[84] Niskanen, W. A. Bureaucrats and politicians, Journal of Law and Ecoonomics, No. 18, 1979, pp. 617-643.

[85] Notteboom, T. C. Coeck, J. Van Den Broeck. Measuring and explaining the relative efficiency of container terminals by means of Bayesian stochastic frontier models, International Journal of Maritime Economics, No. 2, 2000, pp. 83-106.

[86] Oates, W. E., An Essay on Fiscal Federalism, Journal of Economic Literature, Vol. 37, 1999, pp. 1120-1149.

[87] Oliveira, M., C. Santos, Assessing school efficiency in Portugal using FDH and bootstrapping, Applied Economics, Vol. 37, 2005, pp. 957-968.

[88] Pereira, M. C., Moreira, S., A stochastic frontier analysis of secondary education output in Portugal, Working Paper 6/2007, Banco de Portugal, 2007.

[89] Prieto, A. M., Zofio, J. L., Evaluating effectiveness in public provision of infrastructure and equipment: the case of Spanish municipalities, Journal of Productivity Analysis, Vol. 15, 2001, pp. 41-58.

[90] Rainey, D., O. Murova, Arkansas, public school districts efficiency estimation: Is restructuring necessary? Journal of Educational and Research Policy Studies, 2003.

[91] Ramajo J., Marquez M., Pedraja F., Salinas J., Competition in The Allocation of Public Spending: A New Model to Analyse The Interaction Between Expenditure Categories. Economic Bulletin, Vol. 8, April, 2007, pp. 1-7.

[92] Ray, S. C., K. Mukherjee, Decomposition of the Fisher Ideal Index of Productivity: A Nonparametric Dual Analysis of US airline Data, Economic Journal, Vol. 106, 1996, pp. 1659-1678.

[93] Revelli, F. Spatial Patterns in Local Taxation: Tax Mimicking or Error Mimicking?, Applied Economics, Vol. 33, 2001, pp. 1101-1107.

[94] Robalino, D. A., Picazo, O. F., Voetberg, V. A., Does fiscal decentralization improve health outcomes? Evidence from a cross-country analysis. World Bank Policy Research Working Paper, No. 2565, 2001.

[95] Rodden, J., The dilemma of fiscal federalism: Grants and fiscal performance around the world, American Journal of Political Science, Vol. 46, 2002, pp. 670-687.

[96] Rodden, J., Revisiting Leviathan: Fiscal federalism and the growth of government. International Organization, Vol. 57, 2003, pp. 695-729.

[97] Romero-Ávila, D., Strauch, R., Public Finances and Long-term Growth in Europe? Evidence from a Panel Data Analysis, ECB Working Paper, No. 246, 2003.

[98] Ruggiero, J., Efficiency of educational production: An analysis of New York school Districts, The Review of Economics and Statistics, Vol. 78, No. 3, 1996, pp. 499-509.

[99] Ruggiero, J., W. Duncombe, On the Measurement and Causes of Technical Inefficiency in Local Public Services, Journal of Public Administration Research and Theory, Vol. 54, 1995, pp. 403-429.

[100] Sijpe, N., Rayp, G., Measuring and explaining government efficiency in developing countries, Journal of Development Studies, Vol. 43, 2007, pp. 360-381.

[101] Simar, L., P. Wilson Statistical inference in non-parametric frontier models: The state of the art Journal of Productivity Analysis, Vol. 13, 2000, pp. 49–78.

[102] Simar, L., Wilson, P. W., Estimation and inference in two stage semi parametric models of productive efficiency, Journal of Econometrics, Vol. 136, 2007, pp. 31–64.

[103] Simar, L., Wilson, P. W., Sensitivity Analysis of Efficiency Scores: How to Bootstrap in Nonparametric Frontier Models, Management Science, Vol. 44, 1998.

[104] Simar, L., Wilson, P. W., A General Methodology for Bootstrapping in Non-parametric Frontier Models, Journal of Applied Statistics, Vol. 27, 2000a.

[105] Solow, R., Technical change and the aggregate production function, Review of Economics and Statistics, Vol. 39, 1957, 312–320.

[106] St. Aubyn, M. 2002, Evaluating Efficiency in the Portuguese Health and Education Sectors, www.bportugal.pt/ptPT/EstudosEconomicos/Conferencias/Documents/2002DesenvEcon/Paper_9.pdf.

[107] Staat, M. Efficiency of hospitals in Germany: a DEA-bootstrap approach, Applied Economics, Vol. 38, No. 19, 2006, pp. 2255–2263.

[108] Duncombe J. W., On the Measurement and Causes of Technical Inefficiency in Local Public Services, Journal of Public Administration Research and Theory, Vol. 54, 1995, pp. 403–429.

[109] Stigler, George J., The Tenable Range of Functions of Local Government, in Joint Economic Committee, Subcommittee in Fiscal Policy, U. S. Congress, Federal Expenditure Policy for Economic Growth and Stability, Washington, DC: U. S. Government Printing Office, 1957, pp. 213–219.

[110] Tanzi V. Measuring efficiency in public expenditure, Paper presented in Conference on Public Expenditure Evaluation and Growth, The World Bank, October, 2004.

[111] Tanzi V., H. R. Davoodi, Corruption, public investment and growth,

in The Welfare State, Public Investment and Growth, edited by H. Shibata and T. Ihori, Springer-Verlag, Tokyo, 1998.

[112] Tanzi V., H. Zee, Fiscal policy and long-run growth, IMF Staff Papers, Vol. 44, 1997, pp. 179-209.

[113] Tanzi V., L. Schuknecht, Public Spending in the 20th Century: A Global Perspective, Cambridge University Press, Cambridge, 2000.

[114] Tanzi, V., Schuknecht, L. 2003, Public Finances and Economic Growth in European Countries, in Fostering Economic Growth in Europe, conference volume of the 31st Economics Conference of the Oestereichische Nationalbank, Vienna, 2003.

[115] Teemu Lyytikäinen. Tax Competition Among Local Governments: Evidence from a Property Tax Reform in Finland. Spatial Economics Research Centre, LSE in its series SERC Discussion Papers with number 0082, 2011.

[116] Tiebout Charles M., A Pure Theory of Local Expenditures, Journal of Political Economy, Vol. 64, 1956, pp. 416-424.

[117] Tresch, Richard W., Public Finance: A Normative Theory, Business Publication, Inc.

[118] Vanden Eeckhaut, P., Tulkens, H., Jamar, M. A. 1993, Cost Efficiency in Belgian Municipalities, in Fried H. O., Lovell C. A. K. and Schmidt S. S. eds, The Measurement of Productive Efficiency. Techniques and Applications, Oxford University Press, 1981.

[119] Wilson, P., A preliminary non-parametric analysis of public education and health expenditures in developing countries. Mimeo, The World Bank, 2004.

[120] Worthington, A., Cost efficiency in Australian local government: a comparative analysis of mathematical programming and econometric approaches, Financial Accounting & Management, Vol. 163, 2000, pp. 267-424.

[121] Worthington, A., Dollery, B., Measuring efficiency in local government: An analysis of New South Wales municipalities' domestic waste management function, Policy Studies Journal, Vol. 292, 2001, pp.232-249.

[122] Wu, S., S. Devadoss, Y. Lu, Estimation and decomposition of techni-

cal efficiency for sugarbeet farms, Applied Economics, Vol. 35, No. 4, 2003, pp. 471–484.

[123] Zagler, M., Durnecker, G., Fiscal Policy and economic growth, Journal of Economic Surveys, Vol. 17, No. 3, 2003, pp. 397–418.

附　表

附表 1　　2007—2012 年省级财政支出规模名义数和实际数　　单位：亿元

年份	一般预算支出			一般预算支出（平减数）①		
	2007	2008	2009	2007	2008	2009
北　京	1649.502	1959.286	2319.37	1649.502	1864.889	2242.19
天　津	674.3262	867.7245	1124.28	674.3262	823.2401	1077.14
河　北	1506.648	1881.67	2347.59	1506.648	1771.819	2225.64
山　西	1049.923	1315.018	1561.70	1049.923	1226.766	1463.03
内蒙古	1082.305	1454.573	1926.84	1082.305	1375.586	1827.05
辽　宁	1764.281	2153.435	2682.39	1764.281	2058.002	2562.25
吉　林	883.7597	1180.122	1479.21	883.7597	1122.714	1406.26
黑龙江	1187.271	1542.3	1877.74	1187.271	1461.134	1775.6
上　海	2181.678	2593.916	2989.65	2181.678	2452.121	2837.8
江　苏	2553.722	3247.493	4017.36	2553.722	3082.175	3829.32
浙　江	1806.793	2208.576	2653.35	1806.793	2102.831	2565.5
安　徽	1243.834	1647.125	2141.92	1243.834	1551.436	2035.93
福　建	910.6446	1137.716	1411.82	910.6446	1088.196	1375.28
江　西	905.0582	1210.073	1562.37	905.0582	1141.08	1483.06
山　东	2261.85	2704.661	3267.67	2261.85	2568.731	3103.52
河　南	1870.614	2281.609	2905.76	1870.614	2131.729	2730.8
湖　北	1277.326	1650.276	2090.92	1277.326	1552.943	1975.78
湖　南	1357.031	1765.225	2210.44	1357.031	1664.922	2092.35

---

　① 本研究对财政支出额利用消费者价值指数以 2007 年为基期进行了平减，以得到消除物价波动的影响。

续表

	一般预算支出			一般预算支出（平减数）		
广 东	3159.57	3778.568	4334.37	3159.57	3578.282	4203.24
广 西	985.9433	1297.11	1621.82	985.9433	1203.451	1537.7
海 南	245.1967	357.9708	486.06	245.1967	334.7863	457.69
重 庆	768.3886	1016.011	1292.09	768.3886	962.3925	1244.26
四 川	1759.13	2948.827	3590.72	1759.13	2806.469	3390.42
贵 州	795.399	1053.792	1372.27	795.399	979.4646	1292.04
云 南	1135.218	1470.239	1952.34	1135.218	1390.963	1839.77
西 藏	275.3682	380.6589	470.13	275.3682	360.0606	438.52
陕 西	1053.967	1428.521	1841.64	1053.967	1343.111	1722.51
甘 肃	675.3372	968.4336	1246.28	675.3372	894.9605	1137.46
青 海	282.1993	363.595	486.75	282.1993	330.2812	430.74
宁 夏	241.8545	324.6064	432.36	241.8545	299.2289	395.6
新 疆	795.154	1059.364	1346.91	795.154	980.386	1237.36
年份	2010	2011	2012	2010	2011	2012
北 京	2717.32	3245.23	3685.31	2565.33	2900.26	3189.63
天 津	1376.84	1796.33	2143.21	1273.9	1585.12	1841.02
河 北	2820.24	3537.39	4079.44	2594	3078.28	3460.13
山 西	1931.36	2363.85	2759.46	1756.32	2043.11	2326.9
内蒙古	2273.5	2989.21	3425.99	2088.87	2601.28	2891.67
辽 宁	3195.82	3905.85	4558.59	2962.58	3442.95	3907.27
吉 林	1787.25	2201.74	2471.2	1638.45	1917.82	2100.27
黑龙江	2253.27	2794.08	3171.52	2050.82	2402.97	2643.59
上 海	3302.89	3914.88	4184.02	3040.69	3426.69	3561.33
江 苏	4914.06	6221.72	7027.67	4512	5423.6	5972.9
浙 江	3207.88	3842.59	4161.88	2987.04	3395.27	3598.81
安 徽	2587.61	3302.99	3961.01	2384.71	2883.6	3381.61
福 建	1695.09	2198.18	2607.5	1599.7	1970.75	2282.25

续表

	一般预算支出			一般预算支出（平减数）		
江 西	1923.26	2534.6	3019.22	1771.69	2218.4	2571.88
山 东	4145.03	5002.07	5904.52	3824.57	4394.72	5080.73
河 南	3416.14	4248.82	5006.4	3101.03	3651.42	4195.72
湖 北	2501.4	3214.74	3759.79	2296.74	2790.97	3172.04
湖 南	2702.48	3520.76	4119	2480.85	3062.72	3512.48
广 东	5421.54	6712.4	7387.86	5098.39	5993.4	6416.04
广 西	2007.59	2545.28	2985.23	1848.3	2212.67	2513.81
海 南	581.34	778.8	911.67	522.15	659.5	748.04
重 庆	1709.04	2570.24	3046.36	1594	2276.53	2630.27
四 川	4257.98	4674.92	5450.99	3896.59	4061.28	4618.42
贵 州	1631.48	2249.4	2755.68	1492.46	1957.01	2334.14
云 南	2285.72	2929.6	3572.66	2076.44	2538.13	3012.89
西 藏	551.04	758.11	905.34	502.91	658.99	760.3
陕 西	2218.83	2930.81	3323.8	1996.04	2494.28	2752
甘 肃	1468.58	1791.24	2059.56	1287.55	1483.4	1660.88
青 海	743.4	967.47	1159.05	624.44	765.65	890.03
宁 夏	557.53	705.91	864.36	490.17	583.63	700.39
新 疆	1698.91	2284.49	2720.07	1495.95	1898.62	2177.32

注：数据来源于2008—2013年《中国统计年鉴》及笔者整理。

附表2　　　　　　　2007—2012年省级财政支出实际数　　　　　　单位：万元

地 区	年份	教育	社会保障	医疗卫生	交通运输	CPI
北 京	2007	2630041	1792806	1189527	330894	100
天 津	2007	1100248	795714	330964	84864	100
河 北	2007	2833938	2201343	781096	329879	100
山 西	2007	1812182	1828223	520956	281527	100
内蒙古	2007	1535674	1520235	438658	484945	100
辽 宁	2007	2521317	4029808	666000	269157	100

续表

地区	年份	教育	社会保障	医疗卫生	交通运输	CPI
吉林	2007	1444160	1543673	423106	234909	100
黑龙江	2007	1997524	2170582	575415	425630	100
上海	2007	2833335	2742171	888313	162324	100
江苏	2007	4928972	2125341	1152882	791508	100
浙江	2007	3838886	1079848	1122822	450743	100
安徽	2007	2129665	2064435	654132	495045	100
福建	2007	1836550	905712	519887	266274	100
江西	2007	1738076	1261449	580717	309884	100
山东	2007	4533574	2517774	996496	270004	100
河南	2007	3661231	2812238	987788	402964	100
湖北	2007	2171988	2112158	661139	302094	100
湖南	2007	2285201	2209838	591970	487198	100
广东	2007	5758977	2834795	1407693	571183	100
广西	2007	1893837	1106700	507547	412666	100
海南	2007	403268	358840	124560	91013	100
重庆	2007	1215466	1389682	339705	360848	100
四川	2007	2928602	2721240	988711	730704	100
贵州	2007	1662714	708014	487893	488381	100
云南	2007	1905371	1704801	771123	616402	100
西藏	2007	335699	173020	171623	324333	100
陕西	2007	1845157	1590145	499056	487998	100
甘肃	2007	1239653	1068675	410319	280512	100
青海	2007	348523	511790	195046	159886	100
宁夏	2007	473068	254973	114174	84780	100
新疆	2007	1427688	909273	458154	342721	100
北京	2008	3010568	1992432	1380628	764751	105.1
天津	2008	1344342	1002968	397668	134303	105.4

续表

地区	年份	教育	社会保障	医疗卫生	交通运输	CPI
河北	2008	3549739	2555300	1132185	272323	106.2
山西	2008	2192166	2037254	666978	313485	107.2
内蒙古	2008	1951935	1811180	565721	466311	105.7
辽宁	2008	2927832	4491402	801830	356005	104.6
吉林	2008	1788874	1901333	566223	278724	105.1
黑龙江	2008	2431148	2165934	679251	495742	105.6
上海	2008	3082387	3166560	1155994	161480	105.8
江苏	2008	5624359	2197381	1410463	1112452	105.4
浙江	2008	4322535	1347463	1360285	565782	105.0
安徽	2008	2696258	2149433	978114	488092	106.2
福建	2008	2231380	1045344	710412	436228	104.6
江西	2008	1950636	1691339	725339	354591	106.0
山东	2008	5233011	2707263	1333613	285354	105.3
河南	2008	4148580	3085410	1359164	403367	107.0
湖北	2008	2674322	2647091	894757	360475	106.3
湖南	2008	2935738	2926795	826212	537211	106.0
广东	2008	6660465	3436022	1904848	1002303	105.6
广西	2008	2330814	1196640	730808	542556	107.8
海南	2008	520299	462332	174306	106901	106.9
重庆	2008	1453946	1631753	489112	453967	105.6
四川	2008	3514537	4272815	1366300	1002723	105.1
贵州	2008	2135603	998775	626809	458941	107.6
云南	2008	2289047	2126030	989478	575607	105.7
西藏	2008	445324	263903	154698	332039	105.7
陕西	2008	2490671	2308758	737037	509847	106.4
甘肃	2008	1690474	1420376	538908	321576	108.2
青海	2008	443364	595598	224019	100335	110.1

续表

地 区	年份	教 育	社会保障	医疗卫生	交通运输	CPI
宁 夏	2008	498293	341525	157699	92915	108.5
新 疆	2008	1843614	1009292	542685	313251	108.1
北 京	2009	3535000	2264962	1610824	1421729	103.4
天 津	2009	1663275	1110398	519501	473642	104.4
河 北	2009	4165126	3009293	1656050	1526941	105.5
山 西	2009	2604967	2219700	953018	877643	106.7
内蒙古	2009	2308704	2607331	976074	1260150	105.5
辽 宁	2009	3312009	4948652	1560053	1018258	104.7
吉 林	2009	2062880	2380880	1020473	548131	105.2
黑龙江	2009	2521073	3211692	1281318	981363	105.8
上 海	2009	3293291	3190073	1260992	776844	105.4
江 苏	2009	6487708	2851633	1889307	2200607	104.9
浙 江	2009	5021352	1480117	1711905	2381985	103.4
安 徽	2009	3077696	2889199	1575401	1356655	105.2
福 建	2009	2703691	1294151	909750	1243175	102.7
江 西	2009	2391396	2082007	1144261	1072259	105.3
山 东	2009	5826678	3255727	1797335	1654923	105.3
河 南	2009	4944561	3793151	2097133	1669213	106.4
湖 北	2009	2998184	3250388	1315741	802407	105.8
湖 南	2009	3384733	3414761	1506926	1109757	105.6
广 东	2009	7789048	3893549	2452013	2415930	103.1
广 西	2009	2812134	1931233	1101220	773199	105.5
海 南	2009	701501	745733	283757	268384	106.2
重 庆	2009	1832381	2259363	738892	621527	103.8
四 川	2009	4262597	4304794	2068757	1611111	105.9
贵 州	2009	2417128	1412721	968262	1137400	106.2
云 南	2009	2904101	2865645	1425623	1503204	106.1

续表

地区	年份	教育	社会保障	医疗卫生	交通运输	CPI
西藏	2009	569388	311065	206014	512225	107.2
陕西	2009	2908501	2685267	1176935	1023233	106.9
甘肃	2009	1883390	1823077	806571	558322	109.6
青海	2009	547037	833089	287457	383582	113.0
宁夏	2009	581033	436228	209684	186518	109.3
新疆	2009	2206138	1630520	780296	605468	108.9
北京	2010	4250332	2604671	1763749	1463162	105.9
天津	2010	2124006	1274436	648327	434419	108.1
河北	2010	4730394	3299939	2165900	1432284	108.7
山西	2010	2988046	2495877	1035415	1197166	110.0
内蒙古	2010	2959484	2686860	1109130	1112203	108.8
辽宁	2010	3758002	5375189	1403130	1300521	107.9
吉林	2010	2293713	2322694	1016788	823075	109.1
黑龙江	2010	2722676	2785632	1230343	1344440	109.9
上海	2010	3841525	3337766	1473637	740472	108.6
江苏	2010	7945587	3346587	2292610	2534185	108.9
浙江	2010	5647867	1921854	2090716	2173022	107.4
安徽	2010	3560158	3079521	1697778	1150709	108.5
福建	2010	3093222	1398943	1109662	1181608	106.0
江西	2010	2740510	2146523	1381942	988505	108.6
山东	2010	7108814	3845456	2313860	2126786	108.4
河南	2010	5531608	4186802	2452828	1578053	110.2
湖北	2010	3365751	3382772	1644735	1138842	108.9
湖南	2010	3700407	3638892	1656392	1404830	108.9
广东	2010	8665596	4415881	2859194	2992043	106.3
广西	2010	3377291	1998493	1523600	862786	108.6
海南	2010	883219	662886	312750	235606	111.3

续表

地区	年份	教育	社会保障	医疗卫生	交通运输	CPI
重庆	2010	2242758	2210298	884828	763429	107.2
四川	2010	4947677	4700573	2409912	1766042	109.3
贵州	2010	2671707	1287679	1167984	1002737	109.3
云南	2010	3404775	2767949	1668814	1270718	110.1
西藏	2010	554865	291250	292424	584640	109.6
陕西	2010	3398549	2839238	1409265	1160989	111.2
甘肃	2010	2000991	1885787	880255	583699	114.1
青海	2010	692695	1591778	327069	392115	119.1
宁夏	2010	717299	307989	299081	191696	113.7
新疆	2010	2763434	1465247	911882	806029	113.6
北京	2011	4647945	3171556	2015200	1779532	111.9
天津	2011	2667735	1485467	798856	859213	113.3
河北	2011	5674732	3709100	2634564	2274383	114.9
山西	2011	3645587	2779631	1379617	1546516	115.7
内蒙古	2011	3399872	3167349	1432299	2449502	114.9
辽宁	2011	4796075	5794534	1604921	1943940	113.4
吉林	2011	2785790	2604351	1253179	1304745	114.8
黑龙江	2011	3215026	3371722	1468748	2149027	116.3
上海	2011	4807498	3654378	1663333	1199511	114.2
江苏	2011	9529826	4198643	3049802	3414443	114.7
浙江	2011	6639469	2578491	2465038	2420947	113.2
安徽	2011	4930064	3430817	2420290	1917078	114.5
福建	2011	3646481	1657875	1428182	2152135	111.5
江西	2011	4152438	2387238	1718286	1908478	114.3
山东	2011	9206646	4406433	3166053	2591022	113.8
河南	2011	7366232	4709150	3106547	2416709	116.4
湖北	2011	4238108	3900647	2147010	2215422	115.2

续表

地区	年份	教育	社会保障	医疗卫生	交通运输	CPI
湖南	2011	4704704	4214165	2233567	2621109	115.0
广东	2011	10963460	4898810	3872886	4762646	112.0
广西	2011	3971843	2178868	2024476	2164437	115.0
海南	2011	1077739	796343	425947	450420	118.1
重庆	2011	2822807	3000483	1272787	1649486	112.9
四川	2011	5947898	5610220	3240044	3169936	115.1
贵州	2011	3278732	1694612	1507385	2654933	114.9
云南	2011	4184596	3348543	2053138	2392844	115.4
西藏	2011	676368	501387	306847	676977	115.0
陕西	2011	4505992	3110008	1681769	2667375	117.5
甘肃	2011	2354655	2312337	1185733	1316000	120.8
青海	2011	1029683	1294483	375437	1175853	126.4
宁夏	2011	851750	594869	339724	343445	121.0
新疆	2011	3322706	1675814	1100615	1718948	120.3
北京	2012	5440966	3672417	2216218	2109760	115.5
天津	2012	3253463	1728079	909798	749170	116.4
河北	2012	7341394	3988223	2741072	2434649	117.9
山西	2012	4705530	2990274	1520718	1642794	118.6
内蒙古	2012	3713507	3675551	1501616	2542617	118.5
辽宁	2012	6246609	6237397	1715873	2195081	116.7
吉林	2012	3833505	2583727	1362888	1089229	117.7
黑龙江	2012	4541015	3819279	1444761	1888047	120.0
上海	2012	5523710	3770793	1679697	982349	117.5
江苏	2012	11478974	4740573	3553839	3710519	117.7
浙江	2012	7590939	2987022	2645240	2487260	115.6
安徽	2012	6129195	3920216	2726745	2024815	117.1
福建	2012	4921611	1796782	1627916	2381441	114.3

续表

地 区	年份	教 育	社会保障	医疗卫生	交通运输	CPI
江 西	2012	5298923	2751964	1866811	1642209	117.4
山 东	2012	11287798	5132591	3639091	2778764	116.2
河 南	2012	9273344	5293378	3570084	2517834	119.3
湖 北	2012	6178779	4227877	2260924	1794325	118.5
湖 南	2012	6886606	4482991	2508507	2334980	117.3
广 东	2012	13037413	5306597	4386944	4373253	115.1
广 西	2012	4961871	2377430	2131936	2044106	118.8
海 南	2012	1302873	870968	491188	553962	121.9
重 庆	2012	4070889	3479955	1445650	1791366	115.8
四 川	2012	8415024	5763153	3594578	3689704	118.0
贵 州	2012	4239427	1993869	1702954	2444210	118.1
云 南	2012	5690859	3702716	2251115	2610654	118.6
西 藏	2012	793479	550382	303314	791572	119.1
陕 西	2012	5823384	3487023	1840581	2055377	120.8
甘 肃	2012	2966949	2376037	1195193	1019558	124.0
青 海	2012	1319283	1378450	461569	1189074	130.2
宁 夏	2012	862591	726051	373458	413422	123.4
新 疆	2012	3793075	1823372	1167720	1812810	124.9

注：数据来源于笔者整理。

附表3　　各省市国内生产总值及人均国内生产总值

各地区国民生产总值（亿元）

地区	2007年	2008年	2009年	2010年	2011年	2012年
北 京	9846.81	10579.49	11748.63	13324.15	14524.32	15474.60
天 津	5252.76	6374.56	7206.49	8534.76	9977.78	11075.87
河 北	13607.32	15077.20	16340.15	18758.21	21333.88	22540.59
山 西	6024.45	6824.46	6893.40	8366.98	9712.76	10214.10
内蒙古	6423.18	8034.83	9235.81	10724.10	12496.29	13403.82

续表

各地区国民生产总值（亿元）

地区	2007年	2008年	2009年	2010年	2011年	2012年
辽宁	11164.30	13062.84	14531.15	17110.24	19592.52	21296.47
吉林	5284.69	6113.49	6919.77	7945.93	9205.97	10147.16
黑龙江	7104.00	7876.81	8119.92	9437.02	10820.81	11412.46
上海	12494.01	13300.75	14282.20	15803.28	16801.99	17178.16
江苏	26018.48	29404.80	32844.47	38036.10	42810.44	45944.75
浙江	18753.73	20435.07	22229.14	25813.82	28556.60	29975.36
安徽	7360.92	8337.43	9564.89	11390.21	13357.86	14694.36
福建	9248.53	10351.93	11919.83	13907.76	15743.34	17244.24
江西	5800.25	6573.59	7266.57	8706.42	10242.87	11030.32
山东	25776.91	29378.64	32193.85	36141.57	39854.04	43035.45
河南	15012.46	16834.88	18307.51	20962.30	23144.44	24806.35
湖北	9333.40	10660.74	12247.35	14661.16	17044.34	18772.11
湖南	9439.60	10898.43	12361.93	14722.72	17110.64	18892.01
广东	31777.01	34846.27	38288.07	43270.44	47510.63	49561.03
广西	5823.41	6514.04	7356.69	8810.52	10189.21	10976.63
海南	1254.17	1405.71	1557.65	1854.29	2136.22	2343.00
重庆	4676.13	5487.91	6288.29	7392.12	8867.32	9851.21
四川	10562.39	11992.89	13361.87	15726.90	18266.67	20226.54
贵州	2884.11	3310.35	3683.94	4210.01	4960.68	5804.01
云南	4772.52	5385.20	5814.00	6562.72	7704.78	8694.18
西藏	341.43	373.48	411.68	463.14	526.62	588.73
陕西	5757.29	6877.25	7641.34	9107.00	10648.65	11967.16
甘肃	2702.40	2926.56	3091.77	3612.79	4157.58	4556.45
青海	797.35	925.29	956.87	1134.32	1321.98	1454.04
宁夏	919.11	1109.80	1238.25	1485.51	1738.07	1897.13
新疆	3523.16	3871.34	3929.18	4787.89	5493.56	6007.75

续表

地区	人均地区生产总值（元）					
	2007年	2008年	2009年	2010年	2011年	2012年
北京	60298.90	61383.87	64712.55	69724.95	72977.60	75709.50
天津	47109.96	55648.96	59950.50	67536.36	75193.73	80035.80
河北	19598.62	21644.09	23304.09	26368.22	29560.19	31030.08
山西	17755.53	20062.71	20162.20	23900.94	27102.27	28356.68
内蒙古	26707.61	32975.52	37677.16	43501.89	50450.28	53922.25
辽宁	25975.57	30332.44	33574.74	39263.90	44744.21	48555.21
吉林	19357.84	22376.79	25283.35	28968.12	33500.56	36898.41
黑龙江	18577.41	20595.89	21226.01	24643.34	28225.11	29766.49
上海	67244.40	63273.18	65650.96	70034.98	72264.77	72667.30
江苏	34122.60	37977.03	42181.66	48516.70	54299.49	58088.96
浙江	37062.71	39422.56	42390.39	48151.05	52351.80	54799.95
安徽	12031.58	13608.65	15596.10	19250.12	22400.97	24580.45
福建	25826.67	28459.88	32571.59	37772.51	42475.19	46181.50
江西	13278.96	14993.45	16455.00	19578.09	22887.73	24532.86
山东	27518.85	31280.70	34090.86	37927.96	41587.61	44545.38
河南	16038.95	17920.99	19356.82	22191.08	24631.17	26398.43
湖北	16377.26	18686.77	21428.22	25622.77	29689.16	32542.16
湖南	14853.82	17115.86	19336.57	22691.84	25992.75	28550.05
广东	33630.02	35642.97	38242.92	42069.50	45364.78	46979.18
广西	12213.53	13594.04	15212.74	18614.70	22016.44	23537.88
海南	14842.25	16545.22	18130.06	21404.50	24471.22	26565.66
重庆	16605.58	19408.67	22071.56	25738.56	30557.53	33598.89
四川	12996.67	14746.96	16371.77	19384.22	22702.72	25085.76
贵州	7666.43	9159.89	10329.61	12001.14	14279.53	16694.94
云南	10572.71	11892.22	12758.34	14309.72	16690.73	18717.48
西藏	12022.18	13075.95	14266.40	15806.50	17452.05	19261.66

续表

地区	人均地区生产总值（元）					
	2007年	2008年	2009年	2010年	2011年	2012年
陕西	15360.97	18522.16	20527.38	24408.63	28479.68	31929.69
甘肃	10326.33	11478.64	12110.41	14126.78	16227.43	17723.53
青海	14444.75	16733.21	17215.74	20255.95	23363.53	25479.48
宁夏	15067.38	18075.98	19925.43	23614.89	27319.34	29489.83
新疆	16816.99	18321.09	18320.02	22043.33	25005.07	27052.57

注：数据来源于 2008—2010 年《中国统计年鉴》。

附表 4　　2007—2012 年各地区人口数及人口密度

地区	人口数（万人）					
	2007年	2008年	2009年	2010年	2011年	2012年
北京	1633.00	1695.00	1755.00	1961.90	2018.60	2069.30
天津	1115.00	1176.00	1228.16	1299.29	1355.00	1413.15
河北	6943.00	6988.82	7034.40	7193.60	7240.51	7287.51
山西	3393.00	3410.61	3427.36	3574.11	3593.00	3610.83
内蒙古	2405.00	2413.73	2422.07	2472.18	2481.71	2489.85
辽宁	4298.00	4314.70	4319.00	4374.90	4383.00	4389.00
吉林	2730.00	2734.00	2739.55	2746.60	2749.41	2750.40
黑龙江	3824.00	3825.39	3826.00	3833.40	3834.00	3834.00
上海	1858.00	1888.46	1921.00	2302.66	2347.46	2380.43
江苏	7625.00	7677.30	7725.00	7869.34	7898.80	7919.98
浙江	5060.00	5120.00	5180.00	5446.51	5463.00	5477.00
安徽	6118.00	6135.00	6131.00	5956.71	5968.00	5988.00
福建	3581.00	3604.00	3627.00	3693.00	3720.00	3748.00
江西	4368.00	4400.00	4432.16	4462.25	4488.44	4503.93
山东	9367.00	9417.23	9470.30	9587.86	9637.00	9684.97
河南	9360.00	9429.00	9487.00	9405.47	9388.00	9406.00
湖北	5699.00	5711.00	5720.00	5727.91	5757.50	5779.00

续表

地 区	人口数（万人）					
	2007年	2008年	2009年	2010年	2011年	2012年
湖 南	6355.00	6380.00	6406.00	6570.10	6595.60	6638.93
广 东	9449.00	9544.00	9638.00	10440.96	10504.85	10594.00
广 西	4768.00	4816.00	4856.00	4610.00	4645.00	4682.00
海 南	845.00	854.00	864.07	868.55	877.34	886.55
重 庆	2816.00	2839.00	2859.00	2884.62	2919.00	2945.00
四 川	8127.00	8138.00	8185.00	8044.92	8050.00	8076.20
贵 州	3762.00	3792.73	3798.00	3478.94	3468.72	3484.07
云 南	4514.00	4543.00	4571.00	4601.60	4630.80	4659.00
西 藏	284.00	287.00	290.03	300.72	303.30	307.62
陕 西	3748.00	3762.00	3772.00	3735.23	3742.60	3753.09
甘 肃	2617.00	2628.12	2635.46	2559.98	2564.19	2577.55
青 海	552.00	554.30	557.30	563.00	568.17	573.17
宁 夏	610.00	617.69	625.20	632.96	639.45	647.19
新 疆	2095.00	2130.80	2158.63	2185.11	2208.71	2232.78
地 区	人口密度（人/平方公里）					
	2007年	2008年	2009年	2010年	2011年	2012年
北 京	995.73	1033.54	1070.12	1196.28	1230.85	1261.77
天 津	935.40	986.58	1030.34	1090.01	1136.74	1185.53
河 北	367.74	370.17	372.58	381.02	383.50	385.99
山 西	216.53	217.65	218.72	228.09	229.29	230.43
内蒙古	20.33	20.40	20.47	20.90	20.98	21.05
辽 宁	290.41	291.53	291.82	295.60	296.15	296.55
吉 林	145.68	145.89	146.19	146.56	146.71	146.77
黑龙江	80.85	80.88	80.89	81.04	81.06	81.06
上 海	2930.60	2978.64	3029.97	3631.96	3702.62	3754.62
江 苏	743.18	748.27	752.92	766.99	769.86	771.93

续表

地区	人口密度（人/平方公里）					
	2007年	2008年	2009年	2010年	2011年	2012年
浙 江	497.05	502.95	508.84	535.02	536.64	538.02
安 徽	438.88	440.10	439.81	427.31	428.12	429.56
福 建	288.79	290.65	292.50	297.82	300.00	302.26
江 西	261.71	263.63	265.56	267.36	268.93	269.86
山 东	596.24	599.44	602.82	610.30	613.43	616.48
河 南	560.48	564.61	568.08	563.20	562.16	563.23
湖 北	306.56	307.21	307.69	308.12	309.71	310.87
湖 南	300.05	301.23	302.46	310.20	311.41	313.45
广 东	525.53	530.81	536.04	580.70	584.25	589.21
广 西	201.44	203.46	205.15	194.76	196.24	197.80
海 南	238.70	241.24	244.09	245.35	247.84	250.44
重 庆	341.75	344.54	346.97	350.08	354.25	357.40
四 川	167.22	167.45	168.42	165.53	165.64	166.18
贵 州	213.75	215.50	215.80	197.67	197.09	197.96
云 南	114.57	115.30	116.02	116.79	117.53	118.25
西 藏	2.31	2.34	2.36	2.45	2.47	2.50
陕 西	182.12	182.80	183.28	181.50	181.86	182.37
甘 肃	57.68	57.93	58.09	56.42	56.52	56.81
青 海	7.64	7.67	7.72	7.79	7.87	7.94
宁 夏	91.87	93.03	94.16	95.33	96.30	97.47
新 疆	12.58	12.80	12.97	13.12	13.27	13.41

注：数据来源于2008—2013年《中国卫生统计年鉴》。

附表 5　　　　　　　　2007—2012 年各地区人口年龄构成　　　　　　　单位：万人

年份	2007			2008			2009		
地区	0—14岁	15—64岁	65岁及以上	0—14岁	15—64岁	65岁及以上	0—14岁	15—64岁	65岁及以上
北京	155.7	1296.6	164.9	162.1	1336.2	171.8	171.5	1383.2	174.6
天津	124.8	855.4	119.3	122.5	877.7	140.0	120.7	946.5	132.4
河北	1182.1	5248.3	625.1	1140.4	5339.6	620.5	1176.9	5321.5	631.4
山西	674.2	2525.9	252.0	631.6	2565.1	273.3	600.3	2597.9	281.4
内蒙古	384.7	1866.9	200.2	366.5	1893.5	199.4	350.4	1903.9	208.2
辽宁	553.8	3350.2	464.6	533.1	3364.1	498.2	486.0	3409.7	506.2
吉林	365.1	2174.8	245.3	341.5	2195.6	254.8	339.4	2201.8	247.9
黑龙江	514.4	3046.3	349.7	497.0	3057.0	356.6	481.3	3082.8	338.0
上海	147.9	1444.1	264.6	150.2	1502.1	247.8	145.6	1509.3	271.2
江苏	1101.2	5760.1	861.2	1072.7	5810.0	915.2	1071.8	5817.6	942.2
浙江	746.8	3805.4	541.6	725.5	3898.1	551.4	721.4	3910.5	576.7
安徽	1304.2	4288.9	656.4	1258.5	4326.0	672.3	1205.3	4418.2	635.2
福建	640.8	2631.8	366.8	649.8	2646.3	366.1	627.8	2680.0	368.8
江西	1005.2	3035.9	397.1	1014.1	3078.5	374.5	987.6	3138.5	362.5
山东	1467.3	7126.7	927.8	1493.2	7152.2	934.0	1504.2	7166.4	936.0
河南	1957.0	6922.2	727.3	1899.4	6923.9	748.9	1843.0	6921.5	854.5
湖北	914.4	4333.1	575.4	855.8	4382.1	590.4	842.7	4390.6	592.8
湖南	1088.4	4728.4	670.1	1083.5	4732.6	683.1	1120.7	4660.4	727.5
广东	1820.7	6995.4	700.6	1785.2	7147.9	730.2	1687.7	7318.6	728.1
广西	1057.4	3326.0	443.4	1065.1	3354.3	456.0	1044.9	3410.8	457.4
海南	182.6	596.8	75.8	186.0	600.8	77.3	177.9	616.8	76.4
重庆	543.6	1993.0	335.6	547.6	1987.9	344.4	532.5	2028.4	335.3
四川	1599.1	5838.6	917.9	1442.4	5917.5	951.5	1428.6	5860.4	1012.4
贵州	1046.2	2478.0	318.9	1002.0	2532.1	313.2	959.6	2589.9	320.0
云南	1033.0	3210.9	341.6	1021.8	3231.0	363.6	996.6	3239.6	398.4
西藏	62.4	205.9	19.1	63.8	207.3	19.4	57.8	214.4	20.5

续表

年份	2007			2008			2009		
地区	0—14岁	15—64岁	65岁及以上	0—14岁	15—64岁	65岁及以上	0—14岁	15—64岁	65岁及以上
陕 西	663.1	2789.0	368.1	630.4	2835.1	367.5	607.7	2850.4	379.7
甘 肃	551.9	1905.1	208.6	552.3	1905.5	218.6	506.3	1951.1	223.6
青 海	125.7	398.2	36.6	122.7	403.2	38.7	118.4	407.1	39.5
宁 夏	145.0	434.2	38.6	142.7	440.7	40.4	134.7	452.8	42.8
新 疆	449.7	1504.4	142.8	448.5	1540.0	154.0	460.9	1568.2	144.8

年份	2010			2011			2012		
地区	0—14岁	15—64岁	65岁及以上	0—14岁	15—64岁	65岁及以上	0—14岁	15—64岁	65岁及以上
北 京	168.8	1621.6	170.9	177.6	1672.5	178.9	194.8	1704.3	178.7
天 津	126.8	1056.8	110.2	145.1	1083.9	133.1	166.4	1104.1	148.4
河 北	1209.3	5384.1	592.0	1281.2	5402.1	594.5	1313.1	5338.9	665.3
山 西	610.6	2690.1	270.5	583.6	2747.4	280.5	569.4	2767.4	288.8
内蒙古	348.3	1935.6	186.8	341.2	1981.4	171.9	346.3	1956.8	196.9
辽 宁	499.7	3424.0	450.9	500.5	3430.5	474.6	457.5	3511.6	437.9
吉 林	329.3	2186.7	230.3	351.6	2171.5	240.5	338.1	2209.7	213.7
黑龙江	458.0	3054.3	318.8	452.4	3093.3	308.0	466.7	3042.7	340.2
上 海	198.6	1870.4	233.0	195.5	1978.4	185.8	202.3	1972.4	215.4
江 苏	1023.0	5986.2	856.8	1031.2	6049.5	858.8	1047.1	5991.1	914.2
浙 江	718.9	4215.6	508.2	692.4	4328.2	470.5	678.5	4339.7	481.1
安 徽	1069.9	4274.5	605.7	1080.4	4289.3	628.5	1088.9	4303.2	620.3
福 建	570.6	2827.6	291.2	589.3	2862.9	286.8	629.2	2810.7	323.3
江 西	975.0	3143.1	338.6	968.7	3198.0	343.9	972.9	3183.5	365.8
山 东	1507.4	7128.9	943.0	1504.1	7140.7	1041.6	1569.3	7132.7	1022.4
河 南	1974.6	6641.9	785.9	1956.7	6649.3	830.2	1940.9	6670.4	833.1
湖 北	796.4	4407.0	520.4	827.9	4374.1	585.2	817.3	4360.9	624.4
湖 南	1157.4	4768.6	642.4	1186.7	4748.0	694.8	1243.0	4682.7	740.3

续表

年份	2010			2011			2012		
地区	0—14岁	15—64岁	65岁及以上	0—14岁	15—64岁	65岁及以上	0—14岁	15—64岁	65岁及以上
广东	1761.8	7964.6	703.9	1819.5	8047.2	692.2	1741.4	8153.2	742.7
广西	999.1	3178.2	425.3	1025.4	3198.0	445.4	1061.9	3200.7	438.5
海南	173.5	626.1	67.6	175.6	645.5	60.7	169.9	655.4	64.7
重庆	489.8	2061.4	333.4	470.7	2098.9	364.4	485.7	2089.8	381.6
四川	1364.4	5796.6	880.8	1310.7	5806.9	973.8	1316.1	5834.9	958.0
贵州	876.5	2300.5	297.7	842.5	2326.6	317.4	803.6	2374.4	320.3
云南	952.8	3293.2	350.6	911.1	3385.9	357.8	914.9	3400.4	362.8
西藏	73.2	211.8	15.3	70.4	219.8	14.7	68.2	223.8	16.7
陕西	548.9	2865.4	318.4	565.1	2877.3	319.4	529.8	2888.9	349.6
甘肃	464.4	1882.6	210.6	434.9	1912.9	229.5	428.4	1920.6	239.1
青海	117.7	409.5	35.5	117.4	419.8	33.9	118.7	416.5	40.3
宁夏	135.4	454.4	40.4	134.5	473.1	35.2	138.9	467.9	43.1
新疆	453.1	1593.2	135.0	442.8	1630.6	146.7	459.4	1630.1	152.3

注：数据来源于2007—2013年《中国统计年鉴》及笔者整理。

附表6　　　　　　　各变量2007—2012年的数据

地区	年份	财政分权	财政负担率(%)	人口密度(千人/平方公里)	实际人均GDP(万元)	对外开放度	市场化率(%)	城镇化率(%)	公共部门雇员比例(%)
北京	2007	0.03	0.15	1.00	6.03	1.49	0.72	0.85	0.06
天津	2007	0.01	0.10	0.94	4.71	1.04	0.41	0.76	0.07
河北	2007	0.03	0.06	0.37	1.96	0.14	0.34	0.40	0.15
山西	2007	0.02	0.10	0.22	1.78	0.15	0.35	0.44	0.12
内蒙古	2007	0.02	0.08	0.02	2.67	0.09	0.36	0.50	0.13
辽宁	2007	0.04	0.10	0.29	2.60	0.41	0.37	0.59	0.10
吉林	2007	0.02	0.06	0.15	1.94	0.15	0.38	0.53	0.11
黑龙江	2007	0.02	0.06	0.08	1.86	0.19	0.35	0.54	0.08

续表

地区	年份	财政分权	财政负担率(%)	人口密度(千人/平方公里)	实际人均GDP(万元)	对外开放度	市场化率(%)	城镇化率(%)	公共部门雇员比例(%)
上海	2007	0.04	0.17	2.93	6.72	1.72	0.53	0.89	0.05
江苏	2007	0.05	0.09	0.74	3.41	1.02	0.37	0.53	0.08
浙江	2007	0.04	0.09	0.50	3.71	0.72	0.41	0.57	0.08
安徽	2007	0.02	0.07	0.44	1.20	0.16	0.39	0.39	0.13
福建	2007	0.02	0.08	0.29	2.58	0.61	0.40	0.51	0.06
江西	2007	0.02	0.07	0.26	1.33	0.12	0.32	0.40	0.13
山东	2007	0.05	0.06	0.60	2.75	0.36	0.33	0.47	0.11
河南	2007	0.04	0.06	0.56	1.60	0.06	0.30	0.34	0.13
湖北	2007	0.03	0.06	0.31	1.64	0.12	0.42	0.44	0.11
湖南	2007	0.03	0.06	0.30	1.49	0.08	0.40	0.40	0.15
广东	2007	0.06	0.09	0.53	3.36	1.52	0.43	0.63	0.09
广西	2007	0.02	0.07	0.20	1.22	0.12	0.38	0.36	0.13
海南	2007	0.00	0.09	0.24	1.48	0.21	0.41	0.47	0.11
重庆	2007	0.02	0.09	0.34	1.66	0.12	0.42	0.48	0.09
四川	2007	0.04	0.08	0.17	1.30	0.10	0.36	0.36	0.12
贵州	2007	0.02	0.10	0.21	0.77	0.06	0.42	0.28	0.16
云南	2007	0.02	0.10	0.11	1.06	0.14	0.39	0.32	0.14
西藏	2007	0.01	0.06	0.00	1.20	0.09	0.55	0.22	0.37
陕西	2007	0.02	0.08	0.18	1.54	0.09	0.35	0.41	0.13
甘肃	2007	0.01	0.07	0.06	1.03	0.16	0.38	0.32	0.18
青海	2007	0.01	0.07	0.01	1.44	0.06	0.36	0.40	0.17
宁夏	2007	0.00	0.09	0.09	1.51	0.13	0.38	0.44	0.13
新疆	2007	0.02	0.08	0.01	1.68	0.30	0.35	0.39	0.13
北京	2008	0.03	0.17	1.03	6.14	1.70	0.73	0.85	0.06
天津	2008	0.01	0.10	0.99	5.56	0.83	0.38	0.77	0.07
河北	2008	0.03	0.06	0.37	2.16	0.17	0.33	0.42	0.15

续表

地区	年份	财政分权	财政负担率(%)	人口密度(千人/平方公里)	实际人均GDP(万元)	对外开放度	市场化率(%)	城镇化率(%)	公共部门雇员比例(%)
山西	2008	0.02	0.10	0.22	2.01	0.14	0.34	0.45	0.13
内蒙古	2008	0.02	0.08	0.02	3.30	0.07	0.33	0.52	0.13
辽宁	2008	0.03	0.10	0.29	3.03	0.37	0.35	0.60	0.10
吉林	2008	0.02	0.07	0.15	2.24	0.14	0.38	0.53	0.12
黑龙江	2008	0.02	0.07	0.08	2.06	0.19	0.34	0.55	0.09
上海	2008	0.04	0.17	2.98	6.33	1.59	0.54	0.89	0.05
江苏	2008	0.05	0.09	0.75	3.80	0.88	0.38	0.54	0.09
浙江	2008	0.04	0.09	0.50	3.94	0.68	0.41	0.58	0.07
安徽	2008	0.03	0.08	0.44	1.36	0.16	0.37	0.41	0.13
福建	2008	0.02	0.08	0.29	2.85	0.54	0.39	0.53	0.06
江西	2008	0.02	0.07	0.26	1.50	0.14	0.31	0.41	0.14
山东	2008	0.04	0.06	0.60	3.13	0.36	0.33	0.48	0.11
河南	2008	0.04	0.06	0.56	1.79	0.07	0.29	0.36	0.14
湖北	2008	0.03	0.06	0.31	1.87	0.13	0.40	0.45	0.12
湖南	2008	0.03	0.06	0.30	1.71	0.08	0.38	0.42	0.15
广东	2008	0.06	0.09	0.53	3.56	1.29	0.43	0.63	0.09
广西	2008	0.02	0.07	0.20	1.36	0.13	0.37	0.38	0.13
海南	2008	0.01	0.10	0.24	1.65	0.21	0.40	0.48	0.12
重庆	2008	0.02	0.10	0.34	1.94	0.11	0.41	0.50	0.09
四川	2008	0.05	0.08	0.17	1.47	0.12	0.35	0.37	0.13
贵州	2008	0.02	0.10	0.22	0.92	0.07	0.41	0.29	0.17
云南	2008	0.02	0.11	0.12	1.19	0.12	0.39	0.33	0.14
西藏	2008	0.01	0.06	0.00	1.31	0.13	0.55	0.22	0.38
陕西	2008	0.02	0.08	0.18	1.85	0.08	0.33	0.42	0.14
甘肃	2008	0.02	0.08	0.06	1.15	0.13	0.39	0.34	0.18
青海	2008	0.01	0.07	0.01	1.67	0.05	0.34	0.41	0.17

续表

地区	年份	财政分权	财政负担率(%)	人口密度(千人/平方公里)	实际人均GDP(万元)	对外开放度	市场化率(%)	城镇化率(%)	公共部门雇员比例(%)
宁夏	2008	0.01	0.08	0.09	1.81	0.11	0.36	0.45	0.13
新疆	2008	0.02	0.09	0.01	1.83	0.37	0.34	0.40	0.13
北京	2009	0.03	0.17	1.07	6.47	1.21	0.76	0.85	0.06
天津	2009	0.01	0.11	1.03	6.00	0.58	0.45	0.78	0.07
河北	2009	0.03	0.06	0.37	2.33	0.12	0.35	0.44	0.15
山西	2009	0.02	0.11	0.22	2.02	0.08	0.39	0.46	0.14
内蒙古	2009	0.03	0.09	0.02	3.77	0.05	0.38	0.53	0.14
辽宁	2009	0.04	0.10	0.29	3.36	0.28	0.39	0.60	0.10
吉林	2009	0.02	0.07	0.15	2.53	0.11	0.38	0.53	0.12
黑龙江	2009	0.02	0.07	0.08	2.12	0.13	0.39	0.56	0.09
上海	2009	0.04	0.17	3.03	6.57	1.26	0.59	0.89	0.05
江苏	2009	0.05	0.09	0.75	4.22	0.67	0.40	0.56	0.09
浙江	2009	0.03	0.09	0.51	4.24	0.56	0.43	0.58	0.07
安徽	2009	0.03	0.09	0.44	1.56	0.11	0.36	0.42	0.13
福建	2009	0.02	0.08	0.29	3.26	0.44	0.41	0.55	0.06
江西	2009	0.02	0.08	0.27	1.65	0.11	0.34	0.43	0.15
山东	2009	0.04	0.06	0.60	3.41	0.28	0.35	0.48	0.11
河南	2009	0.04	0.06	0.57	1.94	0.05	0.29	0.38	0.14
湖北	2009	0.03	0.06	0.31	2.14	0.09	0.40	0.46	0.11
湖南	2009	0.03	0.06	0.30	1.93	0.05	0.41	0.43	0.16
广东	2009	0.06	0.09	0.54	3.82	1.06	0.46	0.63	0.09
广西	2009	0.02	0.08	0.21	1.52	0.13	0.38	0.39	0.13
海南	2009	0.01	0.11	0.24	1.81	0.20	0.45	0.49	0.12
重庆	2009	0.02	0.10	0.35	2.21	0.08	0.38	0.52	0.09
四川	2009	0.05	0.08	0.17	1.64	0.12	0.37	0.39	0.13
贵州	2009	0.02	0.11	0.22	1.03	0.04	0.48	0.30	0.18

续表

地 区	年份	财政分权	财政负担率(%)	人口密度(千人/平方公里)	实际人均GDP(万元)	对外开放度	市场化率(%)	城镇化率(%)	公共部门雇员比例(%)
云 南	2009	0.03	0.11	0.12	1.28	0.09	0.41	0.34	0.14
西 藏	2009	0.01	0.07	0.00	1.43	0.06	0.55	0.22	0.39
陕 西	2009	0.02	0.09	0.18	2.05	0.07	0.38	0.44	0.13
甘 肃	2009	0.02	0.08	0.06	1.21	0.08	0.40	0.35	0.18
青 海	2009	0.01	0.08	0.01	1.72	0.04	0.37	0.42	0.17
宁 夏	2009	0.01	0.08	0.09	1.99	0.06	0.42	0.46	0.13
新 疆	2009	0.02	0.09	0.01	1.83	0.22	0.37	0.40	0.14
北 京	2010	0.03	0.17	1.20	6.97	1.45	0.75	0.86	0.06
天 津	2010	0.02	0.12	1.09	6.75	0.60	0.46	0.80	0.07
河 北	2010	0.03	0.07	0.38	2.64	0.14	0.35	0.44	0.15
山 西	2010	0.02	0.11	0.23	2.39	0.09	0.37	0.48	0.14
内蒙古	2010	0.03	0.09	0.02	4.35	0.05	0.36	0.56	0.14
辽 宁	2010	0.04	0.11	0.30	3.93	0.30	0.37	0.62	0.10
吉 林	2010	0.02	0.07	0.15	2.90	0.13	0.36	0.53	0.12
黑龙江	2010	0.03	0.07	0.08	2.46	0.17	0.37	0.56	0.09
上 海	2010	0.04	0.17	3.63	7.00	1.46	0.57	0.89	0.05
江 苏	2010	0.05	0.10	0.77	4.85	0.76	0.41	0.61	0.08
浙 江	2010	0.04	0.09	0.54	4.82	0.62	0.44	0.62	0.07
安 徽	2010	0.03	0.09	0.43	1.93	0.13	0.34	0.43	0.13
福 建	2010	0.02	0.08	0.30	3.78	0.50	0.40	0.57	0.06
江 西	2010	0.02	0.08	0.27	1.96	0.15	0.33	0.44	0.15
山 东	2010	0.05	0.07	0.61	3.79	0.33	0.37	0.50	0.11
河 南	2010	0.04	0.06	0.56	2.22	0.05	0.29	0.39	0.14
湖 北	2010	0.03	0.06	0.31	2.56	0.11	0.38	0.50	0.11
湖 南	2010	0.03	0.07	0.31	2.27	0.06	0.40	0.43	0.15
广 东	2010	0.06	0.10	0.58	4.21	1.15	0.45	0.66	0.08

续表

地 区	年份	财政分权	财政负担率(%)	人口密度(千人/平方公里)	实际人均GDP(万元)	对外开放度	市场化率(%)	城镇化率(%)	公共部门雇员比例(%)
广 西	2010	0.02	0.08	0.19	1.86	0.13	0.35	0.40	0.12
海 南	2010	0.01	0.13	0.25	2.14	0.28	0.46	0.50	0.12
重 庆	2010	0.02	0.12	0.35	2.57	0.11	0.36	0.53	0.09
四 川	2010	0.05	0.09	0.17	1.94	0.13	0.35	0.40	0.14
贵 州	2010	0.02	0.12	0.20	1.20	0.05	0.47	0.34	0.18
云 南	2010	0.03	0.12	0.12	1.43	0.13	0.40	0.35	0.14
西 藏	2010	0.01	0.07	0.00	1.58	0.11	0.54	0.23	0.40
陕 西	2010	0.02	0.09	0.18	2.44	0.08	0.36	0.46	0.14
甘 肃	2010	0.02	0.09	0.06	1.41	0.12	0.37	0.36	0.19
青 海	2010	0.01	0.08	0.01	2.03	0.04	0.35	0.45	0.17
宁 夏	2010	0.01	0.09	0.10	2.36	0.08	0.42	0.48	0.14
新 疆	2010	0.02	0.09	0.01	2.20	0.21	0.32	0.43	0.14
北 京	2011	0.03	0.18	1.23	7.30	1.55	0.76	0.86	0.06
天 津	2011	0.02	0.13	1.14	7.52	0.59	0.46	0.81	0.05
河 北	2011	0.03	0.07	0.38	2.96	0.14	0.35	0.46	0.15
山 西	2011	0.02	0.11	0.23	2.71	0.08	0.35	0.50	0.14
内蒙古	2011	0.03	0.09	0.02	5.05	0.05	0.35	0.57	0.14
辽 宁	2011	0.04	0.12	0.30	4.47	0.28	0.37	0.64	0.09
吉 林	2011	0.02	0.08	0.15	3.35	0.13	0.35	0.53	0.12
黑龙江	2011	0.03	0.08	0.08	2.82	0.20	0.36	0.57	0.09
上 海	2011	0.04	0.18	3.70	7.23	1.47	0.58	0.89	0.04
江 苏	2011	0.06	0.10	0.77	5.43	0.71	0.42	0.62	0.08
浙 江	2011	0.04	0.10	0.54	5.24	0.62	0.44	0.62	0.06
安 徽	2011	0.03	0.10	0.43	2.24	0.13	0.33	0.45	0.11
福 建	2011	0.02	0.09	0.30	4.25	0.53	0.39	0.58	0.05
江 西	2011	0.02	0.09	0.27	2.29	0.17	0.34	0.46	0.13

续表

地区	年份	财政分权	财政负担率（%）	人口密度（千人/平方公里）	实际人均GDP（万元）	对外开放度	市场化率（%）	城镇化率（%）	公共部门雇员比例（%）
山 东	2011	0.05	0.08	0.61	4.16	0.34	0.38	0.51	0.10
河 南	2011	0.04	0.06	0.56	2.46	0.08	0.30	0.41	0.13
湖 北	2011	0.03	0.08	0.31	2.97	0.11	0.37	0.52	0.09
湖 南	2011	0.03	0.08	0.31	2.60	0.06	0.38	0.45	0.14
广 东	2011	0.06	0.10	0.58	4.54	1.11	0.45	0.67	0.08
广 西	2011	0.02	0.08	0.20	2.20	0.13	0.34	0.42	0.12
海 南	2011	0.01	0.13	0.25	2.45	0.33	0.46	0.51	0.12
重 庆	2011	0.02	0.15	0.35	3.06	0.19	0.36	0.55	0.08
四 川	2011	0.04	0.10	0.17	2.27	0.15	0.33	0.42	0.13
贵 州	2011	0.02	0.14	0.20	1.43	0.06	0.49	0.35	0.17
云 南	2011	0.03	0.09	0.12	1.67	0.12	0.42	0.37	0.13
西 藏	2011	0.01	0.09	0.00	1.75	0.14	0.53	0.23	0.43
陕 西	2011	0.03	0.12	0.18	2.85	0.08	0.35	0.47	0.13
甘 肃	2011	0.02	0.09	0.06	1.62	0.11	0.39	0.37	0.18
青 海	2011	0.01	0.09	0.01	2.34	0.04	0.32	0.46	0.15
宁 夏	2011	0.01	0.10	0.10	2.73	0.07	0.41	0.50	0.14
新 疆	2011	0.02	0.11	0.01	2.50	0.22	0.34	0.44	0.14
北 京	2012	0.03	0.19	1.26	7.57	1.44	0.76	0.86	0.06
天 津	2012	0.02	0.14	1.19	8.00	0.57	0.47	0.82	0.05
河 北	2012	0.03	0.08	0.39	3.10	0.12	0.35	0.47	0.14
山 西	2012	0.02	0.13	0.23	2.84	0.08	0.39	0.51	0.14
内蒙古	2012	0.03	0.10	0.02	5.39	0.04	0.35	0.58	0.14
辽 宁	2012	0.04	0.12	0.30	4.86	0.26	0.38	0.66	0.09
吉 林	2012	0.02	0.09	0.15	3.69	0.13	0.35	0.54	0.12
黑龙江	2012	0.03	0.08	0.08	2.98	0.17	0.40	0.57	0.09
上 海	2012	0.03	0.19	3.75	7.27	1.37	0.60	0.89	0.04

续表

地区	年份	财政分权	财政负担率（%）	人口密度（千人/平方公里）	实际人均GDP（万元）	对外开放度	市场化率（%）	城镇化率（%）	公共部门雇员比例（%）
江苏	2012	0.06	0.11	0.77	5.81	0.64	0.44	0.63	0.08
浙江	2012	0.03	0.10	0.54	5.48	0.57	0.45	0.63	0.06
安徽	2012	0.03	0.10	0.43	2.46	0.14	0.33	0.47	0.11
福建	2012	0.02	0.09	0.30	4.62	0.50	0.39	0.60	0.05
江西	2012	0.02	0.11	0.27	2.45	0.16	0.35	0.48	0.12
山东	2012	0.05	0.08	0.62	4.45	0.31	0.40	0.52	0.10
河南	2012	0.04	0.07	0.56	2.64	0.11	0.31	0.42	0.12
湖北	2012	0.03	0.08	0.31	3.25	0.09	0.37	0.54	0.10
湖南	2012	0.03	0.08	0.31	2.86	0.06	0.39	0.47	0.14
广东	2012	0.06	0.11	0.59	4.70	1.09	0.46	0.67	0.08
广西	2012	0.02	0.09	0.20	2.35	0.14	0.35	0.44	0.12
海南	2012	0.01	0.14	0.25	2.66	0.32	0.47	0.52	0.12
重庆	2012	0.02	0.15	0.36	3.36	0.29	0.39	0.57	0.08
四川	2012	0.04	0.10	0.17	2.51	0.16	0.35	0.44	0.13
贵州	2012	0.02	0.15	0.20	1.67	0.06	0.48	0.36	0.16
云南	2012	0.03	0.13	0.12	1.87	0.13	0.41	0.39	0.13
西藏	2012	0.01	0.12	0.00	1.93	0.31	0.54	0.23	0.47
陕西	2012	0.03	0.11	0.18	3.19	0.06	0.35	0.50	0.13
甘肃	2012	0.02	0.09	0.06	1.77	0.10	0.40	0.39	0.18
青海	2012	0.01	0.10	0.01	2.55	0.04	0.33	0.47	0.15
宁夏	2012	0.01	0.11	0.10	2.95	0.06	0.42	0.51	0.14
新疆	2012	0.02	0.12	0.01	2.71	0.21	0.36	0.44	0.15

附表7 2007—2012年地方财政教育投入产出情况表

地区	年份	本专科学校数(所)	本专科招生数	本专科在校学生数	各级各类学校师生比-小学	各级各类学校师生比-普通高中	各级各类学校师生比-普通中专	各级各类学校师生比-普通高校	普通初中学校数(所)	普通初中招生数	普通初中在校学生数	高等学校教职工	高等学校教职工	普通高中学校数(所)	普通高中招生数	普通高中在校学生数	普通小学学校数(所)	普通小学招生数	普通小学在校学生数	特殊教育学校数(所)	特殊教育招生数	特殊教育在校学生数	每十万人口各级学校平均在校生数-幼儿园	小学	初中阶段	高中阶段	高等学校	国家财政性教育经费	财政投入
北京	2007	79	157387	578206	13.83	11.99	31.86	14.9	361	111772	332959	124799		328	71590	243818	1235	109203	666617	24	864	7473	1356	4216	2106	3223	6826	2542281	
天津	2007	46	106054	371136	13.28	13.61	24.13	16.47	373	96877	320840	42391		221	63942	209319	1003	86424	514284	20	220	2429	1774	4784	2985	3686	4600	969254.3	
河北	2007	88	294659	930516	14.73	17.35	29.34	17.62	3403	933650	3062442	86152		761	452498	1408566	17340	885244	4654366	134	1969	12786	1965	6747	4442	3715	1712	2372848.8	
山西	2007	59	137639	484490	17.14	16.18	33.85	17.3	2509	571968	1851469	53750		569	260875	770812	19527	535376	3334307	43	1433	8735	1861	9879	5557	4051	1863	1532496.7	
内蒙古	2007	37	93169	284057	13.75	18.78	29.08	17.45	1040	245540	918851	31653		342	185799	561400	4177	260093	1584593	27	552	3943	1211	6611	3927	3567	1507	1176788.4	
辽宁	2007	79	224273	777758	15.96	18.05	19.3	16.29	1736	477858	1478469	87215		445	233730	742391	7670	395108	2452598	75	986	8742	1705	5742	3462	3090	2498	2263898.3	
吉林	2007	44	141031	470188	11.69	18.88	19.64	18.32	1263	300159	941553	58531		291	161517	505258	6736	265723	1536733	47	897	6043	1143	5664	3531	2905	2493	1178825.9	
黑龙江	2007	68	187198	634902	12.84	16.25	26.28	16.76	1951	397407	1462655	72316		463	198023	607254	8738	340170	2040767	71	783	6358	1117	5338	3830	2580	2207	1564205.7	
上海	2007	60	144577	484873	13.87	12.76	24.88	16.51	477	105668	427037	71838		309	61505	228970	615	109965	533280	28	1285	9384	1726	2938	2355	2393	4317	2649053.9	
江苏	2007	118	409503	1472317	16.61	15.64	41.68	18.14	2255	946616	2981844	145981		781	508836	1531183	5668	651867	4291805	107	4132	30403	2236	5685	3949	4029	2542	3948990.9	
浙江	2007	73	230687	777982	20.26	14.68	27.01	19.08	1801	624760	1794725	73704		603	276680	870763	4813	548452	3354576	63	1612	12993	2967	6736	3604	3351	2246	3611275.4	
安徽	2007	89	236884	730546	21.57	22.7	41.07	16.41	3264	993605	3217399	62277		779	455108	1351541	17240	864203	5495019	62	3533	20796	1280	8993	5275	3744	1485	1763966.3	
福建	2007	72	161481	509482	16.05	14.89	25.13	16.6	1368	527586	1560270	50622		616	259307	776819	9388	419269	2582910	65	5573	34970	2584	7259	4387	3813	1788	1799974	
江西	2007	66	227782	781686	21.08	17.25	47.34	17.66	2099	546928	1697941	68830		549	272948	853766	13178	735758	4175579	61	2967	19732	2032	9623	3915	3631	2111	1179109.4	
山东	2007	110	417544	1440378	16.4	16.29	27.31	18.3	3289	1054126	3368280	128761		750	570774	1834835	14064	1114557	6340133	144	3083	20108	1754	6811	3618	3661	1917	3486868	

续表

							教育产出指标												教育投入
河南	2007	82	336481	1095195	21.09	21.72	41.5	17.92	4944	1609214	5072021	88217	920	705706	2126251	30677	1832213	10187055	121	3043	21706	1697	10847	5401	3940	1455	2838698.1
湖北	2007	86	325803	1163686	18.07	19.11	33.84	17.81	2440	869778	2840700	119736	668	439793	1328398	10210	610762	3703434	76	1988	13972	1151	6505	5014	4347	2683	1591185.8
湖南	2007	99	281350	898622	17.79	17.81	54.51	17.56	3484	733575	2235833	90417	773	438131	1307313	14677	862812	4448430	51	2317	13188	1478	7014	3526	3618	1838	1840209.2
广东	2007	109	351841	1119655	24.55	16.67	27.69	17.44	3297	1743138	4829437	107079	1019	606934	1724319	19891	1438722	10176170	67	3972	26652	2393	10937	5191	3244	1718	5290233.4
广西	2007	56	147907	434347	20.96	18.93	26.23	16.59	2142	760312	2219760	41872	522	266475	754690	14873	756202	4524838	58	2046	13767	2169	9589	4706	2935	1273	1546263.3
海南	2007	14	38669	108296	18.79	17.55	50.85	17.03	466	167805	474705	9634	110	49790	146411	2915	126451	983387	4	313	2200	1554	11763	5678	2956	1602	392227.8
重庆	2007	38	128423	413655	19.9	18.61	52.53	17.66	1099	463035	1316698	42707	262	186325	517666	7990	348940	2384527	43	1884	11773	1907	8492	4689	3523	2043	1077010.2
四川	2007	76	278185	918438	22.75	17.99	33.19	18.11	4287	1260043	3632702	92599	806	498716	1421989	15834	1083015	6965306	88	6169	39900	1911	8527	4460	3103	1500	2346786.3
贵州	2007	37	75493	241692	24.29	18.68	41.38	17.16	2189	709794	2014110	26290	485	201185	545873	13645	735245	4663136	40	2331	15867	1950	12412	5436	2435	904	1187802.2
云南	2007	51	93550	311111	20.36	15.67	29.57	16.42	1816	682622	1941244	33911	465	203315	576448	17163	754596	4533150	25	4747	24092	1925	10112	4367	2218	1081	1831517.8
西藏	2007	6	8046	26767	18	18.39	40.44	15.65	94	50707	135995	2888	23	16307	44215	884	51890	320589	1	78	268	395	11409	4865	2248	1174	263422.1
陕西	2007	76	237454	776516	16.7	19.36	37.42	16.39	2001	650442	2037632	90306	636	319061	963316	16316	454346	3055266	32	1388	8968	1314	8180	5456	4532	2683	1410121.3
甘肃	2007	34	94328	295992	20.75	18.07	22.55	18.18	1637	473759	1422734	29568	493	204816	613906	14002	435661	2846312	17	1614	11606	1267	10922	5460	3515	1548	1024878.9
青海	2007	11	11142	37665	19.46	14.79	26.14	14.54	354	73590	219542	6127	141	38507	107497	2727	100823	531239	9	327	2696	1624	9694	4012	3119	930	331129.4
宁夏	2007	13	19213	62411	21.23	17.63	47.28	16.98	294	91534	283505	7865	97	47002	135569	2276	107474	700737	6	160	1370	1756	11602	4771	3527	1518	315042.2
新疆	2007	32	61441	216389	15.41	14.78	25.42	16.42	1376	363631	1115640	26490	454	146449	413452	4589	340108	2058884	9	1158	6396	1766	10043	5442	3131	1414	1235830
北京	2008	85	156092	585624	13.54	11.04	32.89	16.04	349	107494	325117	129237	325	68397	219163	1202	110440	659500	24	959	7926	1388	4039	1991	2788	6750	3175975
天津	2008	55	111048	386437	13.54	12.73	20.39	16.53	365	84245	303492	43294	221	58920	195004	993	89027	520997	21	217	2393	1730	4673	2722	3452	4534	1148940
河北	2008	105	310592	1000033	15.02	16.75	29.56	17.91	3172	800757	2741801	88603	713	448491	1351197	16205	914423	4756611	137	1855	12294	2004	6851	3949	3724	1811	3103586

续表

										教育产出指标										教育投入
山西	2008	69	147305	526756	16.62	15.89	32.3	16.41	2427	544299	1772298	55417	270394	782937	17167	474811	3213426	43	1049	7890	1775	9471	5286	4250	1979	1948361
内蒙古	2008	39	97846	316700	13.48	17.66	26.79	16.93	967	268407	862276	33233	181627	541084	3605	250153	1552708	27	709	4072	1276	6456	3640	3488	1650	1629515
辽宁	2008	104	239475	820374	15.67	17.02	19.87	17.1	1707	458511	1437573	89848	244280	724152	6987	393197	2367350	75	746	8972	1724	5508	3345	3021	2621	3000631
吉林	2008	55	147628	504084	11.62	17.79	19.33	17.27	1232	290893	905738	59035	159882	488871	6450	259418	1500703	46	626	5621	1169	5497	3381	2937	2659	1567665
黑龙江	2008	78	197909	678139	12.59	15.52	28.4	17.33	1910	389559	1393338	74348	209254	611287	8142	336919	1982828	71	1126	8332	1144	5185	3647	2746	2352	2055103
上海	2008	66	143328	502899	14.42	11.2	23.81	16.88	491	107686	425141	73068	58652	192583	672	123949	590561	29	1253	9074	1769	3178	2289	2201	4371	3261409
江苏	2008	146	410705	1572632	16.02	15.15	36.41	16.09	2209	865825	2782784	154001	482937	1498712	5233	642287	4080728	113	4785	30135	2330	5352	3650	3903	2679	5259263
浙江	2008	98	245330	832224	19.8	14.13	26.1	17.86	1783	622105	1849851	75986	281878	848152	4417	557757	3322785	64	1864	12924	3149	3656	6567	3165	2324	4401972
安徽	2008	104	253183	808276	20.73	21.14	36.56	18.51	3181	1049896	3098582	65540	435803	1337132	16116	849750	5203540	62	2278	16324	1431	8505	5072	3789	1658	2441218
福建	2008	81	179137	562595	15.41	14.25	25.04	17.08	1353	495894	1512956	53521	242469	748828	8566	399088	2471464	64	5137	34630	2772	6902	4225	3734	1937	2217201
江西	2008	82	232140	764182	21.41	16.77	42.51	16.34	2082	668121	1744883	71226	278606	821984	12890	746762	4239268	63	3125	20326	2117	9705	3996	3620	2062	1857367
山东	2008	125	465593	1534009	16.32	15	26.2	16.48	3211	1082028	3337815	134072	523354	1683550	13503	1046117	6329748	144	2471	19659	1870	6757	3563	3538	2071	4755635
河南	2008	94	396818	1250204	21.36	20.18	42.21	18.05	4810	1651319	4841994	95932	684186	2072588	30214	1869150	10365983	120	3097	20743	1758	11075	5173	4079	1648	4075505
湖北	2008	118	354335	1184915	17.92	18.83	36.7	17.3	2356	775634	2612455	120816	439116	1321990	9302	626247	3607744	76	2183	13374	1303	6330	4598	4575	2724	2297161
湖南	2008	115	292060	952330	18.32	16.46	48.77	17.68	3387	719148	2143743	93303	392351	1195442	13929	847528	4584411	50	2443	13990	1667	7214	3374	3349	1966	2628646
广东	2008	125	384481	1216990	22.96	16.42	29.77	18.68	3334	1803636	4978825	110034	668073	1817646	19271	1315880	9564740	67	3588	25125	2459	10122	5269	3550	1821	6614097
广西	2008	68	157920	484189	20.4	18.55	26.97	17.26	2075	762825	2119362	46174	262833	757048	14590	765621	4448079	56	2360	15507	2247	9329	4445	3039	1352	2058340
海南	2008	16	39735	126355	17.24	17.51	49.36	19.33	460	159751	463780	10615	53067	154774	2741	109846	906369	4	380	2533	1610	10726	5489	3241	1800	549796
重庆	2008	47	136747	450008	18.83	19.23	54.09	17.43	1057	473329	1350451	45596	215513	557405	7575	347639	2243916	41	2006	12172	2039	7968	4796	3917	2192	1471782

附　表

续表

											教育产出指标									教育投入
四川	2008	90	301786	3991072	21.09	17.86	33.44	18.21	4162	1251676	3615083	95432	775	503016	1411178	13993	1004385	6488221	93	6333	41739	1966	7984	4461	3246	1637	3478766
贵州	2008	45	85712	267526	23.49	18.56	43.33	17.26	2170	748412	2055674	27211	456	212253	562138	13107	722009	4697910	49	2265	15186	1962	12488	5504	2543	969	1670164
云南	2008	59	110319	347732	19.89	15.54	28.95	16.63	1812	703090	2000076	36255	460	212007	594703	16573	729101	4510366	25	4525	24576	1984	9992	4457	2408	1174	2191078
西藏	2008	6	8520	29409	17.24	17.01	41.88	15.92	96	49468	139920	2990	23	15486	44093	885	50937	311832	1	18	217	516	10980	4927	2292	1279	406063
陕西	2008	88	264951	839658	15.84	18.13	42.44	17.01	1968	615304	1941810	94196	615	322017	946919	14185	431794	2864809	34	1653	8827	1470	7644	5181	4797	2880	1826039
甘肃	2008	39	105091	331895	19.03	17.4	22.33	18.22	1623	486386	1420194	30708	480	210511	618253	13424	411003	2689631	15	2051	13443	1291	10278	5427	3767	1687	1347784
青海	2008	9	13767	42177	19.7	14.39	27.14	14.77	353	67714	207231	6242	138	38824	108140	2556	93110	538193	10	286	2442	1708	9750	3754	3522	1033	405548
宁夏	2008	15	21746	70454	20.98	16.7	43.06	17.38	284	108586	291970	8365	93	47952	137208	2202	110155	688697	6	181	1420	1857	11290	4868	3822	1610	533091
新疆	2008	37	65313	230971	15.15	14.57	28.01	16.4	1315	349665	1064849	26731	444	147914	418701	4159	328647	2012004	10	840	5574	1887	9604	5083	3229	1414	1543932
北京	2008	86	159829	586685	13.14	10.27	22.66	15.93	342	105930	318874	131184	305	65983	203477	1160	102414	647101	24	861	7921	1462	3818	1881	2475	6410	3833068
天津	2008	55	118807	405968	13.37	12.51	15.87	16.64	353	87053	287031	44611	218	60871	187554	983	81303	507385	20	244	2520	1756	4314	2441	3040	4432	1493682
河北	2009	109	329224	1060450	15.21	16.01	25.42	17.7	2887	733595	2418637	92104	661	447232	1308690	14447	875823	4886544	144	2221	12742	2165	6992	3461	3698	1871	4171281
山西	2009	71	165407	547391	15.73	15.66	23.26	16.67	2316	579561	1726832	56804	544	277882	805659	14722	430781	3046931	45	1257	8809	1885	8934	5110	4444	2050	2568476
内蒙古	2009	41	109077	351928	13	16.69	21.36	17.77	890	277382	832216	34932	306	174338	519643	3139	228806	1493013	29	550	4122	1401	6186	3478	3644	1794	2185264
辽宁	2009	107	237906	852467	15.07	16.49	16.97	16.83	1686	427882	1359494	91974	426	248271	718333	6037	337183	2255977	75	846	8776	1806	5229	3151	2947	2659	3674925
吉林	2009	55	155915	530975	11.39	16.96	18.06	17.67	1226	268451	869037	59770	262	158820	468554	6184	233984	1461099	45	925	6797	1192	5344	3209	3053	2695	2111975
黑龙江	2009	78	203361	708935	12.28	15.16	23.29	17.15	1817	389674	1338839	75062	430	207927	608221	7202	312389	1903733	72	1511	9706	1110	4977	3503	2898	2420	2649171
上海	2009	66	143497	512809	15.16	10.51	24.19	16.96	489	109184	426081	74540	273	55842	177589	751	138598	671245	29	1203	9032	1874	3554	2257	1982	4393	3674055
江苏	2009	148	429825	1653427	15.55	14.42	25.6	16.08	2181	777856	2562224	157000	710	456062	1422174	5013	660473	3960228	113	4524	30976	2517	5158	3337	3677	2786	6484818

中国地方财政支出效率研究：理论与实证

续表

											教育产出指标														教育投入
浙江	2009	99	252503	866496	19.11	14.14	24.21	17.32	1771	554518	1767195	77852	582	300208	855457	4147	539051	3251416	64	1649	12268	3263	6350	3452	3151	2303	5172415
安徽	2009	106	267936	877782	19.59	20.44	35.38	18.35	3087	990476	2974241	68293	769	424743	1305719	14974	838578	4868785	61	2435	15144	1529	7936	4854	3687	1742	3175813
福建	2009	84	187311	606284	15.29	13.74	28.32	17.07	1330	426079	1415209	56334	606	238475	719067	7849	404000	2397594	73	5010	34097	2989	6653	3927	3725	2039	2763597
江西	2009	85	238921	793488	20.98	16.26	28.99	16.57	2103	696726	1892398	72123	476	250953	772405	13021	714886	4227464	69	3808	22979	2553	9608	4302	3616	2118	2217897
山东	2009	126	466097	1592974	16.07	13.99	20.77	16.8	3118	1102207	3418475	136753	632	500248	1574869	12858	1017777	6268120	144	2803	20585	1921	6656	3630	3330	2153	5747058
河南	2009	99	429910	1368813	21.51	19.19	29.49	17.79	4703	1606773	4742528	103617	868	645015	2011981	29420	1845137	10520259	121	3076	21069	1820	11157	5030	4149	1774	4976900
湖北	2009	120	373333	1249061	18.13	18.18	36.85	17.51	2275	696261	2363351	123693	622	423786	1286751	8544	642190	3592629	76	2167	13959	1456	6291	4147	4480	2829	2805035
湖南	2009	115	314422	1016833	18.74	15.28	32.78	18.07	3348	719964	2143515	94428	684	356521	1064265	13263	833027	4691470	51	2246	13996	1893	7353	3360	3205	2040	3436066
广东	2009	125	435870	1334089	21.22	16.23	32.01	18.64	3322	1756780	5036732	115969	1020	717900	1924412	18506	1274186	8876322	69	3591	26158	2614	9301	5277	3950	1952	8013744
广西	2009	68	168942	528342	19.78	18.16	30.02	17.4	2019	726270	2065476	48304	478	262594	752797	14290	752468	4367767	57	2442	16213	2343	9069	4289	3081	1436	2650050
海南	2009	17	46392	142082	15.93	17.1	45.59	18.91	434	149394	445840	11666	108	54829	155893	2520	108144	834016	4	559	2971	1674	9766	5221	3611	2001	686993
重庆	2009	50	149332	484199	17.72	19.67	39.73	17.46	1037	439979	1328175	47173	267	220899	591983	7096	321333	2081367	36	1971	13189	2227	7331	4678	4028	2317	1813614
四川	2009	92	299650	1035934	20.13	18.62	32	18.02	4051	1177004	3554513	97568	758	515321	1435520	12437	945131	6170471	95	6483	41767	2098	7582	4380	3442	1732	4894707
贵州	2009	47	95375	299072	22.94	18.51	31.53	17.32	2163	762312	2112917	29006	451	219062	581604	12862	698976	4568716	49	2616	16507	1970	12046	5602	2647	1043	2300188
云南	2009	61	127287	393601	19	15.39	29.63	17.07	1791	697045	2038185	37896	457	220325	611471	15826	694956	4441438	25	4188	23697	2029	9776	4505	2578	1298	2823329
西藏	2009	6	9020	30264	16.33	14.11	34.67	15.82	94	50042	143187	3082	24	13884	38383	884	53682	305235	1	11	200	560	10635	4989	2082	1317	478394
陕西	2009	89	264676	893168	15.22	17.79	27.12	17.17	1923	545878	1802742	96485	586	334887	944083	11583	409900	2714408	39	1335	8010	1525	7215	4792	4901	3045	2659058
甘肃	2009	39	109452	361490	18.05	17.3	23.89	18.51	1618	482318	1410974	31576	463	216982	630654	12637	372767	2525962	16	1954	13687	1365	9611	5369	3969	1806	1960155
青海	2009	9	12605	43782	19.9	14.34	31.82	13.48	323	77914	214883	6418	126	36571	107783	2047	87157	533255	10	466	2761	1830	9620	3879	3763	1080	547864

续表

							教育产出指标													教育投入
宁夏	2009	15	22402	75564	20.07	16.44	31.42	17.55	273	108435	298922	8599	82	48084	140653	2131	104390	670621	6	197	1476	2022	10857	4856	4167	1721	575667
新疆	2009	37	67648	241637	14.7	14.19	17.05	16.25	1197	340969	1027697	26635	413	148869	417139	3651	318488	1973890	10	869	5991	2302	9264	4823	3208	1430	2134971
北京	2010	87	155137	587106	13.20	10.11	21.20	15.97	345	102360	309912	133874	289	65649	198415	1104	113728	653255	21	967	7981	1578	3722	1766	2363	6196	4250331.96
天津	2010	55	128608	429224	13.56	12.49	14.77	16.77	332	83891	273408	45194	214	62061	185153	956	82550	505895	20	359	2570	1774	4119	2226	2776	4412	2124006.21
河北	2010	110	339149	1105118	16.04	15.37	24.22	17.82	2649	721556	2212343	94548	615	420199	1275146	13563	955960	5115923	149	1715	12415	2389	7273	3145	3647	1951	4730393.99
山西	2010	73	180748	562924	15.28	15.36	27.88	16.44	2213	571651	1713779	56909	534	280984	822925	12776	451390	2910606	45	1088	8167	2072	8492	5004	4478	2132	2988946.10
内蒙古	2010	44	112546	371388	12.60	15.81	22.82	17.20	834	270361	814686	36439	289	166364	499280	2767	221764	1430751	30	564	3976	1572	5907	3364	3581	1884	2959484.37
辽宁	2010	112	247451	880247	14.85	16.01	17.49	16.82	1657	397158	1272295	93183	419	240387	715443	5523	348465	2182522	74	688	8921	1932	5053	2946	2900	2671	3758001.54
吉林	2010	56	151106	544392	11.60	17.05	17.56	17.72	1209	251194	817462	59535	257	162999	470946	5837	249724	1444633	45	1059	6884	1252	5273	3011	2944	2716	2293713.44
黑龙江	2010	79	192665	719117	12.42	15.15	24.08	16.85	1758	363236	1290892	75741	416	207452	616885	6490	341438	1879609	74	1233	8326	1285	4913	3377	2881	2447	2722676.25
上海	2010	67	144649	515661	15.51	10.10	22.16	17.03	494	109424	425463	74161	261	53853	168899	766	150465	701578	29	1203	8811	2084	3652	2216	1878	4300	3841525.41
江苏	2010	150	448562	1649430	15.98	13.81	23.46	15.88	2123	710443	2329518	158647	653	440338	1356550	4498	731257	3987821	112	4763	29742	2663	5162	3016	3527	2819	7945587.04
浙江	2010	101	253562	884867	19.39	14.12	23.27	17.13	1745	532022	1671286	79785	569	300941	880194	3989	602117	3333274	67	1904	13010	3534	6435	3226	3189	2285	5647867.37
安徽	2010	111	287585	938954	18.74	19.08	35.01	18.44	2995	873302	2789866	71264	743	424086	1275968	13997	819015	4604351	62	2203	13985	1644	7510	4551	3657	1841	3560158.35
福建	2010	84	198746	647774	15.25	13.55	22.61	17.43	1328	383157	1275763	58660	575	243076	706369	6974	426005	2389917	71	4575	32048	3216	6586	3517	3655	2144	3093222.30
江西	2010	85	248494	816484	21.00	15.78	30.18	17.14	2107	683676	1999946	70753	452	256536	739649	12772	748368	4260215	70	3609	23741	2787	9612	4514	3469	2162	2740509.70
山东	2010	132	475212	1631373	16.24	13.69	20.80	16.94	3053	1112964	3485570	139100	592	528217	1525122	12405	1113005	6292476	145	3610	21987	2317	6644	3681	3224	2202	7108814.10
河南	2010	107	457122	1456730	18.42	18.42	29.56	17.63	4616	1588071	4694044	110427	825	628486	1921573	28603	1877552	10706303	120	3234	21853	2073	11284	4948	4024	1839	5531608.06
湖北	2010	120	387612	1296920	18.64	17.40	32.18	17.82	2184	657947	2180937	123491	603	395471	1237362	7749	680166	3655512	76	2047	15349	1955	6391	3813	4155	2906	3365751.03

续表

								教育产出指标											教育投入
湖南	2010	117	302650	1047241	19.16	15.02	31.54	18.01	3311	734373	2149204	94871	622	370508	1019039	12692	863796	4791601	54	2174	13209	2215	7480	3355	3048	2051	3700407.12
广东	2010	131	437274	1426624	19.70	16.71	27.66	18.83	3308	1663662	5001040	121363	1026	755881	2089462	16806	1359159	8485498	75	3666	26064	2876	8804	5189	4446	2037	8665595.66
广西	2010	70	182635	567516	19.53	17.90	24.39	17.42	1974	701548	2003911	50701	463	270720	753981	13942	741123	4300598	59	2435	15756	2441	8856	4127	3432	1530	3377290.83
海南	2010	17	47573	150806	14.99	16.89	50.05	18.47	424	133509	421593	12360	107	56045	160461	2313	103591	780535	3	652	3175	2102	9033	4879	3799	2036	883218.65
重庆	2010	53	164137	522719	17.23	19.45	36.21	17.51	1005	408525	1281724	48356	268	227567	626434	5544	329739	1994407	36	2348	14618	2479	6993	4483	4000	2413	2242757.53
四川	2010	92	332104	1086215	19.37	18.21	33.59	18.05	3991	1116229	3438646	100503	747	525495	1462250	9282	964894	5921080	100	6684	41839	2306	7234	4207	3496	1790	4947677.29
贵州	2010	47	99320	323293	21.90	18.75	31.52	17.27	2148	764740	2136599	29721	444	240208	620221	12422	656919	4334971	53	2755	16231	2025	11414	5654	2716	1109	2671706.67
云南	2010	61	140966	439042	18.32	15.37	34.38	17.76	1732	706567	2073500	39676	451	228997	632812	14059	669300	4352084	26	3407	21432	2159	9521	4551	2835	1391	3404775.26
西藏	2010	6	9213	31109	15.84	12.84	32.10	13.99	93	47361	138992	3312	29	15057	40728	872	50747	299408	2	42	258	807	10323	4792	2184	1373	554864.98
陕西	2010	90	267108	927769	14.90	17.72	24.72	17.26	1867	493463	1643225	98536	569	338378	955861	9710	408618	2610355	40	1419	7837	1868	6920	4356	4931	3208	3398548.52
甘肃	2010	40	114064	381526	16.89	17.24	24.07	18.79	1586	453780	1384027	32865	452	219614	646975	11582	361131	2370406	17	2071	13350	1470	8994	5252	4044	1882	2000990.98
青海	2010	9	12969	44994	19.52	14.27	32.06	14.00	315	78875	219463	6682	119	36153	107715	1792	81464	518992	11	255	2505	2009	9313	3938	3790	1119	692695.41
宁夏	2010	15	25008	80206	19.68	16.07	34.23	17.46	267	103767	306755	9174	70	47399	142392	2027	101496	653669	7	242	1516	2205	10455	4919	4223	1868	711299.16
新疆	2010	37	73576	251160	14.45	13.86	17.62	16.63	1160	336118	1003278	26770	385	153238	419141	3598	311861	1935798	13	1898	8057	2682	8968	4648	3249	1467	2763433.96
北京	2011	87	156862	587887	13.38	9.60	25.65	16.18	342	100636	302269	131583	290	64146	195072	1090	132719	680457	21	1049	8037	1587	3468	1541	2104	5613	4647945.30
天津	2011	56	131227	449702	13.84	12.23	15.18	17.03	316	82553	261954	45894	209	60705	185461	874	100097	518531	20	333	2647	1740	3992	2017	2441	4329	2667734.94
河北	2011	119	349000	1149252	17.09	14.77	31.35	17.89	2534	727190	2150335	63274	598	397819	1233223	13274	1038453	5410910	148	1982	12566	2550	7521	2989	3427	2006	5674732.37
山西	2011	78	178393	594469	14.68	15.19	24.61	17.03	2093	509272	1643113	57849	519	286680	852689	10936	440802	2771927	51	1339	8311	2296	7756	4597	4134	2202	3645586.50
内蒙古	2011	47	114076	384440	12.36	15.76	30.09	17.63	808	256646	791411	37381	279	169674	493476	2613	246419	1405322	34	879	4286	1813	5685	3202	3330	1920	3399872.12

续表

附 表

									教育产出指标																	教育投入
辽宁	2011	114	259816	902231	14.91	15.50	18.66	16.95	1637	376932	1195997	94834	422	236157	712632	5118	370138	2168074	74	1069	8935	1970	4956	2734	2797	2712	4796075.43
吉林	2011	59	160052	562831	11.81	17.38	21.01	17.36	1230	232122	751532	61429	248	168965	478783	5600	250553	1439237	46	887	6015	1676	5239	2736	2874	2807	2785790.13
黑龙江	2011	82	195176	709968	12.69	14.92	27.47	16.16	1685	335172	1223979	76205	411	207742	622251	5620	333945	1874996	73	1736	12963	1465	4892	3193	3034	2409	3215025.63
上海	2011	66	137811	511283	15.81	9.70	20.55	16.92	507	116210	430585	74065	247	52224	161056	764	169430	731131	29	1178	8260	1929	3175	1870	1430	3556	4807498.02
江苏	2011	156	436056	1659415	16.38	13.25	23.43	15.65	2100	649616	2111249	161062	618	408844	1286951	4325	761815	4095995	108	3693	25517	2764	5205	2683	3312	2824	9529826.26
浙江	2011	103	267493	907482	19.73	14.19	23.11	17.21	1745	499789	1546002	81384	569	300521	899016	3818	628821	3440635	78	2174	13048	3436	6317	2838	3134	2218	6639469.15
安徽	2011	116	308035	991267	18.23	18.38	28.98	18.77	2962	760861	2498800	73176	734	441743	1278903	13343	791856	4435804	63	1701	12635	1961	7446	4195	3858	2007	4930064.38
福建	2011	87	201449	674779	15.84	13.55	32.23	17.19	1271	363390	1157266	61042	559	240621	709515	5947	447904	2460858	71	4570	28738	3572	6664	3134	3924	2200	3646481.49
江西	2011	90	246027	828599	21.25	16.47	42.54	16.85	2117	675593	2009641	70472	438	308930	783497	11633	777955	4340255	75	3593	22577	3261	9727	4504	3392	2212	4152438.07
山东	2011	146	480753	1645589	16.67	13.79	26.16	17.06	3004	1057830	3451577	142698	565	560488	1564212	12047	1193990	6440742	146	3387	21745	2524	6718	3600	3257	2191	9206645.98
河南	2011	123	448850	1500142	22.04	18.17	42.13	17.83	4596	1616241	4679780	117117	792	646263	1895068	27793	1934351	10928960	127	3151	19463	3001	11620	4976	4026	1901	7366232.10
湖北	2011	127	409497	1340298	19.37	16.37	29.09	17.53	2122	619213	2040702	127363	585	361978	1167697	7415	692317	3773446	76	1622	12893	2313	6588	3563	3597	2991	4238108.31
湖南	2011	124	306088	1067852	19.59	15.01	59.12	18.42	3310	734924	2163402	95652	594	369889	1013814	10824	869687	4903095	58	2358	12673	2492	7463	3293	3032	2054	4704704.47
广东	2011	134	468685	1527254	19.01	16.08	36.78	18.88	3316	1540940	4790565	125388	1012	777547	2204135	15148	1408922	8220577	80	3581	25022	2948	7873	4588	4384	1978	10963460.00
广西	2011	74	184639	600094	19.50	17.96	40.88	17.45	1939	688646	2008317	52830	446	283282	773562	13789	726689	4270002	60	2411	13861	3129	9262	4356	3756	1688	3971843.39
海南	2011	17	46416	156700	14.84	17.08	54.10	18.80	406	125529	392397	12913	102	60609	168529	2210	123955	765619	3	336	1678	2410	8810	4516	3984	2079	1077739.49
重庆	2011	60	177615	568813	16.95	18.95	43.32	17.43	996	372073	1190197	50119	263	226743	648720	5248	338693	1954818	36	3485	16978	2921	6776	4125	3983	2522	2822806.85
四川	2011	95	343631	1139316	18.98	18.27	35.39	18.31	3964	1058072	3266108	103433	740	535394	1512025	8847	996827	5798017	107	6767	40898	2623	7207	4060	3623	1904	5947898.47
贵州	2011	48	106810	344100	20.74	19.02	41.90	17.47	2194	745660	2138054	31121	447	277290	689042	12008	626379	4087382	52	2858	14474	2523	11749	6146	3178	1254	3278732.03

续表

							教育产出指标												教育投入
云南	2011	64	159349	487552	18.06	15.38	39.74	18.49	1711	687209	2052586	43195	444	243767	660291	13320	653821	4240837	30	3736	19329	2360	9215	4460	2905	1520	4184595.56
西藏	2011	6	9401	32374	15.45	13.15	32.68	15.51	93	44567	136371	3460	30	16720	44676	860	49536	294725	2	63	485	1386	9792	4531	2141	1446	676568.08
陕西	2011	98	292105	964773	14.83	17.48	37.72	17.92	1819	458592	1498841	99010	544	336071	969167	8867	407696	2535962	44	1309	6837	2752	6790	4013	4865	3378	4505992.45
甘肃	2011	44	123481	405306	15.57	17.03	21.79	18.73	1577	406700	1285392	33886	436	221551	657086	10907	338176	2200743	22	1457	9455	1688	8597	5021	4237	2041	2354654.54
青海	2011	9	13990	45721	19.77	13.88	34.03	13.98	304	76548	223398	6677	112	35377	106911	1533	82562	511867	11	247	2142	2380	9092	3968	3720	1082	1029682.61
宁夏	2011	16	28203	87870	19.32	15.81	65.18	18.19	262	102617	299635	9637	67	53562	148043	1942	111236	643293	7	196	1535	2353	10163	4734	4308	1912	851750.21
新疆	2011	38	74023	258719	14.20	13.84	22.42	16.65	1157	325953	976569	27629	368	156497	432724	3536	322436	1919457	15	939	4733	2980	8785	4469	3292	1521	3322706.00
北京	2012	89	158602	591243	13.70	9.38	25.65	16.70	341	31067	193505	138776	289	63381	193505	1081	141738	718655	22	1190	8118	1643	3560	1513	2114	5534	5440966.20
天津	2012	55	137223	473114	14.09	11.74	13.82	17.29	317	26055	83845	46513	202	58012	181235	843	102514	532282	20	536	2963	1687	3928	1893	2275	4358	3253462.61
河北	2012	113	321407	1168796	17.74	14.19	19.84	17.65	2435	167800	777679	98815	565	384133	1176885	12898	1062931	5622191	151	1913	12408	2710	7765	3002	3148	2063	7341394.46
山西	2012	75	197181	637330	14.20	14.72	19.38	18.01	2023	118231	462450	58146	511	292630	854986	10042	440460	2617602	53	1215	7873	2546	7285	4182	4050	2351	4705530.29
内蒙古	2012	48	105629	391434	12.09	15.52	16.31	17.59	763	62154	242465	38057	272	171722	500280	2443	233545	1365080	39	874	4455	1983	5501	3007	3206	2042	3713506.54
辽宁	2012	112	264385	934078	14.72	14.72	16.77	17.17	1607	101083	369537	96584	417	228358	695933	4779	353057	2129695	74	905	8593	1961	4859	2589	2675	2811	6246609.09
吉林	2012	57	162602	578953	11.94	17.13	11.71	17.20	1213	66898	226574	62505	244	160363	476748	5186	242215	1423679	46	805	6261	1574	5178	2534	2730	2889	3833505.15
黑龙江	2012	79	196970	704538	12.95	14.38	18.68	16.19	1648	100044	345555	77510	398	202090	612579	4834	328950	1867729	74	1423	11150	1510	4871	3142	2985	2441	4541015.11
上海	2012	67	136808	506596	15.82	9.51	19.63	16.93	514	35202	117489	73348	246	52497	157709	761	172297	760377	29	1202	8138	2047	3239	1843	1389	3481	5523710.44
江苏	2012	153	435047	1671173	16.74	12.43	20.82	15.45	2066	182231	640312	116592	594	376936	1208697	4128	794802	4227557	107	3534	24702	2791	5352	2494	3014	2786	11478974.03
浙江	2012	102	269127	932292	19.32	13.58	19.29	17.05	1735	118855	510594	83843	571	277919	875802	3698	607186	3467269	79	2741	14425	3453	6347	2733	3020	2288	7590939.08
安徽	2012	118	286246	1023033	16.76	18.01	27.64	18.74	2920	161007	689414	75411	716	439725	1292863	12547	693919	4047018	64	2165	9986	2645	6781	3570	3940	2101	6129195.34

附表 265

续表

								教育产出指标											教育投入
福建	2012	86	201200	701392	16.42	13.27	35.02	17.20	1240	96638	381878	62513	543	218650	690542	5414	467450	2527264	73	4350	27291	3763	6794	3012	3846	2301	4921610.60
江西	2012	88	237734	851119	21.13	17.35	26.64	17.37	2107	122771	655925	71620	435	308315	836602	11173	800412	4341438	80	4094	21510	3389	9672	4334	3422	2295	5298922.78
山东	2012	136	466695	1658490	16.41	14.28	20.80	17.08	2965	261611	1016968	142370	557	581797	1645402	11573	1095534	6276696	145	3555	21239	2613	6513	3405	3325	2238	11287798.32
河南	2012	120	455289	1559025	21.72	17.94	25.73	17.64	4551	282413	1581590	120156	785	665703	1926336	27452	1909667	10791827	132	2994	16689	3406	11495	4834	3911	2012	9273344.33
湖北	2012	122	402055	1386086	17.04	15.16	21.15	17.76	2047	141409	510866	127921	575	327506	1074507	6614	634766	3267498	77	1483	10557	2354	5675	2740	2984	3078	6178778.60
湖南	2012	121	311026	1082235	19.19	15.30	25.20	18.64	3296	171197	742493	96322	589	370069	1026563	10165	880773	4737920	61	1812	10184	2675	7183	3201	2950	2087	6886605.81
广东	2012	137	501939	1616838	18.69	15.93	35.31	18.82	3309	273493	1402496	130127	1017	773249	2259282	13396	1452959	8082401	94	4632	24485	3148	7694	4212	4417	2082	13037413.20
广西	2012	70	192144	629243	19.64	17.86	39.51	17.80	1860	117478	668655	53344	450	292818	795828	13535	742110	4264831	62	2538	14270	3572	9182	4233	3790	1834	4961870.66
海南	2012	17	49615	168270	14.68	16.12	31.25	19.34	388	25075	119426	13188	103	62969	175526	2036	122521	752187	4	313	1616	3073	8573	4157	3965	2218	1302872.78
重庆	2012	60	192940	623665	17.04	18.13	25.99	17.53	969	76060	340241	52932	262	225080	659744	4810	352068	1943177	36	2090	13083	3058	6657	3725	3995	2734	4070888.62
四川	2012	99	364488	1223680	18.39	17.54	30.37	18.36	3908	203905	988311	110033	735	521938	1516531	8586	1009618	5607407	113	8398	44287	2724	6966	3779	3585	2037	8415024.02
贵州	2012	49	125093	383815	19.20	18.59	29.26	18.19	2215	114753	731931	32153	446	318188	772972	11529	591024	3800803	56	2904	13657	2832	10957	6057	3443	1392	4239426.88
云南	2012	66	142753	512178	17.40	15.60	26.64	18.50	1691	120817	674396	44901	444	261312	706180	13020	622875	4067038	47	3294	16777	2424	8783	4220	2975	1566	5690858.58
西藏	2012	6	10022	33452	15.49	13.07	28.94	16.17	92	8982	43424	3485	30	17529	47825	857	51552	292016	3	185	633	2028	9628	4295	2180	1508	793479.36
陕西	2012	91	312776	1026254	14.06	16.75	23.88	18.19	1765	112604	411451	100881	530	318788	941528	7994	378875	2346152	46	1266	6046	3139	6269	3515	4479	3525	5823383.64
甘肃	2012	42	130153	431069	14.71	16.43	22.27	18.99	1588	84377	375938	34571	445	226107	664879	10336	341155	2063549	28	1434	8337	1873	8048	4603	4246	2145	2966949.04
青海	2012	9	14634	48668	19.10	13.80	23.68	14.74	261	14846	73382	6668	109	38197	106005	1425	83111	498663	11	359	2124	2699	8777	3674	3590	1133	1319283.37
宁夏	2012	16	30779	96440	17.98	16.17	29.50	17.43	251	19383	99874	10202	63	54814	157521	1896	104822	618140	8	358	1985	2506	9667	4579	4230	2107	862590.77
新疆	2012	39	75774	268716	13.96	13.61	16.27	16.87	1131	85924	314398	27885	366	155276	440717	3534	331734	1900844	19	1137	4909	3143	8606	4270	3293	1596	3793074.78

注：调整后的财政支出是以2007年为基期的不变价格计算得到的。

附表 8　　　2007—2012 年各地区医疗卫生财政投入产出表

地区	年份	产出			投入（万元）
		卫生机构数（个）	卫生床位数（张）	卫生人员数（人）	以不变价格调整的财政支出
北　京	2007	6210	83925	183050	1814285.1
天　津	2007	2334	44335	81570	984556.98
河　北	2007	19425	195637	298945	1497851.4
山　西	2007	9780	108742	175088	964465.58
内蒙古	2007	9076	73900	126155	979657.28
辽　宁	2007	14819	179952	272720	1268788.5
吉　林	2007	9683	94373	160724	489014.54
黑龙江	2007	8464	126058	200346	668785.44
上　海	2007	2678	95960	155809	1003652.9
江　苏	2007	19116	220369	355668	1373401.4
浙　江	2007	15669	154663	273823	1373549.5
安　徽	2007	8502	139625	214121	906232.58
福　建	2007	4556	79645	113467	862611.88
江　西	2007	9456	94862	153238	1014066.1
山　东	2007	15270	278791	401946	1495753.6
河　南	2007	11888	239511	384844	1141574.6
湖　北	2007	11093	150633	278205	873968.68
湖　南	2007	14521	172394	268683	850111.78
广　东	2007	16488	234179	452061	1650182
广　西	2007	10060	105223	178396	791228.78
海　南	2007	2330	20767	40941	448061.48
重　庆	2007	6293	74635	103563	571209.18
四　川	2007	21380	214512	311364	1247677.1
贵　州	2007	5956	79150	101094	755097.58
云　南	2007	9693	119038	149403	1490624.6
西　藏	2007	1322	6750	10152	935063.58

续表

地区	年份	产出			投入（万元）
		卫生机构数（个）	卫生床位数（张）	卫生人员数（人）	以不变价格调整的财政支出
陕西	2007	9708	117851	177666	1316047.3
甘肃	2007	12024	70290	101796	675326.28
青海	2007	1619	16050	23936	517723.18
宁夏	2007	1530	18927	30657	494521.18
新疆	2007	7465	90329	127621	764354.08
北京	2008	6497	86153	194307	1725274.8
天津	2008	2784	46054	85886	783507.58
河北	2008	15632	213965	303232	1273064.9
山西	2008	9431	127263	191152	829827.45
内蒙古	2008	7162	81068	131175	756032.38
辽宁	2008	14627	182972	274890	952870.39
吉林	2008	9659	99329	162303	757083.08
黑龙江	2008	7928	135600	203528	927781.08
上海	2008	2822	97352	162160	1314724.2
江苏	2008	13357	236541	360845	1591162.7
浙江	2008	15290	160873	288340	1561581.1
安徽	2008	7837	159724	227438	1152497
福建	2008	4478	88579	124213	935599.48
江西	2008	8229	105106	168472	988973.18
山东	2008	14973	319905	438009	1529416.7
河南	2008	11683	268004	396078	1581056.5
湖北	2008	10305	167673	284832	1135872.9
湖南	2008	14455	187732	281421	1027508.1
广东	2008	15819	250497	479817	2137725.3
广西	2008	10427	118365	190152	1000758.9
海南	2008	2220	21889	42682	355005.68

续表

地区	年份	产出			投入（万元）
		卫生机构数（个）	卫生床位数（张）	卫生人员数（人）	以不变价格调整的财政支出
重 庆	2008	6265	81950	109014	700019.78
四 川	2008	20738	243746	324525	1607415.9
贵 州	2008	5848	83103	106038	884950.78
云 南	2008	9249	127560	151859	1287439.6
西 藏	2008	1326	8720	11680	496598.58
陕 西	2008	8812	125189	183510	880663.13
甘 肃	2008	10534	76581	104179	700384.36
青 海	2008	1582	17352	25568	407464.87
宁 夏	2008	1629	20891	31571	157699
新 疆	2008	6739	96747	130174	566027.6
北 京	2009	9734	90100	211714	1654739
天 津	2009	4238	46353	93366	723542.28
河 北	2009	80963	232638	407351	1897115.9
山 西	2009	39917	144517	264352	1231189.4
内蒙古	2009	22677	87390	177697	1130710.9
辽 宁	2009	34729	191492	310007	1738053.5
吉 林	2009	18543	108345	180775	1220423
黑龙江	2009	21825	146572	242973	1363136.9
上 海	2009	4460	99704	169506	1356567.8
江 苏	2009	30571	250809	437008	1998598.8
浙 江	2009	29549	170199	327014	1833556.6
安 徽	2009	24799	174483	305499	1714906.9
福 建	2009	26613	104290	184866	1060291.6
江 西	2009	34005	115445	223480	1285179.9
山 东	2009	63885	347052	602143	1951910.9
河 南	2009	75722	302378	572773	2268188

续表

地区	年份	产出			投入（万元）
		卫生机构数（个）	卫生床位数（张）	卫生人员数（人）	以不变价格调整的财政支出
湖 北	2009	32790	187156	337113	1503265.2
湖 南	2009	55200	212043	351160	1734284.9
广 东	2009	44314	271982	555799	2706846.8
广 西	2009	32355	131569	245611	1218737.3
海 南	2009	4661	23526	49898	412322.09
重 庆	2009	16497	92709	146033	875660.65
四 川	2009	72914	275085	437760	2242634.2
贵 州	2009	24707	97527	143868	1173715.4
云 南	2009	22365	140187	196796	1637880.9
西 藏	2009	4959	8502	16040	389445.87
陕 西	2009	33928	134431	245352	1400165.6
甘 肃	2009	25299	81520	126388	1054581.3
青 海	2009	5959	19223	34429	494288.48
宁 夏	2009	4149	22142	37734	435711.78
新 疆	2009	14244	107243	146943	1006311.8
北 京	2010	9411	92764	223586	1763748.679
天 津	2010	4542	48828	96732	648327.4023
河 北	2010	81403	249725	437415	2165900.201
山 西	2010	41098	155885	275955	1035414.684
内蒙古	2010	22565	93350	168884	1109130.411
辽 宁	2010	34805	204208	316828	1403129.817
吉 林	2010	19385	115057	187106	1016787.571
黑龙江	2010	22073	159914	262600	1230342.814
上 海	2010	4708	105083	171935	1473637.234
江 苏	2010	30956	269548	459025	2292609.519
浙 江	2010	29939	184097	352871	2090716.137

续表

地区	年份	产出			投入（万元）
		卫生机构数（个）	卫生床位数（张）	卫生人员数（人）	以不变价格调整的财政支出
安徽	2010	22997	188010	309318	1697778.177
福建	2010	27017	113043	199519	1109662.302
江西	2010	34068	124640	230945	1381941.548
山东	2010	66967	382254	645889	2313860.273
河南	2010	75741	327569	591059	2452828.257
湖北	2010	34269	200394	349495	1644734.718
湖南	2010	59359	233510	370261	1656391.597
广东	2010	44880	300083	592800	2859194.387
广西	2010	32741	143695	266138	1523599.835
海南	2010	4678	25981	51985	312750.3206
重庆	2010	17495	103624	160055	884827.6708
四川	2010	74283	301227	467126	2409911.519
贵州	2010	25420	105277	154246	1167984.265
云南	2010	22888	157143	207663	1668814.48
西藏	2010	4960	8838	16694	292424.4398
陕西	2010	35696	142334	260056	1409265.09
甘肃	2010	26673	90410	137501	880254.7578
青海	2010	5781	20451	35224	327069.4854
宁夏	2010	4129	23659	39674	299080.8903
新疆	2010	16000	116230	158917	911881.7115
北京	2011	9495	94735	235652	2015199.943
天津	2011	4428	49423	100169	798855.6625
河北	2011	80185	266479	449108	2634563.532
山西	2011	40339	157132	271627	1379616.676
内蒙古	2011	22908	100633	175226	1432299.143
辽宁	2011	35229	215815	319116	1604920.975

续表

地区	年份	产出			投入（万元）
		卫生机构数（个）	卫生床位数（张）	卫生人员数（人）	以不变价格调整的财政支出
吉林	2011	19785	121240	192940	1253178.743
黑龙江	2011	21749	165255	266066	1468748.032
上海	2011	4740	107130	176632	1663332.693
江苏	2011	31680	296390	481818	3049802.433
浙江	2011	30515	194759	374157	2465038.331
安徽	2011	22884	204210	315382	2420289.614
福建	2011	27147	124232	217586	1428182.09
江西	2011	39154	135570	244570	1718286.454
山东	2011	68275	416148	689628	3166053.007
河南	2011	76128	349612	623494	3106546.866
湖北	2011	35625	223980	365175	2147009.556
湖南	2011	59634	257687	387975	2233566.775
广东	2011	45930	325038	626571	3872886.196
广西	2011	34026	152039	283543	2024476.109
海南	2011	4816	28465	56893	425947.1691
重庆	2011	17650	115627	170799	1272787.398
四川	2011	75815	334663	505712	3240043.543
贵州	2011	25943	117534	169098	1507385.001
云南	2011	23248	173434	215335	2053137.589
西藏	2011	6602	9592	22234	306847.3622
陕西	2011	36396	153847	275464	1681768.533
甘肃	2011	26632	94907	145699	1185732.903
青海	2011	5887	23117	38785	375437.2687
宁夏	2011	4132	25805	41758	339724.4806
新疆	2011	17412	125391	167828	1100615.196
北京	2012	9632	100167	253164	2216218.462

续表

地区	年份	产出			投入（万元）
		卫生机构数（个）	卫生床位数（张）	卫生人员数（人）	以不变价格调整的财政支出
天 津	2012	4551	53509	104201	909798.2997
河 北	2012	79119	284359	463283	2741071.645
山 西	2012	40192	165309	279466	1520718.287
内蒙古	2012	23046	110788	183875	1501616.427
辽 宁	2012	35792	230962	329679	1715872.858
吉 林	2012	19734	127756	196395	1362887.653
黑龙江	2012	21158	178210	270687	1444760.575
上 海	2012	4845	109784	183416	1679696.996
江 苏	2012	31050	333118	519709	3553839.072
浙 江	2012	30271	213286	400094	2645240.091
安 徽	2012	23275	222315	334842	2726745.034
福 建	2012	27276	139341	236756	1627916.452
江 西	2012	39509	163721	259552	1866811.12
山 东	2012	68840	473768	738868	3639091.439
河 南	2012	69258	393993	652564	3570084.041
湖 北	2012	35240	252991	386415	2260924.211
湖 南	2012	58612	287013	403546	2508506.911
广 东	2012	46534	355274	662462	4386943.789
广 西	2012	34152	168691	303759	2131936.48
海 南	2012	5154	30289	59285	491187.849
重 庆	2012	17961	130813	184055	1445650.158
四 川	2012	76557	390147	549023	3594578.273
贵 州	2012	27404	139211	191079	1702953.723
云 南	2012	23395	194707	233361	2251115.357
西 藏	2012	6660	8352	21558	303314.0067
陕 西	2012	36271	169230	293775	1840581.32

续表

地区	年份	产出			投入（万元）
		卫生机构数（个）	卫生床位数（张）	卫生人员数（人）	以不变价格调整的财政支出
甘肃	2012	26401	112296	151899	1195193.333
青海	2012	5948	26018	40831	461568.5335
宁夏	2012	4140	27765	44021	373457.8445
新疆	2012	18320	131592	177085	1167719.801

注：数据来源于《中国卫生统计年鉴》和《中国统计年鉴》。

附表9　　　　2007—2012年各地区社会保障投入产出表　单位：万人，万元

地区	年份	城镇基本医疗保险参保人数	失业保险参保人数	生育保险参保人数	城镇养老保险参保人数	工伤保险参保人数	财政投入（不变价）
北京	2007	783	535.3	290.6	671	609.2	1792806
天津	2007	382.5	221.5	194	344.8	257.2	795714
河北	2007	686.3	473.3	338.5	795.6	481.3	2201343
山西	2007	405.7	299	104.4	506.7	229.1	1828223
内蒙古	2007	352.7	223.7	139.1	370.9	163.6	1520235
辽宁	2007	1087.8	622.1	423	1299.7	572.3	4029808
吉林	2007	427.8	228.7	173.6	501.7	206.8	1543673
黑龙江	2007	752.2	464.1	216.8	826.8	351.7	2170582
上海	2007	1096.8	491.5	592	932.4	884.4	2742171
江苏	2007	1435.8	968.5	794.1	1602.3	921	2125341
浙江	2007	855	584.7	505	1167.1	1002.9	1079848
安徽	2007	486.2	364.5	175.6	530.3	248.7	2064435
福建	2007	406.1	318.2	250.4	512.8	294.8	905712
江西	2007	403.4	251.5	137.8	475	251.3	1261449
山东	2007	1115.9	814.9	563.5	1457.1	745	2517774
河南	2007	781	682.9	279.1	912.9	448.3	2812238
湖北	2007	644.5	405.7	224.6	886.8	327.5	2112158

续表

地区	年份	城镇基本医疗保险参保人数	失业保险参保人数	生育保险参保人数	城镇养老保险参保人数	工伤保险参保人数	财政投入（不变价）
湖南	2007	620.6	389	369.3	784	342.4	2209838
广东	2007	2022.2	1295.5	659.1	2226.8	2113.9	2834795
广西	2007	339.3	223.8	163.5	325.5	182.4	1106700
海南	2007	107.5	66.2	66.7	141.7	78.4	358840
重庆	2007	284.7	196.7	116.9	344.8	181.1	1389682
四川	2007	815	418.2	323.3	917.4	397.3	2721240
贵州	2007	228.2	134.5	89.1	205.9	110.5	708014
云南	2007	345.8	185.8	165.1	279.4	188.5	1704801
西藏	2007	19.2	7.2	9.4	8.1	3.7	173020
陕西	2007	410.1	327.2	120.9	408.1	232	1590145
甘肃	2007	221.5	161.8	53.3	208.4	98.2	1068675
青海	2007	70.1	34.7	6.2	65.2	25.3	511790
宁夏	2007	78.3	40.1	19.2	77	30.5	254973
新疆	2007	355.1	213.6	211.6	327.7	194.1	909273
北京	2008	871	614.3	324.1	666.5	757.2	1992432
天津	2008	399.1	232.5	196.5	274.9	376.5	1002968
河北	2008	738.5	481.7	408.5	520.8	862.5	2555300
山西	2008	441.8	312.2	148.3	261	539.4	2037254
内蒙古	2008	373.7	225.5	154.6	185.4	389.5	1811180
辽宁	2008	1209.3	622.7	460.2	659.6	1406.2	4491402
吉林	2008	450.9	233.7	227.9	234.9	525.3	1901333
黑龙江	2008	788.3	467.6	241.9	390.9	857.8	2165934
上海	2008	1171.7	511.8	609.9	950.4	967.7	3166560
江苏	2008	1604.3	1052.2	907.2	1056.6	1751.6	2197381
浙江	2008	1053.9	731.5	690	1261.8	1386.9	1347463
安徽	2008	528.8	373.1	231	292.9	578.4	2149433

续表

地区	年份	城镇基本医疗保险参保人数	失业保险参保人数	生育保险参保人数	城镇养老保险参保人数	工伤保险参保人数	财政投入（不变价）
福建	2008	435.7	338.7	273.9	346.1	557.2	1045344
江西	2008	503.2	266.3	156.6	313.6	550.3	1691339
山东	2008	1266.2	864.1	638	865	1565.9	2707263
河南	2008	840.9	683.4	313.4	500.2	972	3085410
湖北	2008	714.9	422.9	278	360.9	932.3	2647091
湖南	2008	682	390.1	431.5	403.5	829.1	2926795
广东	2008	2370.7	1471.9	1011.2	2302.3	2444.3	3436022
广西	2008	361.4	234.6	176.5	204.9	368.1	1196640
海南	2008	121.8	84.7	79.8	86.1	156.2	462332
重庆	2008	326.2	210.1	141.6	208.2	406.1	1631753
四川	2008	893.5	436.9	373	464.6	1017.9	4272815
贵州	2008	257.4	141.4	135.9	129	215.9	998775
云南	2008	356.8	191.9	168.4	202.5	293.7	2126030
西藏	2008	20.1	7.8	12.4	5.9	8.5	263903
陕西	2008	432.7	329.3	147.6	247.6	433.4	2308758
甘肃	2008	248.9	162.6	59.1	108.9	221	1420376
青海	2008	72.1	35.4	6.3	29.9	68.3	595598
宁夏	2008	83.2	44.4	25.1	37.5	82.6	341525
新疆	2008	376.6	224.8	225.4	214.5	346.3	1009292
北京	2009	1083.9	675.7	346.8	826.7	747.1	2265000
天津	2009	605.3	239.2	204.6	401.5	292.2	1110400
河北	2009	1421.1	484.4	489.9	919.5	559.3	3009300
山西	2009	879	293.3	185.8	563.8	280.7	2219700
内蒙古	2009	805.3	229.7	182.9	410.8	199.1	2607300
辽宁	2009	1895.6	625.3	531.2	1457.4	695.8	4948700
吉林	2009	1242.8	241.4	289.9	554.3	272.2	2380900

续表

地区	年份	城镇基本医疗保险参保人数	失业保险参保人数	生育保险参保人数	城镇养老保险参保人数	工伤保险参保人数	财政投入（不变价）
黑龙江	2009	1544.3	471.3	270	920.3	401.8	3211700
上海	2009	1583.8	523.5	625.1	1001.1	934	3190100
江苏	2009	3031	1079.1	962.5	1883.1	1118.1	2851600
浙江	2009	1784.4	784.5	750.7	1527.4	1331.1	1480100
安徽	2009	1435.8	377.8	303.6	628.2	320.6	2889200
福建	2009	1137.2	348.1	317.8	585.9	379.3	1294200
江西	2009	1300.4	275.5	163	581.9	340.2	2082000
山东	2009	2540.2	899.5	703	1661	1064.6	3255700
河南	2009	1970.1	690.2	379.8	1019.1	521	3793100
湖北	2009	1811.7	440.3	357.1	982	410.7	3250400
湖南	2009	1831.9	392	502.4	879.1	472.1	3414800
广东	2009	4568.5	1470.7	1586.3	2716.4	2435.5	3893500
广西	2009	850	237	199	411.3	221.7	1931200
海南	2009	283.8	97.5	85	168.1	90.1	745700
重庆	2009	769.5	215.9	155.5	492.8	226.5	2259400
四川	2009	1912.7	463.5	426.4	1176.2	515.8	4304800
贵州	2009	567	144.6	152.5	235.6	143.3	1412700
云南	2009	762.5	198.7	181.1	306.5	215.1	2865600
西藏	2009	36	8.8	14.2	9.2	8.3	311100
陕西	2009	890	331	164.4	458.8	264.9	2685300
甘肃	2009	557.4	164.1	71.2	230.9	119.7	1823000
青海	2009	104.8	36	6.3	71.3	40.1	833100
宁夏	2009	186	44.9	30.7	89.4	42.4	436200
新疆	2009	755	231.8	236.8	356.9	232.3	1630500
北京	2010	1207.34	774.24	372.22	981.33	823.76	2604670.85
天津	2010	960.85	246.09	212.02	431.45	304.45	1274436.29

续表

地区	年份	城镇基本医疗保险参保人数	失业保险参保人数	生育保险参保人数	城镇养老保险参保人数	工伤保险参保人数	财政投入（不变价）
河北	2010	1518.06	493.41	561.50	988.44	594.44	3299938.97
山西	2010	923.50	305.71	211.61	591.03	292.38	2495876.57
内蒙古	2010	886.37	230.93	233.86	430.69	207.52	2686859.57
辽宁	2010	2056.18	626.94	592.97	1496.90	729.98	5375189.37
吉林	2010	1333.81	245.13	310.49	599.50	300.52	2322694.39
黑龙江	2010	1560.83	472.87	290.10	952.24	415.11	2785631.61
上海	2010	1665.15	556.20	657.30	1049.47	960.97	3337765.91
江苏	2010	3249.43	1153.78	1086.44	2033.02	1205.52	3346587.02
浙江	2010	1963.82	874.95	863.74	1702.22	1475.11	1921853.64
安徽	2010	1529.35	384.04	346.92	669.54	351.06	3079520.92
福建	2010	1200.60	374.18	374.42	635.51	417.74	1398942.60
江西	2010	1326.41	265.33	169.97	607.60	371.71	2146523.38
山东	2010	2770.61	931.24	774.09	1773.01	1211.19	3845455.66
河南	2010	2043.75	696.73	412.87	1079.33	551.74	4186802.19
湖北	2010	1860.03	469.66	381.81	1039.77	443.98	3382772.28
湖南	2010	1894.54	399.51	527.13	938.90	515.97	3638892.48
广东	2010	5043.22	1627.33	2038.49	3215.18	2657.82	4415880.77
广西	2010	935.21	238.40	218.45	449.29	235.66	1998493.24
海南	2010	323.34	112.49	92.60	180.81	95.84	662885.53
重庆	2010	830.76	237.37	175.71	584.36	266.03	2210298.00
四川	2010	2063.10	464.71	484.23	1300.86	583.80	4700572.81
贵州	2010	602.48	152.48	164.30	257.31	162.18	1287679.10
云南	2010	820.48	209.61	210.23	317.42	227.37	2767949.22
西藏	2010	38.63	9.34	14.78	9.93	8.78	291249.84
陕西	2010	947.22	331.57	180.08	550.36	278.59	2839237.89
甘肃	2010	588.79	164.16	82.00	242.48	130.09	1885786.63

续表

地区	年份	城镇基本医疗保险参保人数	失业保险参保人数	生育保险参保人数	城镇养老保险参保人数	工伤保险参保人数	财政投入（不变价）
青海	2010	140.30	36.65	6.38	74.43	43.23	1591778.03
宁夏	2010	188.32	47.62	39.82	107.79	48.87	307988.78
新疆	2010	790.46	242.91	249.42	393.79	249.30	1465247.22
北京	2011	1347.85	881.04	395.30	1089.39	862.44	3171555.97
天津	2011	972.79	258.75	234.60	458.71	320.42	1485467.38
河北	2011	1562.19	498.70	593.10	1059.81	640.39	3709099.96
山西	2011	1005.12	309.35	253.74	623.77	337.57	2779631.14
内蒙古	2011	907.25	232.49	263.28	452.38	225.29	3167348.68
辽宁	2011	2120.09	632.30	664.71	1556.61	779.09	5794534.26
吉林	2011	1350.64	247.19	335.88	617.47	331.60	2604350.54
黑龙江	2011	1578.04	474.50	350.05	981.02	450.00	3371721.90
上海	2011	1591.81	604.22	703.08	1382.66	939.51	3654377.73
江苏	2011	3500.52	1238.16	1199.21	2223.95	1326.99	4198643.29
浙江	2011	2244.13	980.59	979.79	1919.22	1610.76	2578491.24
安徽	2011	1612.90	397.72	400.11	729.27	422.02	3430817.06
福建	2011	1217.17	430.90	451.87	695.09	496.94	1657874.65
江西	2011	1329.70	263.48	200.10	653.03	387.93	2387238.34
山东	2011	2947.77	964.88	857.81	1907.05	1276.08	4406433.08
河南	2011	2122.26	701.19	460.69	1168.38	655.54	4709149.66
湖北	2011	1932.49	498.18	420.89	1113.43	480.98	3900646.68
湖南	2011	1941.22	415.63	538.77	988.19	635.48	4214165.32
广东	2011	6767.12	1875.38	2339.72	3800.74	2847.82	4898810.40
广西	2011	981.32	240.77	243.77	483.75	272.52	2178867.62
海南	2011	352.37	125.95	100.72	199.86	103.95	796343.38
重庆	2011	1324.80	268.61	216.64	647.56	337.09	3000483.36
四川	2011	2248.37	536.75	601.70	1494.24	650.76	5610220.18

续表

地区	年份	城镇基本医疗保险参保人数	失业保险参保人数	生育保险参保人数	城镇养老保险参保人数	工伤保险参保人数	财政投入（不变价）
贵州	2011	629.00	160.52	198.09	282.06	193.96	1694611.86
云南	2011	865.80	216.76	216.49	342.82	243.40	3348542.82
西藏	2011	43.67	9.60	16.06	11.24	11.84	501386.85
陕西	2011	1090.45	332.17	211.55	588.62	326.84	3110007.97
甘肃	2011	590.83	163.80	110.13	262.95	150.19	2312336.51
青海	2011	151.62	37.25	6.68	81.52	45.57	1294483.01
宁夏	2011	188.77	60.01	59.33	121.41	58.34	594869.22
新疆	2011	825.18	260.23	268.14	431.51	274.63	1675814.00
北京	2012	1431.59	1006.74	844.69	1206.38	897.18	3672416.56
天津	2012	981.30	268.69	242.72	490.26	330.06	1728078.52
河北	2012	1644.37	501.75	634.78	1125.62	694.81	3988223.36
山西	2012	1055.94	390.96	407.60	648.70	529.56	2990274.31
内蒙古	2012	967.68	232.77	274.80	471.95	248.88	3675550.96
辽宁	2012	2251.89	660.75	713.86	1609.24	819.14	6237396.73
吉林	2012	1370.00	251.55	350.38	632.18	359.41	2583727.28
黑龙江	2012	1580.32	476.21	353.13	1012.99	470.62	3819279.14
上海	2012	1638.57	617.35	711.53	1416.90	898.94	3770792.88
江苏	2012	3608.85	1332.18	1276.25	2427.54	1420.74	4740572.63
浙江	2012	2806.76	1065.56	1084.78	2183.34	1731.68	2987022.48
安徽	2012	1659.98	402.16	430.06	783.76	457.93	3920216.49
福建	2012	1262.92	459.12	484.28	756.49	540.92	1796781.81
江西	2012	1438.55	272.20	204.15	707.37	410.90	2751963.61
山东	2012	3101.23	1009.84	918.97	2063.20	1339.62	5132591.42
河南	2012	2222.20	724.20	520.30	1270.63	720.57	5293377.76
湖北	2012	1960.27	508.59	452.88	1171.39	522.63	4227877.27
湖南	2012	2341.90	449.92	546.00	1047.98	693.83	4482990.50

续表

地区	年份	城镇基本医疗保险参保人数	失业保险参保人数	生育保险参保人数	城镇养老保险参保人数	工伤保险参保人数	财政投入（不变价）
广 东	2012	8421.81	2008.71	2484.93	4034.08	2962.77	5306597.22
广 西	2012	1011.53	243.38	254.71	512.65	312.39	2377430.38
海 南	2012	378.47	139.51	116.03	214.16	119.48	870968.44
重 庆	2012	3219.07	323.53	253.53	716.86	374.89	3479955.19
四 川	2012	2383.81	585.50	654.35	1615.35	689.40	5763152.86
贵 州	2012	648.30	173.47	221.58	309.38	238.19	1993869.11
云 南	2012	882.39	224.68	239.22	364.47	295.26	3702715.60
西 藏	2012	50.14	10.60	18.17	13.31	14.20	550381.55
陕 西	2012	1118.81	339.14	223.66	643.49	350.40	3487022.78
甘 肃	2012	616.53	163.55	129.52	277.37	158.53	2376037.20
青 海	2012	172.30	37.89	33.76	86.01	49.20	1378450.34
宁 夏	2012	561.84	70.50	66.42	131.23	63.88	726051.44
新 疆	2012	851.93	273.74	281.62	458.76	294.11	1823372.35

附表10　2007—2012年各地区交通运输投入产出表

地区	年份	货运量（万吨）	客运量（万人）	货物周转量（亿吨公里）	旅客周转量（亿人公里）	铁路里程（公里）	公路里程（公里）	财政支出（万元）
北 京	2007	19877	16190	724.8	238.3	1119.9	20754	330894
天 津	2007	50261	6829	15289	147.4	694.2	11531	84864
河 北	2007	96891	88886	6006.4	1165.3	4837.8	147265	329879
山 西	2007	155143	43866	1839.7	329.7	3114.5	119869	281527
内蒙古	2007	98682	38678	2023.3	354.4	6694.2	138610	484945
辽 宁	2007	116917	70659	5817.8	708.5	4200.8	98101	269157
吉 林	2007	37935	31477	655	294.5	3622.4	85445	234909
黑龙江	2007	70137	64480	1282.4	528.1	5755.2	140909	425630

续表

地区	年份	货运量（万吨）	客运量（万人）	货物周转量（亿吨公里）	旅客周转量（亿人公里）	铁路里程（公里）	公路里程（公里）	财政支出（万元）
上海	2007	78340	9086	16053.6	151.5	331.2	11163	162324
江苏	2007	141158	187270	3988.4	1551.3	1618.8	133732	791508
浙江	2007	154286	190026	4962.5	1026.5	1319.3	99812	450743
安徽	2007	83361	86907	1988.7	946.7	2387	148372	495045
福建	2007	51263	63669	2080.9	478.2	1616.3	86926	266274
江西	2007	40921	43616	1029.1	700.2	2566.4	130515	309884
山东	2007	195259	123982	6413.4	1071.5	3302.2	212237	270004
河南	2007	101341	122242	2736.9	1253.1	4041.7	238676	402964
湖北	2007	54909	82374	1644.7	776.1	2565	183780	302094
湖南	2007	100076	123334	1922.3	1153.2	2899.1	175415	487198
广东	2007	151282	199162	4292.2	1810.5	2174.8	182005	571183
广西	2007	48860	60793	1404.3	676.9	2734.2	94202	412666
海南	2007	17876	40239	823.8	105.2	388.4	17789	91013
重庆	2007	50273	76945	1051.6	353	1290.6	104705	360848
四川	2007	81426	207174	1059.1	797.2	2999.4	189395	730704
贵州	2007	26787	74440	721.3	369.2	2011.6	123247	488381
云南	2007	71512	45668	801.5	337.5	2308.4	200333	616402
西藏	2007	372	549	41.6	27	550	48611	324333
陕西	2007	49175	48772	1191.1	564.4	3185.1	121297	487998
甘肃	2007	30528	20483	1149.9	375.8	2435.2	100612	280512
青海	2007	8050	5607	176.3	66.7	1652.4	52626	159886
宁夏	2007	10540	8134	291.6	73	789.4	20562	84780
新疆	2007	32669	27648	956.1	370.1	2760.5	145219	342721
北京	2008	20525	124764	759	331	1167	20340	764751
天津	2008	34114	22817	2703	234	764	12060	134303

续表

地区	年份	货运量（万吨）	客运量（万人）	货物周转量（亿吨公里）	旅客周转量（亿人公里）	铁路里程（公里）	公路里程（公里）	财政支出（万元）
河 北	2008	106922	73058	5925	992	4853	149503	272323
山 西	2008	126864	36178	2562	377	3324	124773	313485
内蒙古	2008	99298	20068	3659	331	6840	147288	466311
辽 宁	2008	121346	90112	7034	797	4195	101144	356005
吉 林	2008	31105	56029	1158	405	3829	87099	278724
黑龙江	2008	53976	41567	1691	441	5755	150845	495742
上 海	2008	84400	8507	16030	148	316	11497	161480
江 苏	2008	139711	183383	4301	1271	1657	140930	1112452
浙 江	2008	139111	216879	4975	1119	1319	103652	565782
安 徽	2008	180169	129242	5843	1187	2871	148827	488092
福 建	2008	57202	71780	2396	448	1618	88607	436228
江 西	2008	80932	65895	2285	791	2650	133815	354591
山 东	2008	244587	213586	10108	1431	3633	220688	285354
河 南	2008	138441	130080	5165	1498	4042	240645	403367
湖 北	2008	71900	87838	2526	904	2711	188366	360475
湖 南	2008	116145	131067	2350	1217	2895	184568	537211
广 东	2008	142468	475200	4428	1706	2165	183155	1002303
广 西	2008	83123	63608	2079	732	2731	99273	542556
海 南	2008	15305	37953	598	125	387	18563	106901
重 庆	2008	63763	106732	1490	386	1291	108632	453967
四 川	2008	114719	204733	1579	988	3006	224482	1002723
贵 州	2008	32692	40725	805	394	1962	125365	458941
云 南	2008	44682	33906	821	347	2309	203753	575607
西 藏	2008	737	6856	35	30	2517	51314	332039
陕 西	2008	83493	76028	2027	650	1195	131038	509847

续表

地区	年份	货运量(万吨)	客运量(万人)	货物周转量(亿吨公里)	旅客周转量(亿人公里)	铁路里程(公里)	公路里程(公里)	财政支出(万元)
甘肃	2008	23741	45966	1595	468	2435	105638	321576
青海	2008	9115	9424	336	76	1676	56642	100335
宁夏	2008	26162	11868	704	87	811	21008	92915
新疆	2008	46087	32793	1273	404	2761	146652	313251
北京	2009	20470	129534	732	361	1169	20755	1421700
天津	2009	42324	23337	9607	250	781	14316	473600
河北	2009	123065	77773	6405	1043	4880	152135	1526900
山西	2009	109534	36474	2390	352	3536	127330	877600
内蒙古	2009	113916	22077	4117	360	8074	150756	1260100
辽宁	2009	135055	95505	7754	841	4229	101117	1018300
吉林	2009	34771	58580	1167	427	3914	88430	548100
黑龙江	2009	54208	43365	1645	466	5756	151470	981400
上海	2009	76669	9571	14373	157	318	11671	776800
江苏	2009	152581	200713	4675	1371	1656	143803	2200600
浙江	2009	151566	199068	5660	1103	1678	106952	2382000
安徽	2009	196654	141229	6322	1303	2850	149184	1356700
福建	2009	58163	75009	2471	466	2110	89504	1243200
江西	2009	86057	70496	2334	790	2712	137011	1072300
山东	2009	284086	234564	11022	1601	3686	226693	1654900
河南	2009	169942	144203	6154	1615	3949	242314	1669200
湖北	2009	78984	94334	2566	939	2980	197196	802400
湖南	2009	128921	140572	2513	1233	3693	191405	1109800
广东	2009	169653	418938	4770	1887	2479	184960	2415900
广西	2009	94466	68593	2337	787	3126	100491	773200
海南	2009	18393	40735	793	139	387	20041	268400

续表

地区	年份	货运量（万吨）	客运量（万人）	货物周转量（亿吨公里）	旅客周转量（亿人公里）	铁路里程（公里）	公路里程（公里）	财政支出（万元）
重 庆	2009	68566	113981	1650	410	1318	110950	621500
四 川	2009	118253	220020	1591	1005	3258	249168	1611100
贵 州	2009	34803	64918	926	407	1983	142561	1137400
云 南	2009	46039	35556	868	376	2475	206028	1503200
西 藏	2009	943	7844	35	30	526	53845	512200
陕 西	2009	92557	84303	2219	681	3320	144109	1023200
甘 肃	2009	26605	49968	1619	496	2435	114000	558300
青 海	2009	9874	10071	364	85	1677	60136	383600
宁 夏	2009	29242	12629	750	92	890	21805	186500
新 疆	2009	45046	29886	1256	387	3673	150683	605500
北 京	2010	21761.97	135045.31	876.93	390.19	1169.41	21114	1463161.81
天 津	2010	40013.23	24524.78	10065.05	269.03	781.46	14832	434419.39
河 北	2010	156595.56	90846.90	8071.11	1172.86	4916.41	154344	1432283.55
山 西	2010	124366.83	38423.58	2840.02	371.79	3752.35	131644	1197165.95
内蒙古	2010	137231.41	24043.25	4712.88	388.50	8947.11	157994	1112202.84
辽 宁	2010	158484.41	101525.29	9029.08	905.30	4278.62	101545	1300520.84
吉 林	2010	40728.81	64486.37	1282.18	475.70	4024.44	90437	823074.55
黑龙江	2010	59313.50	46895.12	1826.16	503.00	5785.00	151945	1344439.75
上 海	2010	87255.54	10232.69	18918.15	181.02	422.41	11974	740472.08
江 苏	2010	179013.62	226073.39	5589.50	1549.54	1921.22	150307	2534184.84
浙 江	2010	171037.83	226945.92	7117.14	1250.73	1774.64	110177	2173022.02
安 徽	2010	228103.89	159388.45	7153.41	1478.51	2849.85	149382	1150709.03
福 建	2010	66082.54	75797.56	2976.67	486.50	2111.42	91015	1181607.95
江 西	2010	100635.17	76446.61	2719.47	895.58	2834.54	140597	988505.13
山 东	2010	301312.62	249357.72	11832.45	1658.31	3833.43	229859	2126786.46

续表

地区	年份	货运量(万吨)	客运量(万人)	货物周转量(亿吨公里)	旅客周转量(亿人公里)	铁路里程(公里)	公路里程(公里)	财政支出(万元)
河南	2010	202962.08	167223.01	7202.49	1797.74	4281.97	245089	1578052.72
湖北	2010	93422.26	103267.87	3097.29	1064.71	3360.27	206211	1138841.54
湖南	2010	149540.38	156403.56	2926.78	1402.60	3695.11	227998	1404829.68
广东	2010	192343.32	456138.50	5711.44	2203.44	2726.95	190144	2992043.03
广西	2010	115475.83	75750.98	2926.76	879.09	3205.00	101782	862785.96
海南	2010	22455.29	44209.14	994.97	154.90	693.75	21236	235605.75
重庆	2010	81377.50	126065.99	2015.59	461.68	1396.25	116949	763429.47
四川	2010	134305.25	241867.94	1807.88	1066.14	3549.17	266082	1766041.75
贵州	2010	39735.22	70818.94	1005.92	474.97	2001.92	151644	1002736.53
云南	2010	51564.15	39406.56	947.33	439.94	2473.41	209231	1270717.81
西藏	2010	981.92	8165.06	38.53	32.21	531.55	60810	584639.88
陕西	2010	104414.20	93170.82	2464.57	747.06	4079.00	147461	1160989.35
甘肃	2010	30269.88	53770.71	1763.85	539.70	2441.36	118879	583699.27
青海	2010	11057.13	10950.59	419.68	94.88	1863.29	62185	392115.31
宁夏	2010	32324.77	13559.92	818.64	98.81	1248.39	22518	191696.45
新疆	2010	48459.43	31936.52	1358.89	420.82	4228.84	152843	806029.01
北京	2011	24663.45	139717.97	999.60	412.33	1228.44	21347	1779531.74
天津	2011	43600.94	24933.71	10337.29	285.10	866.86	15163	859213.25
河北	2011	189798.74	99458.14	9630.43	1306.58	5170.48	156965	2274383.24
山西	2011	134436.15	39207.84	3062.51	415.81	3773.65	134808	1546515.55
内蒙古	2011	168319.88	26013.70	5422.33	410.45	9161.86	160995	2449502.17
辽宁	2011	184981.50	98605.90	10404.55	955.80	4302.28	104026	1943940.37
吉林	2011	47451.42	68190.46	1452.57	515.76	3988.14	91754	1304744.87
黑龙江	2011	63215.95	50480.63	1968.24	541.60	5945.30	155592	2149026.57
上海	2011	92961.88	10033.19	20309.56	170.87	461.27	12084	1199511.19

续表

地区	年份	货运量（万吨）	客运量（万人）	货物周转量（亿吨公里）	旅客周转量（亿人公里）	铁路里程（公里）	公路里程（公里）	财政支出（万元）
江苏	2011	202527.96	246855.17	6957.99	1709.70	2349.58	152247	3414443.25
浙江	2011	186375.57	230769.20	8634.91	1296.25	1779.06	111776	2420947.21
安徽	2011	268413.39	185574.57	8446.36	1627.16	3120.77	149535	1917077.50
福建	2011	75190.95	79549.47	3396.78	534.85	2110.31	92322	2152135.03
江西	2011	111851.15	78930.20	2985.10	941.38	2834.55	146632	1908477.80
山东	2011	318406.71	251186.58	12684.26	1740.41	4200.30	233190	2591022.01
河南	2011	241016.77	193284.79	8530.79	1989.06	4261.07	247587	2416709.21
湖北	2011	106912.79	112421.93	3798.84	1236.19	3354.87	212747	2215422.15
湖南	2011	168516.17	171371.30	3369.97	1565.38	3696.25	232190	2621109.23
广东	2011	224393.99	510653.43	6904.99	2600.23	2832.15	190724	4762645.53
广西	2011	136131.66	83100.00	3478.23	973.00	3194.21	104889	2164436.88
海南	2011	25115.12	46224.36	1368.48	170.92	693.75	22916	450420.08
重庆	2011	96770.81	140397.55	2528.71	536.00	1373.37	118562	1649486.41
四川	2011	155309.81	258844.78	2016.17	1198.35	3516.43	283268	3169936.42
贵州	2011	44890.17	72427.77	1060.69	552.91	2070.02	157820	2654932.51
云南	2011	60169.86	44962.77	1024.40	521.99	2491.26	214524	2392843.58
西藏	2011	1027.63	3768.53	40.02	32.88	531.55	63108	676976.56
陕西	2011	120907.83	107031.60	2824.67	868.80	4083.41	151986	2667374.59
甘肃	2011	35269.16	60902.36	2037.18	629.48	2441.54	123696	1315999.55
青海	2011	12585.84	11870.34	486.38	105.44	1857.62	64280	1175853.06
宁夏	2011	36863.76	15103.65	933.03	113.86	1266.48	24506	343445.00
新疆	2011	53252.07	35130.17	1475.22	488.53	4319.75	155150	1718947.68
北京	2012	26161.91	142730.96	1001.13	421.16	1276.26	21492	2109760.39
天津	2012	46015.20	27529.24	7844.06	314.66	867.74	15391	749170.07
河北	2012	219130.28	105064.04	10604.96	1369.20	5630.25	163045	2434648.71

续表

地区	年份	货运量（万吨）	客运量（万人）	货物周转量（亿吨公里）	旅客周转量（亿人公里）	铁路里程（公里）	公路里程（公里）	财政支出（万元）
山西	2012	144607.93	39987.14	3341.13	423.07	3774.47	137771	1642794.17
内蒙古	2012	189942.25	27630.32	5870.34	436.45	9474.30	163763	2542616.51
辽宁	2012	206788.68	103283.42	11563.68	976.99	5006.37	105562	2195081.39
吉林	2012	54808.12	72679.46	1596.11	536.22	4398.40	93208	1089229.22
黑龙江	2012	65230.66	52404.19	2002.33	559.55	6021.83	159063	1888047.17
上海	2012	94038.29	10859.12	20373.37	182.08	465.87	12541	982348.68
江苏	2012	220007.48	267710.27	7904.05	1872.39	2354.62	154118	3710518.73
浙江	2012	191817.32	233115.19	9183.41	1317.60	1779.06	113550	2487259.84
安徽	2012	312436.77	213432.28	9817.83	1824.57	3259.80	165157	2024815.04
福建	2012	84345.09	82040.95	3871.45	556.02	2255.12	94661	2381440.83
江西	2012	127195.53	84239.54	3433.53	956.26	2834.55	150595	1642209.36
山东	2012	333602.60	265631.77	11077.78	1836.14	4288.05	244586	2778764.40
河南	2012	272114.94	207246.54	9490.26	2084.02	4890.38	249649	2517833.65
湖北	2012	122945.35	127078.73	4439.82	1361.47	3814.36	218151	1794324.88
湖南	2012	191051.75	184336.13	3976.90	1636.84	3828.43	234040	2334980.05
广东	2012	256076.69	574265.94	9566.24	2998.23	2846.06	194943	4373252.56
广西	2012	161356.01	90228.69	4110.64	1047.98	3194.47	107906	2044105.63
海南	2012	26880.39	47116.86	1548.05	173.05	693.75	24265	553961.81
重庆	2012	86474.05	156545.40	2653.33	597.87	1451.68	120728	1791366.26
四川	2012	174349.34	277611.34	2238.28	1310.25	3533.50	293499	3689703.87
贵州	2012	52654.92	83526.87	1174.72	631.85	2057.84	164542	2444209.71
云南	2012	68734.88	48456.32	1123.35	568.69	2619.41	219052	2610653.73
西藏	2012	1126.63	3848.80	46.17	33.46	531.55	65198	791572.18
陕西	2012	136726.79	111773.27	3192.14	897.97	4093.49	161411	2055377.18
甘肃	2012	45831.67	64361.17	2351.69	666.41	2487.08	131201	1019557.95

续表

地区	年份	货运量（万吨）	客运量（万人）	货物周转量（亿吨公里）	旅客周转量（亿人公里）	铁路里程（公里）	公路里程（公里）	财政支出（万元）
青海	2012	13483.92	12692.09	527.62	110.11	1857.62	65988	1189073.97
宁夏	2012	41113.31	16343.46	1065.74	120.97	1289.47	26522	413421.53
新疆	2012	58793.53	38331.37	1614.50	535.81	4749.73	165909	1812810.19

附表11　2007—2012年模型外生解释变量数据

Year	region	gdpch	density	college level	decentralization	burden	openness	market	township
2007	北京	11.0071	6.9035	-1.2495	-3.4072	-1.8866	0.3998	-0.3273	-0.1684
2007	天津	10.7602	6.8410	-1.9019	-4.3017	-2.2741	0.0345	-0.9028	-0.2704
2007	河北	9.8832	5.9074	-3.2572	-3.4978	-2.8474	-1.9467	-1.0784	-0.9100
2007	山西	9.7845	5.3777	-2.6746	-3.8589	-2.3102	-1.9223	-1.0407	-0.8203
2007	内蒙古	10.1927	3.0121	-2.6301	-3.8285	-2.5685	-2.3898	-1.0301	-0.6902
2007	辽宁	10.1649	5.6713	-2.3296	-3.3399	-2.3333	-0.9029	-1.0045	-0.5242
2007	吉林	9.8709	4.9814	-2.6193	-4.0312	-2.8021	-1.9086	-0.9590	-0.6319
2007	黑龙江	9.8297	4.3925	-2.7726	-3.7360	-2.7806	-1.6859	-1.0574	-0.6181
2007	上海	11.1161	7.9830	-1.5763	-3.1275	-1.7955	0.5440	-0.6429	-0.1199
2007	江苏	10.4377	6.6109	-2.5506	-2.9701	-2.4533	0.0219	-0.9844	-0.6311
2007	浙江	10.5204	6.2087	-2.5030	-3.3161	-2.4309	-0.3318	-0.8986	-0.5586
2007	安徽	9.3953	6.0842	-3.2887	-3.6894	-2.6055	-1.8035	-0.9406	-0.9493
2007	福建	10.1592	5.6657	-2.9184	-4.0012	-2.5819	-0.4901	-0.9168	-0.6655
2007	江西	9.4939	5.5673	-2.7015	-4.0074	-2.6999	-2.0877	-1.1431	-0.9213
2007	山东	10.2226	6.3907	-2.8971	-3.0915	-2.7334	-1.0173	-1.0957	-0.7604
2007	河南	9.6828	6.3288	-3.2590	-3.2814	-2.8573	-2.7363	-1.2021	-1.0689
2007	湖北	9.7036	5.7254	-2.5371	-3.6629	-2.7606	-2.1100	-0.8652	-0.8142
2007	湖南	9.6060	5.7039	-2.8274	-3.6023	-2.7449	-2.5500	-0.9225	-0.9051

续表

Year	region	gdpch	density	college level	decentralization	burden	openness	market	township
2007	广 东	10.4232	6.2644	-2.7931	-2.7572	-2.4342	0.4179	-0.8377	-0.4598
2007	广 西	9.4103	5.3055	-3.2854	-3.9218	-2.6322	-2.1120	-0.9562	-1.0150
2007	海 南	9.6052	5.4752	-2.8340	-5.3133	-2.4494	-1.5453	-0.8988	-0.7508
2007	重 庆	9.7175	5.8341	-3.3181	-4.1711	-2.3573	-2.1116	-0.8580	-0.7277
2007	四 川	9.4724	5.1193	-3.2274	-3.3428	-2.5188	-2.2673	-1.0085	-1.0328
2007	贵 州	8.9446	5.3648	-3.4965	-4.1366	-2.3140	-2.8150	-0.8713	-1.2644
2007	云 南	9.2660	4.7412	-3.2726	-3.7808	-2.2830	-1.9646	-0.9396	-1.1520
2007	西 藏	9.3945	0.8381	-4.4789	-5.1973	-2.8304	-2.4339	-0.5946	-1.5371
2007	陕 西	9.6396	5.2047	-2.5922	-3.8551	-2.4944	-2.3965	-1.0521	-0.9009
2007	甘 肃	9.2425	4.0549	-3.3054	-4.3002	-2.6501	-1.8608	-0.9577	-1.1317
2007	青 海	9.5781	2.0337	-2.7087	-5.1728	-2.6434	-2.8401	-1.0205	-0.9145
2007	宁 夏	9.6203	4.5203	-2.6705	-5.3271	-2.4410	-2.0330	-0.9629	-0.8205
2007	新 疆	9.7301	2.5324	-2.4876	-4.1369	-2.5116	-1.2165	-1.0387	-0.9378
2008	北 京	11.0249	6.9407	-1.3276	-3.4641	-1.8000	0.5299	-0.3113	-0.1637
2008	天 津	10.9268	6.8942	-1.9387	-4.2785	-2.2971	-0.1843	-0.9692	-0.2584
2008	河 北	9.9825	5.9140	-3.0910	-3.5045	-2.8272	-1.7912	-1.1023	-0.8698
2008	山 西	9.9066	5.3829	-2.6714	-3.8628	-2.2803	-1.9895	-1.0740	-0.7960
2008	内蒙古	10.4035	3.0157	-2.6327	-3.7619	-2.5694	-2.6179	-1.1000	-0.6595
2008	辽 宁	10.3200	5.6752	-2.2269	-3.3696	-2.3105	-0.9989	-1.0635	-0.5100
2008	吉 林	10.0158	4.9829	-2.6046	-3.9710	-2.7212	-1.9366	-0.9669	-0.6309
2008	黑龙江	9.9328	4.3929	-2.8412	-3.7034	-2.6657	-1.6433	-1.0684	-0.5906
2008	上 海	11.0552	7.9992	-1.5082	-3.1835	-1.7859	0.4643	-0.6225	-0.1210
2008	江 苏	10.5447	6.6178	-2.6903	-2.9588	-2.4286	-0.1279	-0.9650	-0.6106
2008	浙 江	10.5821	6.2205	-2.3932	-3.3443	-2.4070	-0.3803	-0.8914	-0.5516
2008	安 徽	9.5185	6.0870	-3.2725	-3.6376	-2.5027	-1.8422	-0.9836	-0.9039
2008	福 建	10.2563	5.6721	-2.8915	-4.0076	-2.5639	-0.6076	-0.9349	-0.6349
2008	江 西	9.6154	5.5746	-2.8275	-3.9460	-2.6579	-1.9968	-1.1731	-0.8829

续表

Year	region	gdpch	density	college level	decentralization	burden	openness	market	township
2008	山 东	10.3508	6.3960	-2.9507	-3.1417	-2.7604	-1.0331	-1.0977	-0.7423
2008	河 南	9.7937	6.3361	-3.1173	-3.3118	-2.8825	-2.6968	-1.2505	-1.0208
2008	湖 北	9.8356	5.7275	-2.5476	-3.6357	-2.7687	-2.0634	-0.9043	-0.7941
2008	湖 南	9.7478	5.7079	-2.7777	-3.5684	-2.7719	-2.5840	-0.9731	-0.8639
2008	广 东	10.4813	6.2744	-2.7039	-2.8073	-2.4084	0.2575	-0.8457	-0.4562
2008	广 西	9.5174	5.3155	-3.4861	-3.8765	-2.6059	-2.0324	-0.9843	-0.9634
2008	海 南	9.7139	5.4858	-2.9238	-5.1640	-2.3395	-1.5635	-0.9103	-0.7340
2008	重 庆	9.8735	5.8422	-3.2073	-4.1208	-2.3057	-2.1697	-0.8924	-0.6933
2008	四 川	9.5988	5.1207	-3.1680	-3.0552	-2.4930	-2.1040	-1.0561	-0.9835
2008	贵 州	9.1226	5.3729	-3.4132	-4.0843	-2.3262	-2.7228	-0.8842	-1.2341
2008	云 南	9.3836	4.7476	-3.4081	-3.7512	-2.2268	-2.1441	-0.9393	-1.1087
2008	西 藏	9.4785	0.8486	-4.1286	-5.1025	-2.7643	-2.0040	-0.5892	-1.5187
2008	陕 西	9.8267	5.2084	-2.4773	-3.7800	-2.5150	-2.5366	-1.1111	-0.8651
2008	甘 肃	9.3482	4.0592	-3.1499	-4.1687	-2.4809	-2.0116	-0.9392	-1.0918
2008	青 海	9.7252	2.0379	-2.6511	-5.1484	-2.6555	-3.0576	-1.0799	-0.8950
2008	宁 夏	9.8023	4.5329	-2.6425	-5.2618	-2.5394	-2.2211	-1.0171	-0.7990
2008	新 疆	9.8158	2.5493	-2.4091	-4.0790	-2.4498	-0.9966	-1.0813	-0.9253
2009	北 京	11.0777	6.9755	-1.2402	-3.4934	-1.7911	0.1880	-0.2806	-0.1625
2009	天 津	11.0013	6.9376	-1.8340	-4.2175	-2.2138	-0.5454	-0.7925	-0.2483
2009	河 北	10.0564	5.9205	-2.9442	-3.4813	-2.7820	-2.1421	-1.0439	-0.8268
2009	山 西	9.9116	5.3878	-2.6110	-3.8889	-2.2117	-2.5315	-0.9356	-0.7767
2009	内蒙古	10.5368	3.0192	-2.5696	-3.6788	-2.4378	-3.0470	-0.9688	-0.6274
2009	辽 宁	10.4215	5.6762	-2.1548	-3.3480	-2.2576	-1.2639	-0.9486	-0.5050
2009	吉 林	10.1379	4.9849	-2.5259	-3.9432	-2.7043	-2.2056	-0.9711	-0.6289
2009	黑龙江	9.9630	4.3931	-2.7520	-3.7046	-2.5939	-2.0473	-0.9348	-0.5888
2009	上 海	11.0921	8.0163	-1.4702	-3.2395	-1.7789	0.2316	-0.5216	-0.1210
2009	江 苏	10.6497	6.6240	-2.6028	-2.9440	-2.3676	-0.3983	-0.9275	-0.5870

续表

Year	region	gdpch	density	college level	decentralization	burden	openness	market	township
2009	浙江	10.6547	6.2321	-2.3448	-3.3588	-2.3731	-0.5839	-0.8406	-0.5465
2009	安徽	9.6548	6.0864	-3.1215	-3.5730	-2.4551	-2.2405	-1.0108	-0.8651
2009	福建	10.3912	5.6785	-2.3843	-3.9898	-2.5744	-0.8106	-0.8853	-0.5960
2009	江西	9.7084	5.5818	-2.7608	-3.8885	-2.5779	-2.1714	-1.0657	-0.8398
2009	山东	10.4368	6.4016	-2.8614	-3.1506	-2.7355	-1.2723	-1.0579	-0.7273
2009	河南	9.8708	6.3423	-3.0289	-3.2680	-2.8507	-3.0523	-1.2288	-0.9755
2009	湖北	9.9725	5.7291	-2.6127	-3.5971	-2.7667	-2.3979	-0.9274	-0.7765
2009	湖南	9.8698	5.7119	-2.8441	-3.5415	-2.7349	-2.9360	-0.8826	-0.8393
2009	广东	10.5517	6.2842	-2.7256	-2.8681	-2.3812	0.0555	-0.7826	-0.4557
2009	广西	9.6299	5.3238	-3.2689	-3.8511	-2.5253	-2.0756	-0.9776	-0.9365
2009	海南	9.8053	5.4975	-2.7505	-5.0561	-2.2279	-1.6017	-0.7929	-0.7107
2009	重庆	10.0020	5.8492	-2.9549	-4.0784	-2.2993	-2.5174	-0.9704	-0.6618
2009	四川	9.7033	5.1264	-2.9226	-3.0563	-2.4889	-2.1486	-1.0014	-0.9493
2009	贵州	9.2428	5.3743	-3.4668	-4.0182	-2.2401	-3.2133	-0.7299	-1.2076
2009	云南	9.4539	4.7537	-3.5450	-3.6656	-2.1788	-2.4181	-0.8956	-1.0788
2009	西藏	9.5657	0.8591	-4.1479	-5.0894	-2.6857	-2.7770	-0.6057	-1.5006
2009	陕西	9.9295	5.2110	-2.4348	-3.7240	-2.4080	-2.6554	-0.9550	-0.8324
2009	甘肃	9.4018	4.0620	-3.0842	-4.1145	-2.4698	-2.5519	-0.9102	-1.0530
2009	青海	9.7536	2.0432	-2.4909	-5.0547	-2.5115	-3.2951	-0.9981	-0.8699
2009	宁夏	9.8998	4.5450	-2.5527	-5.1732	-2.4956	-2.8020	-0.8757	-0.7744
2009	新疆	9.8157	2.5623	-2.4306	-4.0369	-2.3980	-1.5018	-0.9910	-0.9200
2010	北京	11.1523	7.0870	-1.1552	-3.4988	-1.7911	0.3697	-0.2862	-0.1513
2010	天津	11.1204	6.9939	-1.7441	-4.1786	-2.1553	-0.5066	-0.7776	-0.2288
2010	河北	10.1799	5.9428	-2.6178	-3.4616	-2.7287	-1.9688	-1.0518	-0.8098
2010	山西	10.0817	5.4297	-2.4394	-3.8402	-2.2501	-2.3802	-0.9919	-0.7329
2010	内蒙古	10.6806	3.0396	-2.2820	-3.6771	-2.3896	-2.9831	-1.0200	-0.5888
2010	辽宁	10.5781	5.6890	-2.1232	-3.3366	-2.2199	-1.2172	-0.9913	-0.4764

续表

Year	region	gdpch	density	college level	decentralization	burden	openness	market	township
2010	吉 林	10.2740	4.9875	-2.3136	-3.9177	-2.6664	-2.0282	-1.0246	-0.6283
2010	黑龙江	10.1123	4.3950	-2.4005	-3.6860	-2.6191	-1.7922	-0.9877	-0.5859
2010	上 海	11.1568	8.1975	-1.5163	-3.3036	-1.7874	0.3751	-0.5571	-0.1131
2010	江 苏	10.7897	6.6425	-2.2243	-2.9063	-2.3178	-0.2728	-0.8830	-0.5012
2010	浙 江	10.7821	6.2823	-2.3719	-3.3328	-2.3635	-0.4794	-0.8320	-0.4842
2010	安 徽	9.8653	6.0575	-2.7035	-3.5477	-2.3752	-2.0177	-1.0808	-0.8437
2010	福 建	10.5393	5.6965	-2.4816	-3.9707	-2.5493	-0.6937	-0.9238	-0.5604
2010	江 西	9.8822	5.5886	-2.6813	-3.8444	-2.4971	-1.8652	-1.1079	-0.8196
2010	山 东	10.5434	6.4140	-2.4425	-3.0765	-2.6565	-1.1180	-1.0046	-0.6992
2010	河 南	10.0074	6.3336	-2.7492	-3.2699	-2.8165	-2.9512	-1.2512	-0.9545
2010	湖 北	10.1512	5.7305	-2.3504	-3.5816	-2.7594	-2.2077	-0.9699	-0.6992
2010	湖 南	10.0298	5.7372	-2.5777	-3.5042	-2.6964	-2.7828	-0.9235	-0.8370
2010	广 东	10.6471	6.3642	-2.4993	-2.8080	-2.3211	0.1440	-0.7982	-0.4128
2010	广 西	9.8317	5.2718	-2.8173	-3.8015	-2.5174	-2.0755	-1.0398	-0.9163
2010	海 南	9.9714	5.5027	-2.5552	-5.0408	-2.0306	-1.2602	-0.7723	-0.6972
2010	重 庆	10.1557	5.8581	-2.4485	-3.9625	-2.1192	-2.2429	-1.0119	-0.6345
2010	四 川	9.8722	5.1092	-2.7067	-3.0496	-2.3983	-2.0495	-1.0472	-0.9118
2010	贵 州	9.3928	5.2866	-2.9390	-4.0089	-2.1544	-3.0728	-0.7485	-1.0844
2010	云 南	9.5687	4.7604	-2.8511	-3.6717	-2.1153	-2.0726	-0.9154	-1.0584
2010	西 藏	9.6682	0.8953	-2.8991	-5.0944	-2.6281	-2.1934	-0.6133	-1.4841
2010	陕 西	10.1027	5.2012	-2.2485	-3.7014	-2.3575	-2.5142	-1.0095	-0.7818
2010	甘 肃	9.5558	4.0329	-2.5876	-4.1141	-2.4557	-2.1068	-0.9865	-1.0183
2010	青 海	9.9162	2.0534	-2.4516	-4.7949	-2.5057	-3.2301	-1.0536	-0.8047
2010	宁 夏	10.0696	4.5573	-2.3912	-5.0827	-2.3982	-2.5443	-0.8777	-0.7361
2010	新 疆	10.0008	2.5745	-2.2410	-3.9684	-2.3853	-1.5451	-1.1242	-0.8437
2011	北 京	11.1979	7.1155	-1.1202	-3.5164	-1.6875	0.4373	-0.2735	-0.1485
2011	天 津	11.2278	7.0359	-1.6053	-4.1079	-2.0504	-0.5266	-0.7731	-0.2169

续表

Year	region	gdpch	density	college level	decentralization	burden	openness	market	township
2011	河 北	10.2942	5.9493	-3.0063	-3.4302	-2.6467	-1.9573	-1.0612	-0.7853
2011	山 西	10.2074	5.4350	-2.5659	-3.8333	-2.2258	-2.4680	-1.0428	-0.6996
2011	内蒙古	10.8287	3.0435	-2.1200	-3.5986	-2.3594	-2.9248	-1.0518	-0.5688
2011	辽 宁	10.7087	5.6909	-2.1137	-3.3311	-2.1293	-1.2761	-1.0022	-0.4455
2011	吉 林	10.4193	4.9885	-2.4429	-3.9044	-2.5203	-2.0036	-1.0550	-0.6274
2011	黑龙江	10.2480	4.3952	-2.4039	-3.6661	-2.5347	-1.6206	-1.0171	-0.5709
2011	上 海	11.1881	8.2168	-1.5915	-3.3288	-1.7222	0.3870	-0.5439	-0.1132
2011	江 苏	10.9023	6.6462	-2.1719	-2.8656	-2.2553	-0.3428	-0.8571	-0.4797
2011	浙 江	10.8657	6.2853	-2.1248	-3.3475	-2.3280	-0.4806	-0.8238	-0.4732
2011	安 徽	10.0169	6.0594	-2.7577	-3.4988	-2.3470	-2.0235	-1.1233	-0.8030
2011	福 建	10.6567	5.7038	-2.1776	-3.9060	-2.4592	-0.6387	-0.9372	-0.5430
2011	江 西	10.0384	5.5945	-2.7110	-3.7636	-2.4078	-1.7504	-1.0934	-0.7831
2011	山 东	10.6356	6.4191	-2.4763	-3.0838	-2.5746	-1.0909	-0.9599	-0.6743
2011	河 南	10.1118	6.3318	-2.6546	-3.2470	-2.7499	-2.5478	-1.2149	-0.9021
2011	湖 北	10.2985	5.7356	-2.2456	-3.5259	-2.5539	-2.2026	-0.9966	-0.6572
2011	湖 南	10.1656	5.7411	-2.6121	-3.4349	-2.5623	-2.7771	-0.9589	-0.7963
2011	广 东	10.7225	6.3703	-2.3113	-2.7897	-2.2668	0.1035	-0.7921	-0.4080
2011	广 西	9.9995	5.2793	-2.5215	-3.7594	-2.5151	-2.0501	-1.0755	-0.8723
2011	海 南	10.1053	5.5128	-2.6517	-4.9436	-2.0038	-1.1189	-0.7865	-0.6832
2011	重 庆	10.3274	5.8700	-2.2195	-3.7496	-1.9061	-1.6688	-1.0162	-0.5975
2011	四 川	10.0302	5.1098	-2.5509	-3.1514	-2.3305	-1.9199	-1.0979	-0.8716
2011	贵 州	9.5666	5.2836	-2.5810	-3.8830	-1.9982	-2.8936	-0.7179	-1.0510
2011	云 南	9.7226	4.7667	-2.7336	-3.6188	-2.0799	-2.1504	-0.8765	-0.9997
2011	西 藏	9.7672	0.9038	-3.0926	-4.9705	-2.4036	-1.9321	-0.6303	-1.4824
2011	陕 西	10.2569	5.2032	-2.3447	-3.6183	-2.1211	-2.5820	-1.0552	-0.7487
2011	甘 肃	9.6945	4.0345	-2.4851	-4.1107	-2.4117	-2.1864	-0.9386	-0.9902
2011	青 海	10.0589	2.0626	-2.4786	-4.7267	-2.3982	-3.3319	-1.1289	-0.7718

续表

Year	region	gdpch	density	college level	decentralization	burden	openness	market	township
2011	宁夏	10.2154	4.5675	-2.4870	-5.0419	-2.2572	-2.6558	-0.8916	-0.6968
2011	新疆	10.1268	2.5852	-2.0433	-3.8675	-2.2165	-1.5005	-1.0798	-0.8315
2012	北京	11.2347	7.1403	-1.0294	-3.5316	-1.6852	0.3648	-0.2685	-0.1485
2012	天津	11.2902	7.0779	-1.5260	-4.0736	-1.9914	-0.5694	-0.7553	-0.2040
2012	河北	10.3427	5.9558	-2.9305	-3.4299	-2.5455	-2.1198	-1.0409	-0.7593
2012	山西	10.2526	5.4399	-2.4056	-3.8209	-2.0779	-2.5464	-0.9503	-0.6683
2012	内蒙古	10.8953	3.0468	-2.1693	-3.6045	-2.3251	-3.1070	-1.0369	-0.5492
2012	辽宁	10.7905	5.6922	-1.7218	-3.3189	-2.0796	-1.3305	-0.9656	-0.4208
2012	吉林	10.5159	4.9888	-2.4588	-3.9312	-2.4394	-2.0416	-1.0566	-0.6218
2012	黑龙江	10.3011	4.3952	-2.3322	-3.6817	-2.4656	-1.7531	-0.9047	-0.5639
2012	上海	11.1936	8.2307	-1.5050	-3.4046	-1.6847	0.3112	-0.5034	-0.1132
2012	江苏	10.9697	6.6489	-2.0618	-2.8861	-2.2218	-0.4469	-0.8323	-0.4620
2012	浙江	10.9114	6.2879	-1.9504	-3.4099	-2.3099	-0.5645	-0.7933	-0.4589
2012	安徽	10.1097	6.0628	-2.3552	-3.4594	-2.2619	-1.9378	-1.1178	-0.7657
2012	福建	10.7403	5.7113	-2.6224	-3.8775	-2.4062	-0.6943	-0.9347	-0.5175
2012	江西	10.1078	5.5979	-2.5765	-3.7309	-2.2447	-1.8151	-1.0600	-0.7442
2012	山东	10.7043	6.4240	-2.3910	-3.0602	-2.5112	-1.1718	-0.9168	-0.6457
2012	河南	10.1811	6.3337	-2.7906	-3.2252	-2.6746	-2.2046	-1.1732	-0.8573
2012	湖北	10.3903	5.7394	-2.1644	-3.5115	-2.5018	-2.4008	-0.9972	-0.6255
2012	湖南	10.2594	5.7476	-2.6889	-3.4203	-2.5202	-2.7724	-0.9412	-0.7625
2012	广东	10.7575	6.3788	-2.3949	-2.8361	-2.2150	0.0844	-0.7664	-0.3945
2012	广西	10.0664	5.2873	-2.8366	-3.7422	-2.4140	-1.9468	-1.0383	-0.8317
2012	海南	10.1874	5.5232	-2.3623	-4.9284	-1.9422	-1.1505	-0.7569	-0.6616
2012	重庆	10.4222	5.8789	-2.3651	-3.7220	-1.9018	-1.2234	-0.9316	-0.5625
2012	四川	10.1301	5.1131	-2.3725	-3.1401	-2.2884	-1.8558	-1.0635	-0.8317
2012	贵州	9.7229	5.2881	-2.8066	-3.8222	-1.9106	-2.7958	-0.7359	-1.0103
2012	云南	9.8372	4.7728	-2.7651	-3.5626	-2.0418	-2.0509	-0.8895	-0.9337

续表

Year	region	gdpch	density	college level	decentralization	burden	openness	market	township
2012	西 藏	9.8659	0.9180	-3.2512	-4.9354	-2.0915	-1.1770	-0.6182	-1.4806
2012	陕 西	10.3713	5.2060	-2.2926	-3.6348	-2.2005	-2.7394	-1.0596	-0.6927
2012	甘 肃	9.7826	4.0397	-2.4821	-4.1134	-2.3849	-2.3086	-0.9121	-0.9480
2012	青 海	10.1456	2.0713	-2.4213	-4.6883	-2.3182	-3.2552	-1.1096	-0.7457
2012	宁 夏	10.2918	4.5795	-2.4764	-4.9817	-2.1827	-2.8177	-0.8683	-0.6798
2012	新 疆	10.2055	2.5961	-2.1000	-3.8353	-2.1111	-1.5530	-1.0212	-0.8214

注：部分数据是根据相关统计年鉴资料整理得到，各数据已作自然对数处理。

致　谢

公共部门效率是公共经济学研究的重要内容。财政支出效率可以分为财政支出的配置效率和技术效率两个部分，对这两个层次效率的评估研究是公共部门效率研究的核心内容之一，长期受到理论学界和实践部门的普遍关注。

本书是在作者的博士学位论文基础上修改而来的，是我研究生学习期间的主要学术成果。它饱含了导师、家人、亲友的关心和帮助，谨以此献给他们。

感谢博士期间指导老师刘京焕教授，感谢恩师手把手地指导做学问、为人事。感谢合作导师于海峰教授，于老师平易近人、爱护学生，无论事务多么繁忙，总能把指导学生放在第一位。

感谢武汉大学的吴俊培教授，河南大学的宋丙涛教授、赵新顺教授以及长沙理工大学的戴罗仙教授，感谢他们给予我的学术帮助。

感谢国家留学基金（201507085020）、湖北省社科基金（2014071）和中南财经政法大学出版基金的资助。

感谢中国社会科学出版社编审田文老师和吴连生编辑辛勤细致的付出。

最后，感谢所有关心和帮助我的朋友们。

2017年12月9日于武汉南湖